Beck'scheReihe

BsR 1180

Zwischen Woodstock und der Berliner Love Parade liegen annähernd drei Jahrzehnte; mittlerweile berieselt uns die Popmusik in jedem Supermarkt, im Werbespot, in der telefonischen Warteschleife: Pop ist *für jeden,* ob jung, ob alt, allgegenwärtig geworden. Doch was die Massen früher einte, daran scheiden sich heute die Geister: Während ein Haudegen wie Alvin Lee noch immer mit seiner Bluesgitarre die kleinstädtischen Mehrzweckhallen füllt, gerät Madonna gerade mal ein Stadion weiter *Into the Groove;* während die Gangsta-Rapper in manchen Clubs noch den Ton angeben, hält auf den Raves schon der Zuckertechno Einzug, arbeitet an der Endmoräne des Deutsch-Pop – gewissermaßen als Basso continuo – noch oder schon wieder der echte (nicht der wahre!) Heino daran, *Sex and Drugs and Rock'n'Roll* zu Wein, Weib und Gesang zu läutern.

Das Ende der Popmusik? Ganz und gar nicht, meint Wolfgang Rumpf und sorgt mit ungezwungenem Rundumblick für erste Orientierung über die *Magical Mystery Tour* der Popmusik – von Elvis Presley bis zu Kurt Cobain, von Janis Joplin bis zu Marusha, von Muddy Waters bis zu Scatman John.

Dabei nennt er die heiligen Namen, die Songs, die ihm (uns?) die Welt bedeuten, und spart nicht mit Wertungen, Gedanken-Sprüngen, assoziativen Querverbindungen: ein Buch also für alle, die es endlich wissen wollen; für die, die es schon immer gewußt haben; und vor allem für die, die es schon immer besser wußten und nach der Lektüre noch besser wissen werden – *dig it!*

Wolfgang Rumpf, Jahrgang 1952, wuchs als Beatles-Fan in Karlsruhe auf, spielte in 15 Rockbands und arbeitet heute als Redakteur bei Radio Bremen. Er ist Lehrbeauftragter für Popjournalismus und Musikkritik an der Uni Oldenburg.

WOLFGANG RUMPF

Stairway to Heaven

Kleine Geschichte der Popmusik
von Rock'n'Roll bis Techno

VERLAG C. H. BECK

Mit 22 Abbildungen

Wolf Wondratschek, *Okay Leute, das war's*,
mit freundlicher Genehmigung des Autors,
aus: Wolf Wondratschek: „Die Gedichte"
Diogenes Verlag, Zürich 1992

Die Deutsche Bibliothek – CIP-Einheitsaufnahme

Rumpf, Wolfgang:
Stairway to heaven : Kleine Geschichte der Popmusik
von Rock'n'Roll bis Techno / Wolfgang Rumpf. –
Orig.-Ausg. – München : Beck, 1996
   Beck'sche Reihe ; 1180
   ISBN 3 406 39280 6
NE: GT

Originalausgabe
ISBN 3 406 39280 6

Umschlagentwurf und Titelillustration: Uwe Göbel, München
© C. H. Beck'sche Verlagsbuchhandlung (Oscar Beck), München 1996
Gesamtherstellung: C. H. Beck'sche Buchdruckerei, Nördlingen
Gedruckt auf säurefreiem, alterungsbeständigem Papier
(hergestellt aus chlorfrei gebleichtem Zellstoff)
Printed in Germany

Inhaltsverzeichnis

4. Blasphemie und Errettung: Soul & Sex

5. Trouble, Trouble, Trouble: Schwarzer und weißer Blues

6. Balladen vom kleinen Leben: Songwriter und Poeten

7. Fröhlicher Lärm aus düsterer Zeit: Punk und New Wave

8. My Baby Baby Balla Balla: Neue Deutsche Welle

9. Multi-Kulti-Parties: Samba, Ska, Reggae, „Weltmusik"

Intro: Pop „forever" und überall

Die Geschichte der Popmusik ist ein Mysterium: Eine rebellische Subkultur brachte millionenschwere Stars und stürzende Idole hervor, provozierte menschliche Katastrophen und dramatische Polizeieinsätze. Im Zeitalter der Videokanäle und Popradios präsentiert sich die Branche mittlerweile uneinheitlich, wild und stilistisch zersplittert: Rave-Party und *Beatles*-Night, *Doors*-Disco und House-Musik, Funk und Fuzz, Hard-Rock, Soul und Jungle, Oldies und Techno schaffen als Disco-Mix, als Live-Performance oder Radioshow eine atemlose Versorgung mit Hits aus allen Epochen dieser schnellebigen Kultur. Popmusik ist omnipräsent, zischelt aus Walk- und Discmen, säuselt als sacht rhythmisiertes Hintergrundrauschen: *Dolores O'Riordan (Cranberries)* japst im Gemüseladen, *Chris de Burgh* sülzt in der Kaufhauspassage, *Michael Jackson* kiekst in der Kneipe, *Madonna* und *Prince*, *Whitney Houston* und *Diana Ross*, *Nirvana* und *Elvis*, *The Who* oder *The Clash* geben sich ein permanentes Stelldichein. Techno-Parties werden im Straßentunnel, Schwermetall-Feste im Bremer Rockschuppen ‚Wehrschloß' gefeiert, Punk-Konzerte finden nach der *Smokie*-Gedächtnis-Party statt – alles existiert nebeneinander: Die Pop-Industrie prägt in ihrer Gesamtheit den Geschmack der Weltbürger und wirft dazu täglich Hunderte von neuen CDs auf den Markt. Da Pop-Musik dabei zur ersten Universalsprache geworden ist, die selbst in völlig fremden Kulturkreisen auf Anhieb verstanden wird, trifft *Michael Jackson* nicht mehr nur – wie frühere Pop-Heroen – auf Fans in Europa und USA, sondern eben auch in Indonesien; die deutsche Trashband *Einstürzende Neubauten* wurde merkwürdigerweise vor allem von den Japanern ins Herz geschlossen; *Elvis* trieb auf den Philippinen die Einschaltquoten in die Höhe, die *Stones* traten auf ihrer Welttournee 1995 in Buenos

Aires, Prag, Hannover und Köln in stets gleich randvollen Stadien an ...

Wenn in den Zeiten der Computer-Vernetzungsträume des Microsoft-Managers Bill Gates wirklich vom „globalen Dorf" die Rede sein darf, dann ist der reichste Mann Amerikas noch lange nicht am Ziel. Denn noch gehört die Welt nicht etwa Internet und Compuserve, sondern dem Pop, die Vision des Medientheoretikers Marshall McLuhan aus dem Jahre 1964 – dem Erscheinungsjahr der *Beatles*-LP ‚A Hard Day's Night', ‚You really got me' von den *Kinks* und ‚Satisfaction' von den *Stones* – wurde anders Wirklichkeit: „Die elektrische Geschwindigkeit der Medien verschmilzt vorgeschichtliche Kulturen mit dem Ramsch der industriellen Markthändler, vereinigt Nichtalphabeten mit Halbalphabeten und Nachalphabeten" (‚Die magischen Kanäle').

Die Popgeschichte hat auf ihrer Suche nach dem ‚Stairway to Heaven' in vierzig Jahren nicht nur eine einzigartige stilistische Vielfalt hervorgebracht, sondern auch eine Reihe von tragischen Karrieren. Das Pop-Business präsentiert sich nicht nur als kreatives Fluidum, in dem Künstler schnell viel Geld verdienen und von Tausenden bejubelt werden, sondern auch als gnadenloses Geschäft voller einsamer, verlorener Momente, die etliche ihrer Protagonisten in den Ruin, in die Drogenszene oder in den Tod trieb. Pop hat den Alltag des 20. Jahrhunderts so nachhaltig verändert wie kein zweites Kulturphänomen. Seine Echos sind bis in den letzten Winkel der Welt zu hören. Entrinnen ist kaum mehr möglich. Heute können internationale Popstars per CD-Rom in den Heimcomputer geladen werden; für DM 49,90 kann man Briefe oder Faxe mit den digitalisierten Konterfeis der einstigen Rebellen schmücken.

Dies Buch soll ein wenig Ordnung ins Chaos bringen – auf ziemlich subjektive Weise allerdings –, soll eine mögliche Version der Popkultur erzählen, einige Portalfiguren beleuchten und deutlich machen, wie sich manche Musiker und Stile aufeinander beziehen und bezogen haben. Denn eines ist klar: Pop bezog seine Kraft fast immer aus dem Zitieren und Verwandeln bereits vorhandener Unterhaltungskunst. Die *Beatles* und

Abb. 1: „Ich bin ein Model und ich seh' auch so aus" – mit schmalzigen Hits wie ‚Saving all my Love for you' oder ‚One Moment in Time' besetzte Whitney Houston, die Tochter der Sweet Inspiration-Chefin Emily Houston, millionenfach die internationalen Radiokanäle.

die *Stones* beherrschten die Technik der mehr oder weniger diskreten „Anverwandlung" meisterhaft, desgleichen *Elvis*, *Tina Turner*, die *Doors*, *Neil Young* – am (vorläufigen) Ende, im digitalen Rechner der Hip Hop-, House- und Jungle-Mixer steht die gesamte Popkultur zur Disposition. Dennoch bleibt die Frage offen: Wie funktioniert das kreative Verwandeln von stilistischen Anleihen und, vor allem, was macht deren Erfolg aus? Wann und warum entstehen Ohnmachtsanfälle oder Marihuana-Orgien; wann schlägt Spaß in Ernst um; besteht Pop aus Rhythmus und Klang, aus Botschaften oder aus Begehren, aus Sex? Gefragt wird, wie die enormen medialen Erfolge der Branche und die Abstürze einiger Stars zu erklären sein könnten und weshalb einige der innovativsten Köpfe die brutalen Brüche zwischen Rausch und Stille nur durch exzessiven Drogenkonsum zu bewältigen glaubten. Die Stars betraten ständig neue Bühnen, sie verleibten sich das Kino, den Videoclip, das Theater mit ein: Die *Einstürzenden Neubauten* spielten im Hamburger Schauspielhaus, *Sting*, *Freddie Mercury* oder *Deep Purple* griffen nach der Klassik und schielten nach der Opernbühne – und, umgekehrt herum, sang Opernstar *Luciano Pavarotti* gemeinsam mit einem Ex-Punk, *Jon Lord* komponierte für ein Sinfonieorchester.

Die Palette der Stile reicht von einfachem Rock'n'Roll bis zu hochkomplexen Rockopern, von Urbeat bis zum Mix aus modernen Rechnern, vom deftigen Soul bis zu mitunter bemühten Fusionsversuchen in Sachen Weltmusik. Techno-Experimente und gewalttätiger Gangsta-Rap existieren neben Schlagern, Grunge oder dem Blues, der offenbar alle Moden ohne Schaden übersteht. Pop muß sich pausenlos erneuern, um weiterzuleben, das Fest der Weltkulturen muß immer weitergehen. Zwar ist der Fundus bereits randvoll, doch zugreifen ist immer einfacher geworden und Tausende von Möglichkeiten stehen noch offen.

Für den, der darüber ein Buch schreiben möchte, hat es keinen Sinn, Jahrzehnte der Musikentwicklung einfach abzuschreiten oder Stile nach Daten zu ordnen, denn das würde der unberechenbaren „Gleichzeitigkeit des Ungleichzeitigen", wie sie im Pop herrscht, nicht gerecht: Selbst zu der Zeit, als die meisten für *Pink Floyd* schwärmten, wurde Blues geliebt; als das Junglefieber grassierte, waren die Konzerte der *Stones* oder *Bob Dylans* ausverkauft. Dieses Buch geht also nicht chronologisch vor, sondern versucht, sich den Windungen der Melodien anzupassen. Als Reiseführer durch die Popgeschichte zeichnet ‚Stairway to Heaven' ein subjektives, bewußt selektives Bild, angefangen bei den seltsamen Träumen, die in der Zeit des Rock'n'Roll und des Beat in Europa geträumt wurden: Popverrückte Jugendliche wie wir brauchten damals nur ein

Transistorradio unter der Bettdecke, um unsere geheimsten Leidenschaften zu entdecken – und auszuleben. Was damals streng sanktioniert war, stellt dreißig Jahre später *allen* Generationen eine weltweite Universalsprache zur Verfügung, die noch lange nicht ausgereizt scheint. Deshalb wirft dieses Buch am Ende einen frechen Blick ins Jahr 2008, wenn *Madonna* und *Michael Jackson* ihren Fünfzigsten feiern und *Mick Jagger* in Pension gehen wird: „Come on – walk on the Wild Side!"

Bremen, im Mai 1996   W. R.

1. Zum Bier mit *Jackson Browne*, Telebanking mit *The Who*: Pop-Rebellen, Medien, Werbespots

Dreißig Jahre nach der ersten Ausgabe des ‚Beatclubs‘ von Radio Bremen, gibt es kaum noch eine Werbung für Automobile, Papiertaschentücher, Windeln oder Bier, kaum einen Radiospot, kaum einen Fernsehjingle, in dem nicht Zitate aus dem unerschöpflichen Fundus dieser einstmals rebellischen und suspekten Subkultur ausgeschlachtet werden. *Pete Townshends* Rockoper ‚Tommy‘ aus dem Jahr 1969 trumpft 25 Jahre später hochdekoriert mit fünf Tony-Awards auf und wird für Deutschlands „meiste Kreditkarte" (Werbeslogan) eingespannt.

Der ‚Beatclub‘, die von Mike Leckebusch aufregend produzierte, aber letztlich brave TV-Veranstaltung, präsentierte Mitte der Sechziger rührige Livebands, die in ihrer scheuen Bühnenshow aufgingen. Sie gaben alles, aber viel war das nicht. Der Minirock von Moderatorin Uschi Nerke endete eine Handbreit über dem Knie – das reichte damals schon – aber eigentlich brachte der ‚Beatclub‘ nur ältere Zuschauer – unsere Eltern – so richtig in Wallung: Die schwarz-weißen Bilder langhaariger Flegel mit bizarren Gitarren provozierten nicht unerhebliche Haßtiraden. Zuschauer, die auf dem Schirm „eine Bande Irrsinniger und Hysteriker" (‚Spiegel‘-Leserbriefe 1966 unter der Überschrift „Das schreit zum Himmel") gesehen haben wollten, konnten nicht ahnen, daß *Michael Jackson* irgendwann samstagabends bei ‚Wetten, daß ...‘ als Stargast von Thomas Gottschalk würde paradieren dürfen. Unvorstellbar. Pop als gefügige und allgemein gültige Radiomusik zwischen Verbrauchertips und Comedy, Katastrophenmeldungen und ‚Heute im Stadion‘?

Egal, ob man das Radio der Musik oder der Informationen wegen einschaltet – die Popmusik, die man dann hört, repräsentiert inzwischen den Geschmack mehrerer Generationen, erzeugt ein stereotypes Hintergrundgedudel vom Nordkap bis Sizilien und fungiert so als bunter Musikteppich für Regierungserklärungen und Sozialpläne, Atomprogramme und Massaker in Afrika.

Geisteskranke und Affenkultur

Wenn Pop Mitte der Sechziger in Erscheinung trat, drohten Unheil und Absturz: Ein empfindlicher TV-Konsument hatte einen bösen Nachkriegstraum, den er unbedingt dem ‚Spiegel' erzählen wollte: „Was da so dem deutschen Volk geboten wird, ist satanisch. Mit den deutschen Deppen kann man ja alles machen, das glauben wenigstens diese Idioten aus den englischen und amerikanischen Beatclubs. Mit einem eisernen Besen wird dieses geisteskranke Gesindel, ungewaschen, unrasiert und langhaarig, demnächst aus unserem deutschen Vaterland hinausgefegt", prophezeite ein wütender Bayer in einem Brief an das Hamburger Nachrichtenmagazin. Aber es kam noch schlimmer: „Ihre Sendung", schrieb ein Herr aus Sinsheim, „weckte in mir alte, über 40 Jahre zurückliegende Erinnerungen, als ich in der Heil- und Pflegeanstalt Reichenau Arbeiten ausführte. Die Darbietungen der dort inhaftierten Geisteskranken unterscheiden sich von dem, was ich im Fernsehen sah, kaum" (‚Der Spiegel' 1966).

Teuflische Sprüche, genährt aus Vorurteilen und einer tiefen Verunsicherung durch eine um sich greifende Jugendkultur, um die sogar das Fernsehen buhlte: Pop war der Kultur-GAU. Während Tausende von Kids in der Schulpause amerikanische Soldatensender anpeilten, um endlich mal einige verzerrte Takte Soul oder Beat genießen zu können, brach für die Eltern das reine Affentheater in die gute Stube ein.

Im zweiten deutschen Staat, der DDR, war es nicht anders. Mit dem Etikett „Affenkultur" belegte Walter Ulbricht summarisch die westlichen Poperzeugnisse; die SED wollte 1967 in der Tanzmusik sogar die Klassengrenzen zwischen Sozialismus und Kapitalismus klarer ziehen: Wer als DDR-Rocker Mitte der Sechziger in einem Text Anglizismen wie „Boy" oder „Girl", „Johnny" oder gar „Yeah" vorkommen ließ, machte sich der Verherrlichung der kapitalistisch-westlichen Welt schuldig. Westliche Beatmusik galt als „Hirngift", obwohl *Beatles*-Platten schon halboffiziell im Angebot waren. Wenigstens hatte die Kulturkonferenz der SED bereits 1960 verfügt, daß Tanzmusik eine gesellschaftliche Funktion zu erfüllen habe. Diese Sehnsucht nach einer „humanistischen und lebensbejahenden Grundhaltung" (Fritz Bachmann im DDR-Standardwerk ‚Tanzmusik und Gesellschaft') konnte oder wollte so mancher DDR-Popper nun nicht mehr erfüllen. Der offizielle Sturm gegen „Amerikanisierung, Unkultur und Flachheit in der heiteren Muse" (Kulturminister Klaus Gysi) richtete sich sogar gegen die Blueskönigin *Billie Holiday* sowie den Showstar *Frank Sinatra*. Die ‚Kommission für Liedschaften' wachte eifrig über den kollektiven Geschmack – was die Teenager im Arbeiter- und Bauernstaat jedoch keineswegs davon abhielt, die *Stones* oder die *Kinks* zu verehren. Musiker wie *Klaus Jentsch*, Chef der *Klaus Renft Combo* – einer der populärsten Bands in der DDR –, widersetzten sich der Doktrin. Als die Blues-Band das gewünschte revolutionäre Pathos und die „schöpferische Suche nach neuen Formen" (Parteitagsbeschluß der SED 1971) nicht mehr im Programm führte, wurde sie getilgt. Der Kulturrat der Stadt Leipzig stellte folgenden Bescheid zu: „Mit Wirkung vom 22. September 1975 gilt die Tanzmusikformation *Klaus Renft Combo* als aufgelöst" – denn die Texte der Gruppe hätten mit der sozialistischen Wirklichkeit nichts mehr zu tun. Dabei hatte Gerulf Pannach 1972 über einen Unfall nur getextet:

„Polizei verflucht das Laken/fiel auf sie wie weißer Schnee
unter dem Straßenbahnwagen tat ihr nichts mehr weh.
Regen schlug/die um sie standen, waren bleicher noch als sie.
Ist der Mensch einmal zu Schanden/schweigt man,
wenn er schrie."   (Olaf Leitner: ‚Rockszene DDR')

Ost wie West taten sich anfangs schwer mit der neuen Musik, in nahezu ununterscheidbaren Vokabeln fielen die Journalisten über Popkonzerte her, sträubten sich gegen die obszönen Bewegungen der neuen Helden. Diesseits und jenseits der Mauer schien die Jugend in Gefahr. Doch trotz aller offiziellen Restriktionen regiert der Pop bis heute ungebrochen die Gefühle von Millionen. Obwohl seine Kommerzialisierung inzwischen ungeahnte Ausmaße angenommen hat:

25 Jahre nach dem Ende der *Beatles* gruben die respektlosen Rest-*Beatles* die archaisch-analogen *Lennon*-Kompositionen ,Free as a Bird' und ,Real Love' aus, ließen die Stimme des Toten von den Überlebenden digital begleiten und fädelten mit dem Verbund aus CD, T-Shirt und Mützchenverkauf nebst sechsstündiger Fernsehdokumentation einen gewaltigen Mediencoup ein. 1965 hatten die Liverpooler Fans noch einen Lieferwagen überfallen müssen, um die frischgepreßte Single ,Love me do' unverzüglich zu besitzen. Heute bietet der Markt die Ware im Überfluß, und die *Stones* und *Genesis* fahnden schamlos nach unveröffentlichtem Abfall aus früheren Tagen, um Profit zu machen.

Die Zeiten, in denen sich die *Doors* 1967 weigerten, ,Light my Fire' für eine Autowerbung zu vermarkten, sind vorbei. Microsoft-Manager Bill Gates ließ sich einige Sekunden des betagten *Stones*-Hits ,Start me up' 18 Millionen Dollar kosten, um sein Windows 95-Programm promoten zu können. Der deutsche Popkanal ,Viva' bedient die Kids mit bunten Computerbeats, ,Music Television' (,MTV') die bis 30jährigen, die auch mal *Sting*, *Nirvana* oder *Neil Young* mit akustischen Instrumenten, "unplugged", hören möchten, der Kanal ,VH 1' bedient die Oldies: Jeder Sender kreist um seine Zielgruppe. Es ist nur eine Frage der Zeit, wann Erstklässler und Rentner ihren eigenen Kanal kriegen.

Überall wimmelt es nur so von Zitaten und Reminiszenzen, die Epochen ziehen vorbei, Jahre werden durcheinandergeworfen, Lebensgefühle verschachtelt. Ein reines Chaos, in dem man aber auch deftigen Ausreißern begegnet: Die zynische US-Band *Monster Magnet* setzte 1995 das Zitieren der Sechziger besonders perfide in Szene: Die Truppe, die als Vorbilder *Black Sabbath* und *Led Zeppelin* nennt, verehrt Charles Manson, jenen verrückten Sektenguru, der sich für einen Popstar hielt, seinerzeit gut Freund mit den *Beach Boys* war und etliche Eigenkompositionen in der Schublade liegen hatte. Auch die Heavy-Kultband *Guns n' Roses* nahm einen Song des mörderischen Gurus ins Programm, Frontmann *Axl Rose* trat ab und zu sogar mit einem Manson-Porträt auf die Bühne und Kollege *Trent Reznor* fühlt sich in dem Haus am wohlsten, in dem die Frau des Filmregisseurs Roman Polanski, Sharon Tate, vom Manson-Clan 1969 bestialisch ermordet wurde.

Schräge Bezugnahmen provozieren: Kahlrasierte Schädel, lange Mähnen, Hakenkreuze auf den Lederjacken der Punks Ende der Siebziger, der Manson-Kult. Sie zeigen, daß Popmusik nicht nur ihre eigenen Wunden, sondern auch ihre Legenden pflegt. Die Popgeschichte erzählt sich immer wieder neu – und klittert immer offener: *Madonna* ließ sich ihr Haar blondieren und zitiert in lasziven Posen Marilyn Monroe; *Prince* trägt die Uniformjacke des toten *Jimi Hendrix*; *Michael Jackson* ist ein Nachhall des erotischen Thrills im Becken von *Elvis*. Posen und Outfits werden weitererzählt, Moden wiederholen sich in rasanter Geschwindigkeit. Man kann mittlerweile die alten Flower Power-Klamotten wieder auspacken; Beatnik-Rollis und 50er Jahre-Brillen kehren in der schrillen New Wave-Mode zurück; die hohen Schnürstiefel der Hippie-Zeit, Schlaghosen und Blusen voll romantischer Stickereien sind wieder up to date.

Milchtüten und Müsliriegel

Die Werbemanager mit ihrem Gespür für Trends haben die Popgeschichte ausgeschlachtet und alte Rechte gekauft: Blueskönig *Muddy Waters* (gestorben 1983) jammt postum zusammen mit der Ex-Punk-Combo *The Clash* für Jeans: Klassiker wie ‚Should I stay or should I go' und ‚Hoochie Coochie Man' bekommen so eine völlig neue Botschaft: Kauf mich, ich muß von Dir getragen werden. ‚With a Girl like you' von den *Troggs,* jener Sechziger-Jahre Ur-Beat-Combo, veredelt heute eine Milchtüte, *Donovans* ‚Mellow Yellow' wirbt für Teebeutel und ‚Sunny afternoon' von den *Kinks* für ein spießiges Versandhaus. ‚I'm free' (*The Who*/1969) sagt mittlerweile auch die Werbeindustrie und lädt damit zum fixen Telebanking bei einem Bankhaus ein, das bei jungen Kunden massive Imageprobleme hat. Die Idee zum Spot stammt von der Hamburger Agentur Scholz & Friends, die für eine „erhebliche Summe" die Nutzungsrechte erwarb und den Song neu, aber soundgetreu mit Studiomusikern nachproduzierte! Das Geld für die Aktion der jugendfrischen „Bank 24" stammt aus dem Frankfurter Mutterhaus – die ‚Deutsche Bank' überweist direkt an *Mr. Townshend.*

Aber das sind beileibe keine Einzelfälle: ‚Let's have a Party' sorgt für frischen Bierdurst ebenso wie ‚Stay a little bit longer' von *Jackson Browne.* Der Schaum vergeht, die Knete bleibt, – unter 40 Sekunden ist jedes Zitat umsonst – und ein Kalauer jagt den nächsten: Natürlich ist mit dem „Bit" ein ‚Bitburger' gemeint, die CD zum Spot findet man im Plattenladen, als habe die Bierfirma diese Komposition in Auftrag gegeben – dabei ist das Original 36 Jahre alt. Auch in der Telefon-Warteschleife der Brauerei werde ich mit 30 Sekunden ‚Stay' unterhalten, um dann allerdings zu erfahren, daß es nicht mehr *Jackson Brownes* Stimme ist, sondern die eines namenlosen Barden der eigens für den Spot zusammengestellten Studioband *Gasken Street.* Die Brauherren aus der Eifel kauften für eine immense Summe, über die auch sie Stillschweigen bewahren, die Rechte an diesem Hit von Maurice Williams – 1960 eine Nummer eins in den US-Charts – und ließen ihn neu einspielen. *Browne,* auf seiner LP ‚Running on empty' 1978 nur der Interpret, ging leer aus.

Bob Dylans engagiert-traurige Ballade ‚Just like a Woman', in der der Dauer-Barde 1966 das öde Hausfrauenleben und die vorproduzierten Sehnsüchte in den Supermärkten aufs Korn nahm, dient inzwischen als Muntermacher für ein Dampfbügeleisen; ein ramponierter blauer Turnschuh, unter dem Glassplitter liegen, heißt „Iggy Pop". Die US-Firma verrät uns zwar nicht, welches Fenster der *Bowie*-Kumpan da gerade eingetreten hat und durch welche Hölle er damit gegangen ist, aber wir erfahren wenigstens seine Schuhgröße: „8 ¹/₂", es geht zu wie bei Fellini.

Die Werbewirtschaft klaut und verschnipselt, denn Pop ist Unterhaltungskultur und spielend leicht zu vermarkten, weiterzuverwerten und auszuschlachten. Einer Aktion der Presseabteilung der TV-Popband *The Monkees* ist es zu verdanken, daß 1967 im Lübecker Rathaus Tausende von Briefen aus Übersee eintrafen, die an einen gewissen Thomas Mann, Bürgermeisterhaus Lübeck, Deutschland, adressiert waren. Die PR-animierten Briefschreiber wollten den Romancier dazu animieren, sich zu aktueller Popkleidung im allgemeinen und zu besagter US-Band im besonderen zu äußern.

Popgeschichte liefert nicht nur Anlaß für Fehldeutungen und Mißverständnisse, sondern birgt auch gewaltige Enttäuschungen. Selbst Musiker und Idole, von denen man einen bestimmten Lebensstil oder zumindest eine Prise Revolution erwarten konnte, gingen fremd. Die Neue-Deutsche-Welle-Punk-Lilly *Nina Hagen*, früher persona non grata mit schrägen Texten und satter Begleitband, tauchte nicht nur als Ulkfigur à la Hella von Sinnen im Duett mit dem schwarzbraunen Volksmusikhelden *Heino* auf, sondern wirbt im Kino neuerdings auch für eine Zeitung, der keiner glaubt und die trotzdem Millionen lesen: „Nina Hagen schimpft für BILD". Auf BILD? – Mitnichten. *In* BILD scheut sie auch nicht davor zurück, nackt für die amerikanische Tierschutzorganisation ‚PETA' Modell zu stehen. Nach dem Motto: „Lieber nackt als Pelze tragen". *Nina Hagen* als die Brigitte Bardot der Deutschen?

Also wendet sich der Blick zurück zu jenen Zeiten, als Pop noch die Kultur von unten war und „unseren" Protest und „unsere" Rebellion formulierte, als Rock'n'Roll und Beat die deutschen Grenzen überschritten und die „Jugendkultur" mitbrachten. Lange vor den Studentenunruhen brachen 1962 im Münchner Bohème-Stadtteil die Schwabinger Krawalle wegen zweier Gitarrespieler aus, die nachts auf ihren Klampfen Lieder von *Elvis*, *Chuck Berry* und *Little Richard* nachspielten.

Abb. 2: „Böse Nina – gutes Kind" – die schrille Punk-Lady Nina Hagen wühlte 1980 die bundesdeutsche Rockszene auf, heute schimpft sie für BILD, singt Duette mit Heino und ist auf dem Indien-Trip.

Die Kids waren von der neuen Tanzmucke derart begeistert, daß ihre Nacht keine Sperrstunde mehr kannte. Ein Pärchen twistete barfuß! Mitten in München! Die Stadtverwaltung sah den Notstand am Horizont und ließ ihre Ordnungshüter los. Es kam zu Prügeleien und Provokationen. Nach fünf Nächten verzeichnete das Protokoll 239 Festnahmen und 41 Anklagen wegen Landfriedensbruch – so jedenfalls berichtet der Politologe Wolfgang Kraushaar, der in Hamburg das ‚Archiv für Protestkultur' verwaltet. Aber das war bloß der Anfang.

2. Die Zeit der Dorfmusik ist vorbei: Rock'n'Roll und Beat

Elvis Presley, Chuck Berry , Beatles, Stones

> „Die Leute glauben,
> wir hätten gewaltige Streitigkeiten und fragen
> Trennen sie sich?
> Aber das ist unsere Art zu arbeiten.
> Er ist meine Frau, und er wird dasselbe über
> mich sagen;
> Ja, er ist meine Frau."
> (*Keith Richards* über *Mick Jagger*)

Nach der Maueröffnung im November 1989 und dem Zusammenbruch des Ostblocks philosophierte der Bremer Friedens- und Konfliktforscher Dieter Senghaas zusammen mit Kollegen über das „Ende der Nachkriegszeit": Die Weltordnung der klassischen James-Bond-Filme existiert nicht mehr, im „Reich des Bösen", wie es Ronald Reagan mit Vorliebe nannte, reformierte bereits Michail Gorbatschow. Sein bildschirmerfahrener republikanischer US-Kollege hatte zwar fünf Jahre zuvor noch bei einer Mikrofonprobe der Sowjetunion massiv gedroht: „Ich freue mich, Ihnen sagen zu können, daß ich ein Gesetz unterzeichnet habe, das Rußland für immer vogelfrei erklärt. Wir beginnen in fünf Minuten mit der Bombardierung" („Süddeutsche Zeitung", 12. 8. 85) – aber das soll ja nur Spaß gewesen sein. Als Reagan dagegen am 13. Juni 1987 an der Berliner Mauer ausrief, Reformer Gorbi solle endlich die Mauer niederreißen, steckte schon mehr visionäre Energie dahinter ... und tatsächlich, schon im Winter 89/90 konnte ich als flanierender Berlin-Tourist bei eisiger Kälte das Brandenburger Tor passieren, während die fleißigen Mauerspechte aus

Die Not hat ein Ende!

Die Zeit der Dorfmusik ist vorbei!

Am Freitag, dem 13. April

eröffnet

☆ Star-Club

die Rock n' Twist-Parade 1962

mit The Beatles   Tex Roberg   Roy Young   The Graduates   The Bachelors

zusätzlich ab Mai: Tony Sheridan-Quartett und Gerry and the Pacemakers

Eine Ballung der Spitzenklasse Europas

Hmb.-St. Pauli, Gr. Freiheit 39

Manfred Weissleder KG.   Druck: Heinrich Seitzen, Hamburg-Altona

Abb. 3: „Globale Dorfmusik – was auf Hamburg St. Pauli begann, ist Legende, aber die Zeiten sollten sich danach wirklich dramatisch ändern. Gery & the Pacemakers und Tony Sheridan schafften es nur zum „Tanz in den Mai", die Beatles bekanntlich weiter. Wie vom Liverpooler Cavern-Club, vom Londoner Marquee oder dem Fillmore in San Francisco existiert vom Star-Club nur noch der Mythos.

Ost und West die bunten, besprayten Stückchen auf Tapeziertischen für einen Heiermann feilboten. Ein halbes Jahr zuvor waren die *Rolling Stones* in Westberlin zu Gast gewesen, im Osten wollten die Fans auch ein paar Töne mitkriegen und drängten zur Mauer, – die Volkspolizei schritt ein. War 1989 also das Ende der Nachkriegszeit? Kurioserweise wurde dieser Einschnitt von einigen Sozialwissenschaftlern schon ins Jahr 1962 zurückdatiert, als die Popkultur aus England ins Adenauer-Land herüberschwappte. Der Hamburger ‚Star-Club' öffnete auf der Großen Freiheit Nr. 39 an der Reeperbahn unter dem Motto: „Die Not hat ein Ende. Die Zeit der Dorfmusik ist vorbei". Den Popbegeisterten wurde neben der Rock & Twist-Parade „eine Ballung der Spitzenklasse Europas" versprochen. Britische Bands, unter ihnen bekanntlich auch die jungen *Beatles*, präsentierten Ungewohntes, Aufregendes. Einige deutsche Plattenproduzenten witterten ihre Chance und richteten Beat-Wettbewerbe unter dem Motto aus: „Wir suchen die deutschen Beatles". Gewonnen haben ihn seinerzeit die *Lords*, deren musikalische Kreativität bescheiden war und deren Englisch so seltsam klang wie das von Heinrich Lübke, dem zweiten Bundespräsidenten. Zu hören war immerhin ein Sound, der den Halbstarken, die in Stiefeln, Jeans und Lederjacken gegen den Schlagermuff rebellierten, mit kratzigen Gitarren und treibendem Schlagzeug unter die Haut gehen sollte.

Woher sollten wir wissen, daß Pop nur aus nachgeklimperten Rhythm'n'Blues-Standards bestand? Wir freundeten uns mit den Helden auf der Bühne kritiklos an, es waren Jungs wie wir. Niemand störte sich daran (oder wußte es), daß sich die jungen Briten, denen je nach Publikumserfolg ein Plattenvertrag winkte, gnadenlos aus dem Fundus von *Little Richard*, *Chuck Berry*, *Chubby Checker* und *Elvis* bedient hatten?

Denn Beatmusik ist ohne das geschickte Covern und Anverwandeln der frühen Rock'n'Roll-Songs aus Übersee nicht denkbar. In London oder Liverpool, Manchester oder Dublin wurde mit ungeheurer Lust einfach nachgespielt, wurde Rock'n'Roll zu Beat umgeschmolzen. Die Bands kopierten ohne Vorbehalte und schickten *Little-Richard*-Knallern eigene

Euro-Balladen hinterher, die sich aus der heimischen Folk- und Liedkultur speisten. Die Musik der *Kinks* oder der *Who*, der *Beatles* oder der *Tremeloes* setzte sich meist aus diesen Bausteinen zusammen: europäische Melancholie und amerikanische Explosivität, radikaler, durchtriebener Rhythmus und hemmungsloser Kitsch.

Neue Helden

Beat pendelte zwischen süßlicher Ballade und heftiger Tanzmusik. Die *Stones*-Schmonzette ‚Ruby Tuesday' mit dem trägen Schlagzeugwirbel rangierte neben ‚Help', jenem vertrackten Album, das zeigt, wie weit die *Beatles* nach 1965 in ihrer harmonischen wie synkopischen Arbeit tatsächlich schon waren: 12/8 Takt bei ‚I want you' (‚She's so heavy'), Walzertakt bei ‚Lucy in the Sky with Diamonds', abenteuerliche Akkordwechsel von a-Moll zu As-Maj-7, Verminderte und Neuner, E-plus (‚Oh Darling') oder dis-Moll 7 (‚Because') – lauter hochkomplexe Klanggebilde.

Das ‚No Reply' der *Beatles* erklang neben ‚Get off of my Cloud' von den *Stones*, ‚Tired of Waiting for you', ein *Kinks*-Stück für einsam vergossene Liebeskummertränen, neben dem brodelnden ‚My Generation' von *The Who*. Dieser rasante Wechsel zwischen langsam und schnell, „slow" und „fast", zwischen Schlagerschmalz und Tanzwut, rüttelte einigermaßen wach. Pop zog alle Register, aktivierte auf A- und B-Seite verschiedene Gefühle, besang Lebenslust wie -frust. Ein kollektiver Kreativimpuls, ein kräftiger Schub Optimismus und Größenwahn, trieb die Musiker in Scharen an Mikrofone und Gitarren; in wenigen Jahren absolvierten Beat und Blues nicht nur einen Parforceritt durch US-Song-Strukturen und jedwedes verfügbare Import-Material, sondern auch durch Plattenstudios und Beatkeller. Daß Pop zu einer Weltkultur avancierte, lag vor allem daran, daß sich vor und auf der Bühne Generationsgenossen trafen. Zwischen Musikern und Fans wuchs eine „verschworene" Gemeinschaft. Sie entdeckte ein gemeinsames Lebensgefühl und wollte sich so schnell gar nicht mehr loslassen. Nach anfänglichem Zögern ebnete deshalb die britische Schallplattenindustrie (die von *Elvis Presleys* bis dahin einzigartiger Multi-Media-Karriere gelernt hatte) dieser Gegenkultur alle Wege: Bühnen und Studios standen weit offen, Pop sprang aus düsteren Beatschuppen ins grelle Rampenlicht, Film und Radio buhlten um die Emporkömmlinge, schließlich wurde sogar – als Tournee – der Trip um die ganze Welt versprochen. Ohne diesen Einsatz der Medien wären viele Popgruppen lokale Heroen geblieben, so aber stand zumindest einigen – wenn sie nur kompatibel bzw. widerspenstig genug waren (*beides* kam an) und über Talent und/oder Sexappeal verfügten – der Globus offen. Während die Plattenfirma ‚Decca‘ 1965 mit Beat nichts anzufangen wußte und die Zeit der Gitarrenbands gar für beendet erklärte, lud die ‚BBC‘ die *Beatles* ins Studio ein: Für den ‚Saturday Club‘ wurden akkurat jene Tapes eingespielt, die dreißig Jahre später aus dem Giftschrank wieder ans Licht kamen. Die *Beatles* konnten damals kaum mit eigenem Material glänzen, sie präsentierten sich aber als eine versierte Cover-Band, die sich Nächte hindurch im ‚Cavern-Club‘ warmgespielt hatte. Für die ‚BBC‘ produzierte das Quartett einen Tanzhit nach dem anderen: ‚I got a Woman‘ von *Ray Charles*, ‚Too much Monkey Business‘ von *Chuck Berry*, ‚Crying, Waiting, Hoping‘ von *Buddy Holly* und ‚Long Tall Sally‘ von *Little Richard*.

Diese Ahnengalerie ist bezeichnend für die Bewegung. Denn *Ray Charles* wird als Initiator des Beat häufig unterschlagen, weil er doch – wie *Mahalia Jackson* – aus der Gospel- und Jazzecke stammte. Aber in seinen Songs wie ‚What did I say‘ oder ‚I got a Woman‘ steckten Energie und Feuer. *Ray Charles* war nur der falsche Mann; seine Generation – um 1920 geboren – konnte bei den weißen, europäischen Teenagern damals nicht landen. Da mußte später erst einer wie *Stevie Wonder* kommen. Die britischen Teenager hörten nur ihren Altersgenossen zu. Liebe und Erotik gehörten den Zwanzigjährigen, der dunkle ‚Cavern‘- oder ‚Marquee-Club‘ waren kollektive Privaträume, in denen man unsichtbar und unter sich bleiben konnte.

Daß sich auch *King Elvis* auf den frühen Mitschnitten der Briten findet, spielte für die Fans keine Rolle, Beat war neu, echt und authentisch: ‚That All Right (Mama)‘, der Klassiker von *Arthur Crudup*, den *Elvis* als erste Single für seine Mama aufgenommen hatte, wurde von *Paul McCartney* erneut gecovert – und gar nicht schlecht. Eine Live-Band mußte das drauf haben, und nur langsam schrieb sich nebenbei die eigene Note fest. Der ‚Hippy Hippy Shake‘ gehörte ebensowenig den *Beatles* allein wie ‚Rock'n'Roll-Music‘ oder ‚Dizzy Miss Lizzy‘: Von den 33 BBC-Tracks stammten ganze 15 aus der Feder von *Lennon/McCartney*, der Rest war ein geschickt ausgeschlachteter Zitatenschatz.

Urwald und Tumult

Die Sehnsucht nach Identifikation, nach neuen Klängen und unerhörten Melodien trieb das junge deutsche Publikum in die Arme der alliierten Radiostationen oder der Piratensender – denn nur ‚Radio Luxemburg‘ und ‚AFN‘ oder ‚BFBS‘ boten die Pop-Hitparade. Die machte uns für ein paar Minuten glücklich oder wehmütig, rief große Gefühle wach. Der geheime Konsum sugerierte, an einem verschworenen avantgardistischen Experiment teilzunehmen. Kein „öffentlich-rechtliches“ Radioprogramm führte zunächst Pop im Angebot, nur Außenseiter trauten sich, die revolutionäre Kunde zu verbreiten. Pop blühte nur im Verborgenen, kam höchstens als musikwissenschaftlicher Essay im Schulfunk vor – dazu mußte etwas Kluges erzählt werden, was keiner hören wollte. Dabei genügte so wenig, um uns junge Abhängige zu begeistern: ein 15-Mark-Transistorradio mit Mittel- und Langwelle, ein Kassettenrecorder der ersten Generation, eine Single für vier Mark. Geheimbündlerische Grüppchen von Schulfreunden klappten nachmittags die elterliche Musiktruhe auf und ließen den Tonarm auf ‚I feel fine‘ niedersinken. ‚Let's spend the Night together‘ trieb uns nach dem Pfadfinderabend zum Kiosk auf eine Cola oder zum ersten Schwoof auf die Seebühne im Stadtpark. Dort standen die Mädchen, dort gafften die Jungs – und alle spitzten die Ohren, selbst wenn bloß eine armselige Combo ,My Baby Baby balla balla' von den *Rainbows* anstimmte. Man war ja so dankbar.

Mutige Epigonen trugen in Stade oder Regensburg die Verstärker in den Keller und nudelten die Standards selber nach. Wenn Beat-Kapellen zum „Tanzvergnügen" aufspielten, füllten sich die Nebenräume des letzten Landgasthofs. Obwohl dort kaum mehr passierte, als daß Lokalmatadore sattsam bekannte Hits nachstümperten, berichteten die Zeitungen von schweren Tumulten, wenn sich mal ein Musikant mit seiner Gitarre am Boden wälzte oder die „Beatshow" unerbittlich laut wurde. Kaum einen Kritikus oder Pädagogen beschlich eine Ahnung von dem, was da wirklich vor sich ging. Zwanzig Jahre nach Ende des Zweiten Weltkrieges sahen sie eine neue „Saat der Gewalt" (so hieß der Richard Brooks-Film ,Blackboard Jungle' mit Glenn Ford in der Hauptrolle und einem *Bill-Haley*-Titel als Soundtrack auf deutsch) aufgehen: exzessiv, erotisch, primitiv – direkt aus dem Urwald.

Selbst ein altmodischer Rock'n'Roller wie *Bill Haley*, ein Mann, der damals schon über Dreißig war und mit Schmalztolle und Schmerbauch auftrat, konnte an der Schwelle zum ersten Rockjahrzehnt für Aufruhr sorgen. 36 Titel brachte er in die Charts. ,Rock around the Clock' – heute noch Pflichtnummer beim Tanzkurs – wurde über 15 Millionen Mal verkauft, dabei hatte er diesen Hit von *Johnny Dae* geklaut. Die Bühnenshow seiner *Comets* war aber in der Tat ziemlich explosiv: Der Bassist krabbelte auf seinem Kontrabaß herum oder tummelte sich mit dem geliebten Klangkörper waagrecht auf den Brettern, die Gitarristen schwenkten glitzernde E-Klampfen, die Bläser zuckten im Takt. Und: sie waren laut. Als ,Die Saat der Gewalt' 1956 in die deutschen Kinos kam, hämmerte die Musik des Ex-Countrysängers aus Michigan aus den Kinolautsprechern. Auf der Leinwand hatten die Schüler dabei lediglich die altmodische Schallplattensammlung ihres hilflosen Lehrers zerdeppert, um endlich Rock'n'Roll auflegen zu können – Bremer Kinobesucher taten dasselbe anschließend mit dem Gestühl des ‚Palast'-Kinos im Ostertor-Viertel. Sie wußten, was sie taten, wahrscheinlich spukten auch James Dean und Marlon Brando in ihren Köpfen. Heute beheimatet das ehemalige Kino übrigens einen Lebensmittel-Billigmarkt, auf dessen Stufen Punks und Säufer Quartier nehmen.

Die Einrichtung jener Säle, in denen die *Comets* seinerzeit mit ihrer Rock'n'Roll-Show auftauchten, blieb auch nicht heil. Im berühmt-berüchtigten Berliner Sportpalast – genau: eben jenem! – ging Ende der Fünfziger Mobiliar im Wert von 50 000 Mark zu Bruch. Zuvor hatten die Fans schon die Konzertsäle in Hamburg, Essen und Stuttgart zerlegt. Auch in Großbritannien hatte der pummelige Rocker eine deutliche Spur der ritualisierten Frustabfuhr zurückgelassen. Das Jahr 1956 gab freilich nicht mehr als einen Vorgeschmack auf die kontinentale Beat-Revolte der Sechziger.

Die Revolte der Jugend führte umgehend zum einschneidenden Wandel der Sprachkultur in der bürgerlichen Presse. Neue Metaphern überschwemmten das Land: *Haley*, vermerkte der konservative „Rheinische Merkur" 1957, „entfesselte die zweibeinigen Zitterrochen, die ihre Kopf- und Beckenschläge mit Stuhlbeinen weitergaben", ein Leidensgenosse vom ‚Hamburger Abendblatt' beklagte das „monotone Stampfen" und machte „elektronisch übersteuerten Lärm" aus, die Parteizeitung der SED, „Neues Deutschland", diagnostizierte weltanschaulich eindeutig eine „Orgie amerikanischer Unkultur" (zitiert nach: Schmidt-Joos/Graves 1973). Norman Joplin, eine der Edelfedern des ‚Record Mirror', schlenderte 1963 ins ‚Crawdaddy', der Wiege des britischen Rock & Blues. Die Kids, bemerkte er, sprängen dort wie wild herum. „Die Combo, zu deren Musik sie twisten und hüpfen, nennt sich *Rolling Stones*. Vielleicht haben Sie noch nie von ihnen gehört – wenn sie außerhalb Londons leben, stehen Ihre Chancen schlecht. Aber, bei Gott, Sie werden von ihnen hören!"

Diesen Nimbus hat Rockmusik für manche Hardliner anscheinend auch heute noch nicht ganz verloren: In der ‚Stuttgarter Zeitung' vom 18. 11. 1995 etwa war eine Philippika von *Armin Ayren* unter der programmatischen Überschrift „Rockmusik macht blöd" abgedruckt. Der Pädagoge und Literat machte sich darin über den Vorschlag lustig, literarische Texte auch mal mit HipHop oder Blues zu kombinieren, anstatt sie immer nur zu wahrer „Bildungsmusik" wie Klassik oder Jazz vorzutragen ... „Beat macht taub", klagten die „Badischen Neusten Nachrichten" schon im Januar 1969, soviel hat sich also gar nicht geändert. Oder doch? Warum sonst brauchten die *Stones* 56 Sattelschlepper für das Equipment ihrer 1995ger Tour, dazu 250 Roadies und Pyrotechniker, um ihren Ruf zu untermauern, immer noch die „härteste Rock'n' Roll-Band" zu sein? Und eine gigantische Werbemaschine, die das Produkt *Stones* ins rechte Licht setzte? Etwa weil die ehemalige Identität zwischen Musikern und Fans, das gemeinsame Lebensgefühl, nur mehr in einer sentimentalen Inszenierung beschworen werden kann? Anders als vor dreißig Jahren sind die *Stones* keine aufmüpfigen Mitglieder einer rebellischen Subkultur mehr, sondern millionenschwere Weltstars – und Nachrichtenmagazine wie der ‚Spiegel' und ‚Focus' sind froh, wenn sie einen Interviewtermin zugewiesen bekommen. In schönem Einklang schwärmen die Popkritiker anschließend vom „Mythos" der *Jagger*-Truppe. Früher hätten sie den angehenden Bankkaufmann durch den Kakao gezogen. Heute holen sie die alte Lederjacke aus dem Schrank und lassen die Interviews autorisieren.

Rings umgeben vom erfolgreichsten Auto der unteren Mittelklasse absolvierten die Briten 1995 nach dem erprobten *Pink Floyd-* und *Genesis*-Modell ihre VW-Welttournee. Die Gemeinde im Stadion durfte zusehen, wie in zwanzig Songs die eigene Geschichte noch einmal Revue passierte. Wer hätte das gedacht: *Mick Jagger* gibt heute unumwunden zu, jahrelang den ultimativen Rockstar nur gemimt zu haben! *Wirklich* genoß er sein Rendezvous mit Gorbi auf einem Flughafen in Australien – und das Honorar der Japan-Tour 1995, das er sich prompt in Yen ausbezahlen ließ, als er mitbekam, daß der Dollar in Turbulenzen geraten war. Unversehens wurden auch andere Ex-Rebellen zu Mitgliedern der High Society – ein Schelm, wer Böses *dabei* denkt: der Orden des Britischen Empire für die *Beatles*, eine Zigarette von Vaclav Havel für

Frank Zappa im Festsaal der Prager Burg; *James Brown* als Ex-Vietnam-Entertainer, *Elvis Presley* als ehrenamtlicher Drogenbeauftragter zu Gast bei Richard Nixon im Weißen Haus. *Dave Dee* wurde mit seiner mäßig inspirierten Pop-Truppe vom britischen Premier Harold Wilson schon im Juli 1966 zum Frühstück eingeladen, Ex-Beatle *George Harrison* dinierte mit dem US-Präsidenten Gerald Ford – welcher subkulturelle Freak hätte sich das schon träumen lassen.

Am 5. August 1995 waren über 120 000 Menschen zum größten Europa-Konzert der *Stones* ins Prager Strachov-Stadion gepilgert, um die glitzernde Märchen- und Fantasyshow der Oldie-Band zu betrachten. Das sommerliche Mammutfest unter Andy Warhols grellrotem Zungen-Emblem von 1972 zeigte jedoch das ganze Dilemma solcher Superlative: Soundtechnisch war die Open-Air-Beschallung nicht mehr zu bewerkstelligen, die Musik verwehte, *Jagger* sprang wie Rumpelstilzchen zwischen den riesigen Türmen hin und her, *Richards* schlug seine Riffs, *Watts* trommelte stoisch – die Rock'n'Roll-Dinos aber waren nur noch in den ersten hundert Reihen und auf den Videoleinwänden zu erkennen, die Band blieb in ihrem Märchenschloß allein. Auch die bunte Lightshow – schierer Las Vegas-Pomp – nützte nichts, reizte nur die Augen als die Ohren längst stumpf waren. ,Satisfaction' und ,Jumpin' Jack Flash' wirkten tolpatschig und müde, ,Angie' brachte immerhin noch ältere Teenager-Herzen in meiner Umgebung zum Schmelzen: Das Unterfangen, im Multimedia-Zeitalter mit Live-Rock im inszenierten Breitwandformat überzeugen zu wollen, ist aussichtslos. Trotzdem oder gerade deshalb versicherte der offenbar heute schon unsterbliche *Keith Richards* der französischen Tageszeitung ,InfoMatin': „Wir sind in der Lage, *noch* ein Jahrhundert zu spielen". Doch trotz aller Bekundungen in Sachen Unsterblichkeit umgab die alten Recken etwas Rührendes: *Keith Richards* Mundwinkel zuckten, wenn er groß ins Bild kam, *Charlie Watts* verbeugte sich britisch-höflich, *Jagge*r gab Macho und Hermaphrodit noch fast so gut wie 1966, als der britische Popkulturforscher *Nik Cohn* notierte: „Wenn er auf die Bühne kam, knallte es. Es war der totale Sex, es war einfach unerhört: Er wirbelte sich herum, bis er blind war, schmetterte sich hin, drehte dem Publikum den Rücken zu, von der Hüfte ab zusammengeklappt wie ein Taschenmesser, daß sein Hintern gerade in die Luft ragte. Und dann schüttelte er sich, vibrierte wie ein Motor. Und er streckte dir das Handmikrofon durch seine Beine entgegen, stieß es dir direkt ins Gesicht".

Aber das allerdickste Ende brachten erst Klang-Computeranalysen der Tournee: Die *Stones*, einst Propheten der Live-Musik, des puren Rock'n'Roll, täuschten das Publikum warscheinlich, indem sie gar nicht immer live spielten! Statt auf ihre Altmänner-Power, vertrauten sie – so die analytischen Computer – auf die Animationskräfte wiederum anderer Computer. Oder wie sonst wäre zu erklären, daß *Mick Jagger* nach einem 70-Meter Bühnensprint völlig relaxt am Mikrofon ankam und ohne Atemnot weitersang? Sogar Zisch- und Ploppgeräusche sollen bei ‚You got me rocking' identisch gewesen sein – egal, ob sie vom Konzert in Belgien oder in Deutschland stammten. Selbst ein Patzer in ‚Rock and a hard Place' – fanden die Tüftler heraus – tauchte synchron während der Konzerte in Buenos Aires, Köln und Schüttdorf auf. Mag es bei *Michael Jackson* oder *Madonna* längst Gewohnheit sein, Konservenmaterial zu verwursten – bei den *Stones* kommt es einem Frevel gleich. Daß die Helden es riskierten, vielleicht: riskieren *mußten*, beweist vor allem eines: Pop ist inzwischen eine gnadenlose Industrie und Jugendlichkeit nur mehr deren Folie.

Einziger Trost: Trotz aller Playbacktechnik war *Keith Richards* Bühnen-Intermezzo bestimmt echt: Denn so falsch kann nur ein Mensch singen, keine Maschine.

Körper und Masken

Von Beginn an wurde Rock'n'Beat mit Freiheit, Exzessivität, Gewalt und Drogenrausch verknüpft. Als die *Stones* Ende der Sechziger in Warschau ankamen, um ihre erste Show hinter dem Eisernen Vorhang zu zelebrieren, mußten 9000 Kids vor dem Kulturpalast warten, denn die Karten waren an den parteikonformen Nachwuchs verteilt worden. Dieser typisch sozialistische Verwaltungs-Fauxpas ließ die eigentlichen Fans außen vor. Die Folge: Rabatz – die Polizei feuerte Tränengasgranaten ab, Schlagstöcke tanzten. In Helsinki gab es ebenfalls Schlägereien, in Berlin wurden fünfzig Festnahmen aktenkundig, in Paris bildete der Auftritt der *Stones* im ‚Olympia‘ 1970 den willkommenen Anlaß, Polizisten mit Pflastersteinen und Eisenstangen anzugehen. Während die *Beatles* im Handumdrehen Mädchenherzen brachen, die „Beatlemania" auslösten, bliesen die *Stones* zum Aufruhr: ‚Street fighting Man' und ‚I can't get no (Satisfaction)' avancierten zu modischen Revoluzzerhymnen.

Als 1965 die ersten Beat-Festivals durch deutsche Lande rollten, hatten die *Rolling Stones* gerade den Berliner Waldbühnen-Krawall hinter sich und die Innenpolitiker und Ordnungskräfte damit zu rigiden Sicherheitsvorkehrungen provoziert. 600 berittene Berliner Polizisten sollten Ausschreitungen verhindern, aber dann passierte folgendes: Mitten in der Zugabe wurde den *Stones* der Strom abgestellt, wenig später fiel auch das Licht aus – und erst dann explodierte das Ganze. Zurück blieben zerborstene Flaschen und niedergetrampelte Absperrungen, außerdem Berge von Dessous – und ein Schaden von über 250 000 Mark.

„Bremen will Krawalle im Keim ersticken" – kommentierte der Weserkurier 1965 die Auftritte von *Tony Sheridan* und den *Lords* beim ‚Beat der Nationen‘. Die Kids sollten vor „jugendgefährdender Massenhysterie" und vor „unsittlichen Verrenkungen" geschützt, „kleine Mädchen" vor „kurzen Anfällen von Schüttelfrost" bewahrt werden. Heute sieht man das lockerer, wenn Raver sogar das Münchner Klima nutzen können, um auf der Schwabinger Ludwigstraße zu demonstrieren – zumal sie nicht gegen Restriktionen der Verwaltung Sturm laufen, sondern gegen ihr eigenes Image: „Keine Macht den Drogen" schrieb sich die „Fun-Generation", die im computerharten Technosound aufgeht, heuer beschwörend auf die Fähnchen. Ob's was hilft? Am Rande des Protestmarsches vom

Mai 1995 wurden wenigstens nur vier Fans wegen Dealens festgenommen.

Doch zurück zur Musik der 60er Jahre: ‚Tutti Frutti‘ oder ‚Shake, Rattle and Roll‘ mögen heute auf CD ziemlich brav klingen, damals waren es Knaller, die live ohnehin stärker rüberkamen als auf Platte oder im Radio. Solche Songs wurden in einem schwindelerregenden Rhythmus, mit kämpferischem Vorwärtsdrang gespielt. Die Sänger brüllten, was ihre Stimmbänder hergaben und brachten die Aufnahmemikrofone zum Pfeifen. Kieksende Stimmen und jaulende Gitarren, exaltierte Verrenkungen und schräge Frisuren sagten: Befreie Dich, entdecke Deinen Körper, tanz’, laß’ die Sau ’raus! Und laß’ Dir nichts gefallen, rebelliere gegen die Eltern! *Little Richard*, der sich 1958 für das Studium der Theologie eingeschrieben hatte, schlug auf sein Klavier ein, *Chuck Berry* federte im Entenschritt über die Bühne, die *Beatles* schüttelten ihre duftigen Pilzköpfe, der schmollmündige *Mick Jagger* zeigte, wer bei ihm das Sagen hatte: ‚Under my Thumb‘.

Als die *Beatles* 1962 in Hamburg fotografiert wurden, blickten fünf trotzige junge Burschen ins Objektiv. *Stu Sutcliffe* und *Bete Best* waren noch dabei. Sie hatten sich für die Foto-Session eine Hafengegend voller rostigem Schrott ausgesucht, eine Snare-Drum stand auf dem Boden, ihre Gitarren hielten sie im Arm. Die Milchgesichter blickten betont düster, die Haare waren tollenmäßig gekämmt. Die Hamburger Fotographin Astrid Kirchherr wird den gerade mal 18jährigen Briten wenig später die Haare in die Stirn kämmen und damit die freundlichere *Beatles*-Frisur kreieren. So ’was zählte damals und zählt auch heute. Außerdem zahlt’s sich aus: Outfit und Haarmode spielen schließlich bis dato eine zentrale Rolle beim Versuch der Popindustrie, Publikumsbindung zu erzeugen. T-Shirts und Mützen, Jacken und Stiefel bieten den Fans Gelegenheit, den Geliebten ein wenig näher zu kommen. Die *Beatles*-Frisur oder die Matten der Hardrocker, die bunten Hahnenkämme der Punks, die schrägen Schnitte der New Waver oder die Glatzen der Ska-infizierten Skins signalisieren Gruppenzugehörigkeiten. Das funktioniert von *Take That* bis

Nirvana, von *Sting* bis zu den *Stones*. Beat also sah in den frühen Sechzigern tatsächlich düster aus – vielleicht weil den Kids noch die muffligen Fünfziger in den Knochen steckten. Andererseits zwängten sich die *Kinks*, die *Stones* oder *The Who* sogar noch in Anzüge! Pete Townshend sah aus wie Falschgeld und spielte auf, daß die Nähte platzten. Wenig später schon regierten T-Shirt oder bizarre Phantasiekostüme. Die Befreiung wurde zunehmend optisch ausgelebt. Als der Anzug dann wiederkehrte, stammte er aus Italien; das Sakko wog höchstens 300 Gramm und störte nicht, wenn die Finger hurtig über die Saiten glitten – wenigstens bei einem, der's geschafft hat, wie *Eric Clapton*. Und wie die Heroen, so auch die Fans: Heute ist die Beat-Generation um die Vierzig oder älter und steht sich auf Parties bei trockenem italienischem Weißwein die Beine in den Bauch. Kulturbeflissen, gereift und etabliert, lauscht sie abwechselnd einem *Mozart*-Klavierkonzert (am liebsten mit *Mitsuku Uchida* oder wenigstens mit *Friedrich Gulda*; nein: bitte nicht *Alfred Brendel*) oder staubigem Jazz der Fünfziger – saturierte Snobs genießen das postmoderne Kulturleben. Wenn die Zeit der intensiven Gespräche dann abgelaufen ist und der gemütliche Bar-Jazz allen zum Hals 'raus hängt, schlägt die große Stunde. Dann gibt's 'was für den Bauch, dann wird geschwärmt: *Bruce Springsteen* im Wildparkstadion oder *Tina Turner* im Waldstadion, das war großartig, dort, irgendwo unter Gleichgesinnten, da war er noch immer gewesen, der magische Platz des Rock'n'Roll. Die Psychotherapeutin findet *Chet Bakers* Jazzschmalz „hinreißend", aber bei *Bryan Adams* fühlt sie sich hingerißner. Und der Senator, der gerade wegen einer politischen Intrige seines Koalitionspartners wieder die Freizeit genießen darf, kontert mit Tickets für *Genesis* in Köln, die er schon immer einmal live sehen wollte.

Freunde und Feinde

Wie unerbittlich standen sich doch *Beatles*- und *Stones*fans 1968 an den Schulen gegenüber! Zwischen diesen Fraktionen konnte kein Vermittlungsausschuß helfen. Jede Debatte war Zeitverschwendung. Bis heute ist das merkwürdigerweise so geblieben. Auf Schickeria-Parties flammt die alte Feindschaft immer wieder mal auf, wenn sich die Gäste, die zwischen 35 und 45, nämlich abfällig über das Hintergrund-Musikprogramm äußern – was sie bekanntlich ausgesprochen gerne tun. Manche Männerfreundschaft wird so auf eine ernste Belastungsprobe gestellt: auf die eigene Geschichte läßt man eben nichts kommen. Die einen liebten den Vorwärtsdrang der *Stones* und hören in deren Musik noch immer jenen ‚Rebell Yell‘, den sie *Billy Idol* nicht mehr geglaubt haben; die *Beatles*-Fraktion dagegen hat Melodie und Gefühl gepachtet, gilt jedoch als angepaßt. ‚Paperback Writer‘ war für die Mädchen, und ‚Yesterday‘, mit Geigen kräftig abgemischt, rührte sogar das Herz der Großmutter. ‚Hey, you’ve got to Hide your Love away‘ schaffte es als verkappter Walzer sogar ins Repertoire jeder Tanzstunde. *Stones*- und *Beatles*-Songs wurden aber beide zu Klassikern. ‚Satisfaction‘ funktioniert zeitlos und ‚Give Peace a chance‘ oder ‚Imagine‘ beflügelten die Friedensbewegung der späten 70er und wurden – nicht selten ziemlich überwältigend – gecovert. Von *Randy Crawford* etwa.

Der Streit der Fan-Gemeinden – heute „gecovert“ von der *Oasis*- und *Blues*-Anhängerschar – überdeckte, daß *Stones* und *Beatles* anfangs heftig kollaboriert hatten. Man ging zusammen aus – es gibt ein berühmtes Foto, auf dem sich *Jagger* und *Lennon* die Hand geben –, verabredete auch mal einen kleinen Deal. Und das war auch kein Wunder, denn sie alle erkannten sich als Underdogs, die nichts zu verlieren hatten, der Pop-Olymp war noch verriegelt beziehungsweise von *Elvis* besetzt.

1962 hatten die *Beatles* die Nase vorn; sie schenkten *Mick Jagger* und *Brian Jones* sogar ihre Komposition ‚I wanna be your Man‘, und die *Stones* machten daraus ihre erste Single. Die schufen dann aber mit ungeschöntem Blues und kraftstrotzendem Auftreten *den* Gegenentwurf zum melodischen Merceybeat: schließlich lernten sie in *Alexis Korners* Bluesfabrik *Big Bill Broonzys* Musik kennen, hörten *Sonny Boy Williamson* live, orientierten sich an *Tina Turner, Chuck Berry,* und *Little Walter*. Auch andere trieben sich hier herum: *Rod Steward*, *Eric Clapton* oder *Jack Bruce*. Aber die *Stones* kamen zunächst am Besten: Mit Pop, Lied und Chor – die *Beatles* trieben die Vielstimmigkeit zum Exzeß – hatten sie nichts im Sinn. Ihre Musik und ihre Bühnenpräsenz lebte von *Mick Jaggers* narzißtischer Show und von den Gitarrenriffs *Keith Richards'*. Die *Beatles* dagegen bauten auf jungenhaften Charme und auf Ironie – *Jagger* schrie *immer* ins Mikro, *Lennon* nur *manchmal*, wie bei ‚Twist and Shout‘. Trotzdem war die *Jagger*-Truppe dem seltsamen und ungeheuer erfolgreichen Klangbild der Konkurrenz auf der Spur: ‚Dandelion‘ und ‚We love You‘ sind ja geradezu *Beatles*-mäßig arrangiert – mit Chören, Spinett, Mellotron und Streichern –, der Tanzhammer ‚You can't always get what you want‘ wird mit einem weichen Solo für klassisches Horn eröffnet, bei ‚Out of Time‘ wollte man mindestens ‚Yesterday‘ kopieren – Celli und Streicher stahlen der Gitarre die Show. Beide Bands waren sich eigentlich erstaunlich nah, gingen parallel auf den Indien-Trip, verschlangen die Schriften der Gurus und strickten 1967 an orientalischen Mustern: Tripmusik wie ‚2000 Light Years from Home‘ *(Stones)* oder ‚I am the Walruß‘ *(Beatles)* erwuchs aus der gleichen drogenschweren Befindlichkeit. Denn die vom Erfolg überwältigten jungen Musiker saßen allesamt weit tiefer in der Drogenszene fest als seinerzeit bekannt war; *Brian Jones* und *Keith Richards* warfen ihre Trips gewissermaßen offiziell ein, *Lennon* und Co. taten es heimlich. Entsprechend gelten die *Stones* bis heute als Ex-Junkies on Stage; *Paul McCartney* dagegen wird bis zum Lebensende den vegetarischen Saubermann mimen. Und *John Lennon*s qualvolle Schmerzensschreie auf ‚Cold Turkey‘ hat wohl kaum einer ins rechte Ohr bekommen.

Wegbereiter und Abstürzler

In der Frühzeit des Rock'n'Roll gehörten Drogen noch nicht zum Repertoire. *Elvis* – am Ende selbst ein trauriger Drogenbaron – pushte sich noch mit anderen Mitteln hoch:

Sein Hüftschwung und seine ironische Anzüglichkeit trafen die verklemmte amerikanische Gesellschaft ins Mark. Das mag man heute kaum mehr glauben, aber tatsächlich brachten nicht erst *Mick Jagger* und *Jim Morrison* männliche Erotik auf die Bühne. Schon die Shows von *James Brown* oder *Ike and Tina Turner* waren ziemlich schwül, aber an *Elvis* kam keiner vorbei, der über eine Bühnenshow nachdachte: an dieser Laszivität, dieser Lockerheit, dieser Verbindung von Stimme, Rhythmus und Erotik. „Vor *Elvis*", gab *John Lennon* zu, hätte ihn „eigentlich alles kaltgelassen!" Fortan galt das Versprechen von Liebe und Sehnsucht, von Berührung und Körperlichkeit. Pop besang Küsse, Umarmungen und gemeinsam verbrachte Nächte, feierte Liebes-Euphorien und -Qual. ‚Let's spend the Night together' forderte *Mick Jagger*, *Elvis* hatte zuvor ins ‚Heartbreak Hotel' eingeladen, die *Kinks* jammerten ihr ‚Tired of Waiting for You', die *Beatles* wollten immerhin Händchen halten. Reverend Carter, Kirchenmann aus Nottingham, brachte es 1968 auf den Punkt: „Die Wirkung des Rock'n'Roll auf junge Leute ist, sie in Teufelsanbeter zu verwandeln; durch Sex Selbstausdruck zu stimulieren, als hätte er *Little Richards* „Oh Baby, Yes Baby, Woo Baby, Havin' me some fun tonight" (*Little Richard:* „Long tall Sally") im Ohr.

Obwohl *Elvis Presley* die konservative Memphis-Tradition des Country-Rock im Gepäck trug, sang er atemlos, drängend, nervös und ungeduldig. Schon mit 21 war der verschmitzte Junge von Bühne und Leinwand nicht mehr wegzudenken. Das agile Musik-Management von Colonel Parker, dem *Elvis* sich aufgedrängt hatte, schaffte es, den *Elvis*-Sound zu kreieren, seine begnadete Stimme wurde zum Markenzeichen. Ein heißer weißer Mann schickte sich an, Amerika zu erobern und die ganze Welt medial zu umgarnen. Pop wurde in seiner Person zum multimedialen Star-Festival – *Chubby Checker* oder *Little Richard* hatten gegen ihn keine Chance, weil sie nicht so durch und durch amerikanisch waren. Zudem galt schwarze Sinnlichkeit noch als obszön, weiße dagegen allenfalls als provokativ: Tennessee stand gegen Texas, Memphis gegen Georgia, Weiß gegen Schwarz. Weiß zog an – und gewann.

Elvis durfte in Western wie ‚Pulverdampf und heiße Lieder‘ mitspielen, durfte auf der Leinwand rocken, aber auch Platten mit kitschigen Weihnachtsliedern aufnehmen. Die Fans nahmen ihm gar nichts übel – im totalen Entertainment war fast alles erlaubt. Die *Elvis*-Factory ihrerseits schreckte vor *nichts* zurück, ihr Mandant sollte nach ihrem Willen sogar *Frank Sinatra*, den ersten Popstar, der die weiblichen Fans in Trancezustände versetzt hatte, beerben. Lange vor den *Beatles* sang *Elvis* Kalauer wie ‚Glory glory Halleluja‘ und tourte mit vibrierenden Schenkeln und kreisender Hüfte durch die USA. Aus dem puritanischen Land der unbegrenzten Möglichkeiten wurde tatsächlich *Elvis*-Country: Eifrige Bürgermeister überreichten dem kaugummikauenden Megastar Plaketten und behandelten ihn wie hohen Besuch aus Washington. *Elvis* spann *Bill Haleys* Geschichte ebenso weiter wie die *Frank Sinatras*. Der Star aus Memphis lebte den amerikanischen Traum und war so ehrgeizig, daß keiner ihn aufhalten konnte: Er wollte der „King of Rock“ werden. Eitel und ungemein talentiert, gab er die weiße Antwort auf *Fats Domino* und *Little Richard*. Um seine erste Scheibe überhaupt aufnehmen zu können, nervte er die Studiocrew gewaltig – dann schenkte er sie seiner Mutter zum Geburtstag – und eroberte damit die Herzen von Millionen anderen. Ob dabei echte Gefühle eine Rolle spielten? Als der Multimillionär schließlich mit 42 Jahren am Ende war, über 112 Kilo wog und kaum noch das Bett in seiner Trutzburg Graceland verließ, sah er mit seinem aufgedunsenen Gesicht fast so aus wie jene Über-Frau, deren Liebe er wohl zeitlebens gesucht hat.

Die letzten Monate verdämmerte er zwischen Lethargie und Einsamkeit, Schlaflosigkeit und Melancholie, zwischen den Mahlzeiten und dem Genuß jener Mittelchen, die ihm ein gutbezahlter Hausarzt zusammenstellte. „Meine kleinen Juwelen“ soll er die bunten Pillen genannt haben: Demerol, Amytal, Nembutal, Seconal. Betäubungsmittel, Aufputscher, Beruhigungstabletten, Koks.

Dieser nette Junge, der „gut“ sein wollte und damit Millionen verdiente, war zuletzt zwar von einem besorgten Stab umgeben, aber eigentlich ganz allein. Fehlschläge kompensierte er durch größenwahnsinnige Inszenierungen. In den Siebzigern verfiel er der Idee, die Menschheit retten zu müssen, seine Konzert-Fanfare wurde ‚Also sprach Zarathustra‘ von Richard Strauß ...

Doch seine frühen Rock’n’Roll-Interpretationen sind und bleiben faszinierend: Die Stimme weit vorn, sehr genau, mit Tiefe, verträumt und zupackend, der Background sparsam instrumentiert und zurückhaltend. Diese Musik lebt von der Stimmgewalt des „King“, nur selten macht sich wie bei ‚Blue Suede Shoes‘ ein Gitarrensolo selbständig. Man höre nur ‚Heartbreak Hotel‘: Zwei Minuten einer von Erotik und Schwermut erzeugten Vibration, im Hintergrund ernste Männerchor-Arrangements und ironischer „Doo-Wap“-Singsang. Bester Kuschelrock.

Elvis erreichte damit sein selbstgestecktes Ziel, er *wurde* der weiße „König“, und er hob den Rock’n’Roll in eine andere Dimension: Er stattete ihn mit Körpergefühl aus. Die anderen weißen Rock’n’Roller schwärmten zwar von Liebe und Sehnsucht, doch lediglich *Elvis* meinte es tatsächlich ernst und zwinkerte noch mit den Augen dabei. Nachdem er als Lastwagenfahrer gejobbt und dabei Rhythm & Blues-Radiosender gehört hatte, sang er ‚Don’t be Cruel‘ wie ein ausgebuffter Profi. Das Korsett des Country-Rock, das einer aus Memphis nicht so ohne weiteres abstreifen kann, war für ihn zu eng.

Denn dieses Landei hatte daheim vor dem Spiegel eine Bühnenshow ausgetüftelt, die bis heute trotz *Michael Jackson* unerreicht geblieben ist. Als ‚Heartbreak Hotel‘ 1956 herauskam, traute das Publikum seinen Augen nicht: *Elvis* trat ins Scheinwerferlicht, spreizte die Beine wie ein Westernheld, lehnte den Oberkörper zurück und schob das Becken vor. Die Nachricht war unübersehbar. Mit dem rechten Knie schlug er den Rhythmus, grinste über den Mundwinkel, flirtete. *Elvis* inszenierte sich, sogar in seinen teilweise miserablen Filmen agierte er ganz manierlich. Ab und an – je nach Anzüglichkeit des Textes – ließ „The Pelvis“ dann auch den Unterleib zucken. Alle anderen folgten ihm bloß: Soulbruder *James Brown* sprang auf die Bühne und zeigte, wie Sex seiner Meinung nach aussehen könnte; *Jim Morrison* und *Michael Jackson* faßten sich gleich ans Gemächt, und *Madonna* kroch „like a Virgin" auf dem Boden herum.

Elvis hatte die Clip-Industrie noch nicht zur Verfügung, seine Show mußte voll und ganz aus dem Körper kommen. ‚Hound Dog‘, ‚Jailhouse Rock‘ oder ‚Blue Suede Shoes‘ sind für die späten Fünfziger herausgebrüllte, hochexplosive Rock'n'Roll-Songs, und klingen schärfer als so mancher Nachzieher – seine Memphis-Crew hatte ganze Arbeit geleistet. Als *Presley* 1956 in der ‚Ed Sullivan-Show‘ des amerikanischen Fernsehens zu sehen war, überschwemmte seine Firma ‚RCA‘ in einer einmaligen Aktion den Markt gleich mit sieben aktuellen *Elvis*-Singles. Trotzdem wurde der Rock'n'Roller von der Army nach Deutschland geschickt. Am 1. Oktober 1958 kam er mit dem Schiff in Bremerhaven an, weibliche Teenager erwiesen ihm skandierend ihre Referenz. Als sich Radio-Bremen Reporter Horst Vetter unter sie mischte, hörte man sie von *Elvis'* toller Stimme, seiner Show und seiner Ausstrahlung schwärmen. Zwar sang der King dazwischen schon auch mal „Muß i denn, muß i denn zum Städtele hinaus", das Freiheitslied aus dem deutschen Vormärz, aber eigentlich beschwor er unzweideutig eine andere Kombination: „Wellll ... we're gonna rock – all our Blues away."

Doch selbst in dieser Zeit gab die Plattenfirma im fernen Amerika keine Ruhe und fragte ganz gezielt: was macht der King eigentlich im Moment? Heute streiten deutsche Kleinstädte, in denen sich *Elvis* für Tage oder Stunden aufgehalten hat, darüber, wer sich in seinem Mythos sonnen darf. 25 Jahre nach seinem Tod will ein *Presley*-begeisterter CDU-Bürgermeister im hessischen Friedberg einen Straßenabschnitt in *Elvis-Presley*-Platz umtaufen, während das Kurstädtchen Bad Nauheim nördlich von Frankfurt von einem *Elvis*-Denkmal träumt, denn in ihrer Mitte, sagen die ansässigen Devotionalienhändler, sei die wahre deutsche Heimat des „King of Rock".

Wieder zurück in seiner Heimat, versuchte der Ex-Soldat sein Glück vor den Kameras Hollywoods. Die Musik wurde

Abb. 4: „Muß i denn, muß i denn zum Städtele hinaus ...“ – als der „King of Rock'n'Roll" am 1. 10. 1958 in Bremerhaven ankam, verlor er sich mit Seesack und Uniform in der Menge.

zum Nebenerweb, *Elvis* verließ den alten Rock'n'Roll und mutierte zum Schnulzenkönig. Seine süßen Balladen wie ‚It's now or never', ‚Are you lonesome tonight' oder ‚Surrender' interessierten die Rockfans aber nicht mehr. Während die Beat-

Revolte losbrach, spielte *Elvis* in Teenager-Melodramen, Strandparty-Thrillern oder Western – keine Chance, bei der neuen Generation europäischer Popfans damit als Idol zu landen.

Der ,Country-Club' in Las Vegas dagegen, eine der ersten Adressen des amerikanischen Unterhaltungs-Establishments, verlangte nach dem Rocker. Das war eindeutig: „The Pelvis" war jetzt in den heiligen Hallen von *Frank Sinatra* oder *Bing Crosby* willkommen – der *Elvis* von ,My Baby left me' existierte nicht mehr.

Aber er kam wieder: Als 1973 seine Unterhaltungs-Show ,Aloha from Hawaii' weltweit ausgestrahlt wurde, sah eine Milliarde Menschen zu. *Elvis* war wieder ganz oben, die Philippinos hielten mit 90% Einschaltquote dabei den Weltrekord. Doch das war nicht mehr der alte König am Mikrophon, sondern eine merkwürdig aufgeblasene Figur aus dem Unterhaltungsolymp. Aus dem Rebellen war ein Glamourboy geworden, der sich mit Broschen und Ringen behängte und im Paillettenanzug mit Fledermausärmeln und Schlaghosen auf die Bühne kam. Diese Kostümierung, notierte die amerikanische Kulturforscherin Camille Paglia in ihrem Buch ,Die Masken der Sexualität' (1992) „erinnerte fast an den persischen Mithraskult: juwelenbesetzte seidene Beinkleider, riesige metallbeschlagene Gürtel, Ringe, Ketten, Schärpen, Halstücher. So sah auch der späte Napoleon aus, wie Ingres ihn auf dem Kaiserthron gemalt hat: in byzantinischer Pracht, unter der Last von Samt, Hermelin und Edelsteinen."

Gegen die jungen Leute von der Beat-Fraktion hatte der Megastar auf lange Sicht trotzdem keine Chance mehr, sein Image paßte einfach nicht mehr in die Zeit, Präsentation und Outfit wirkten unglaublich altmodisch. Seine Ausstrahlung war in die Jahre gekommen, die Show wirkte übertrieben und müde. Trotzdem übte der schwerreiche Pop-Batman gewaltigen Einfluß aus. Mit ,In the Ghetto' (1969) oder ,Suspicious Minds' (1970) verbuchte er mitten in der Woodstock-Ära durchaus große Einzelerfolge. Doch konnte selbst die mediale Allmacht sein persönliches Dilemma nicht lösen. *Elvis* endete als Multimillionär, der keine Lust mehr hatte. Der Tod ereilte ihn in Graceland am 16. August 1977.

Fangemeinden und Staralüren

Mit den „Fab Four" breitete sich eine bis dahin seltene Hysterie aus; weibliche Teenager vergaßen sich geradezu; sie fielen scharenweise in Ohnmacht, die Angebeteten mußten sich via Hintereingang an ihren Fans vorbei auf die Bühne schleichen. Es herrschte eine große Konfusion der Gefühle.

Noch heute hört man erwachsene Frauen von der animalischen Ausstrahlung eines *Keith Richards* und von *Mick Jaggers* drahtigem Körper oder *Jim Morrisons* schwarzer Lederhose schwärmen. Anfälle und Ohnmachten werden auch heute bei Konzerten von *Michael Jackson*, dem Teenie-Sex-Idol der Achtziger, oder – mit Vorliebe in der Weihnachtszeit – beim Pop-Kitsch der *Kelly-Family* diagnostiziert. Aber die Objekte der Begierde haben im Videozeitalter an unmittelbarer Faszinationskraft verloren. Wenn „Jacko" auf Europatour geht, dann können die Fans nur noch einen Liliputaner in der Ferne wahrnehmen; der Held ist entrückt und selbst viel Phantasie reicht für eine herbeigeträumte persönliche Begegnung nicht mehr aus. Dennoch – der 37jährige Bub singt mit vollem Gebläse und reißt sich bei MTV das Seidenhemd auf, um eine blasse Brust zu zeigen. Und man staune: Für manche kommt die Botschaft auch in dieser Schwundstufe noch ’rüber ...

Der Körper des Popstars spielt heute wie gestern bei den Sehnsuchts-Übertragungen eine wichtige Rolle. Er setzt die Message in Gestik um, tut so, als lechze er nach Berührung, bleibt aber unerreichbar. Der angeschlagen aus dem Korea-Krieg zurückgekehrte *Gene Vincent* etwa präsentierte sich 1959 ganz in schwarzem Leder und wand sich auf der Bühne wie ein Gefesselter, *Little Richard* trat im glitzernden Anzug auf und hatte sich die Haare mit Pomade festgeklebt, bevor er ‚Long Tall Sally' anzählen ließ. In der Tradition schwarzen Entertainments, der Ministrel-Shows und des Soul, jagte er über die Bühne, verrenkte sich und stürzte sich ins Kniespagat. Pop war mehr als Musik, Pop forderte den Körper heraus: den des Stars und den der liebestollen Anhänger. Oben auf der Bühne präsentierte sich eine exhibitionistische Person, unten im Saal sollte der Funke massenhaft überspringen. *Vincent* ließ seine groteske Show von den *Blue Caps* begleiten, die ebenso gnadenlos über die Tanzböden wirbelten wie der junge aus der Familienart geschlagene Predigersohn *Marvin Gaye*, der zwanzig Jahre später einen der erotischsten Soulgrooves zelebrieren sollte: ‚Sexual Healing‘, unlängst verballhornt von *The Beat Doctors*. Pop bestand und besteht nicht nur aus Musik und Stars, sondern auch aus Schweiß und Tanzlust, aus Ekstase und Anzüglichkeit. Es wurde geschrieen, gehämmert, getanzt. *Madonna, Prince, Tina Turner* und *Michael Jackson* kolportierten diese Mischung später in ihren Performances und ihren Videos weiter.

Die späten Fünfziger machten diese Seite der populären Musik erstmals deutlich sichtbar; und sie zeigten auch die Nuancen – denn zwar schwärmten alle für *Elvis Presley* und *Buddy Holly* und für deren Mischung aus Rhythm & Blues, Country-Rock und US-Schlager. Doch *Holly* war nur ein Talent (‚That'll be the Day‘, ‚Peggy Sue‘), konnte das Image des biederen Oberschülers nie loswerden, blieb der aseptische College-Student mit schwarzer Kassenbrille. Daß er 1959 mit 22 Jahren bei einem Flugzeugabsturz ums Leben kam, beförderte zwar seine Legende, doch hinterließ er keine schluchzenden Fans. Als er, fast schon zu seinem 60. Geburtstag, als Musicalheld wieder auferstehen sollte, interessierte seine tragische Geschichte niemanden. Halt – immerhin hatten die *Byrds* sein Schlucken und Glucksen imitiert.

Die *Stones* konnten das freilich von Beginn an besser und ihren Namen borgten sie sich auch bei *Muddy Waters*. *Mick Jagger* gerierte sich im Londoner ‚Marquee Club‘ als echter Narziß, der später in Bianca Jagger seine Klonung ausmachte und sie prompt heiratete – noch heute nutzt er die Bühne vorwiegend für seine Selbstdarstellung: mit knappem Unterhemd oder nacktem Oberkörper, mit hautengen Beinkleidern oder einem in den Hosenbund geschobenen Mikrofon bringt er die Botschaft 'rüber, selbst mit 52 ist ihm dabei nichts peinlich. Bevor ihnen der Rockzirkus die ganz großen Manegen zur Verfügung stellte, durften die *Stones* 1963 erstmal ganz bescheiden als „Special Guests" bei der *Everly-Brothers-* und *Bo Diddley*-Tour mitmischen, also als Nummer Drei. Zu diesem Zweck schusterten sie sich schnell ein Potpourrie aus Soul- und Blues-Klassikern zusammen, obwohl sie zuvor im Jazzkeller aufgetreten waren: *Jagger* als existentialistischer Snob im schwarzen Rollkragenpulli auf dem Barhocker – eine amüsante Vorstellung.

Als Rhythm & Blues-Programmpunkt mußten sie gegen den groß in Mode gekommenen Mercey-Beat anspielen und sie schafften es dabei, ihre eigene Note zu finden: *Richards'* straffe Gitarrenfiguren transportierten *Jaggers* vitale Bluesphantasie, dabei entstanden sogar (zwischen 1964 und 1968) Riffs, die Weltgeschichte machten: ‚Paint it black' mit dem merkwürdig orientalischen Einschlag, der treibende Schunkelbeat ‚Mothers little Helper', ‚Satisfaction' oder ‚Jumpin'Jack Flash' – und auch ein Megahit wie ‚Let's spend the Night together' mit jenem verspielten Klavieranfang, über den dann das Schlagzeug wie ein Gewitter hereinbricht.

Letztlich aber verloren die *Beatles* den Wettstreit um den weltbesten British-Beat nicht im Bereich Musikalität und Komposition, sondern im Segment „Animalität". Die Liverpooler konnten nach 1967 nicht mehr live auftreten, weil sie im Techno-Fieber *George Martins* verglüht waren. Der Genius am Mixer hatte ihre Lieder derart verfeinert und durch Tricks verfremdet, daß an ein Konzert nicht mehr zu denken war. Die Fans durften ihre Helden nicht mehr schwitzen sehen, die Beatlemania verlor sich. *Mick Jagger* und *Keith Richards* dagegen erzählen bis heute die Geschichte von Kraft und ewiger Jugend, von juveniler Schlankheit und sexueller Potenz. In diesem Entwurf ihrer selbst ist allerdings kein Platz für Politik: Sie sind, im Gegensatz zu den *Beatles*, nie auf den Gedanken gekommen, ihre Popularität für Bed-Ins in Amsterdam und Montreal zu nutzen oder ein solch seltsames Projekt wie die

Abb. 5: „When I find myself in Times of Trouble" – als die Beatles ‚Let it be' aufgenommen hatten, waren sie am Ende. Bis heute lebt die Legende, daß Yoko Ono, die Femme fatale im Hintergrund, die Jungs aus Liverpool auseinandergebracht haben soll.

Plastic-Ono-Band zu gründen. Die *Stones* blieben aufs Authentische beschränkt – und gerade deshalb sind die musikalischen Grenzen ihres Oevres sehr eng gesteckt.

Die *Beatles*-Story wies in eine andere Richtung: Nach der Trennung im Jahre 1970 wurde *McCartney* mit seinen *Wings* Großverdiener, *John Lennon* machte auf Friedensaktivist, komponierte Balladen wie ‚Woman‘ oder ‚Love‘. *Ringo Starr* soff und kam alle Jahre wieder mit einer drolligen CD voller Coverversionen, *George Harrison* schaffte mit ‚Cloud Nine‘ ein überzeugendes Comeback Ende der Achtziger. Die Vier konnten es also jeweils auch allein.

Lennon lebte mit *Yoko Ono* weltabgeschieden im Dakota-Building in Manhatten, dem Drehort des diabolischen *Polanski*-Films ‚Rosemarys Baby‘, zog den gemeinsamen Sohn Sean auf und produzierte gemeinsam mit seiner Frau *Yoko*, der Fluxus-Künstlerin: z.B. das Album ‚Double Fantasy‘ mit hitverdächtigen *Lennon*-Stücken, zwischen denen allerdings auch *Yokos* Singsang erklingt, über den man trefflich streiten kann. Ein Lied wie ‚Woman‘ gehört aber ganz unbezweifelbar zu den schönsten Liebeserklärungen der Popgeschichte: einfache Akkorde, grandios arrangiert mit dezenten zweistimmigen Bläsern im Hintergrund, die so leise herumschweben, daß man sie fast nicht bemerkt – ein Schlager, traurig und optimistisch zugleich, eine kleine Arie, die *Lennon* nach fünf Jahren luxuriöser New Yorker Agonie zuwege gebracht hatte.

Vier Jahre zuvor hatte der Brite im Exil Rock’n’Roll-Standards für sich persönlich wiederentdeckt. Mit Kumpan *Phil Spector* produzierte er ‚Peggy Sue‘, ‚Slippin and Slidin‘, ‚Ya Ya‘ von *Lee Dorsey* und ‚Sweet little Sixteen‘ von *Chuck Berry*. *Gene Vincents* ‚Be-Bop-A-Lula‘ und die groovige Ballade ‚Stand by me‘ durften in diesem 50er-Jahre-Medley auch nicht fehlen. Die Platte verströmt Lust und gute Laune und klingt ein wenig sehnsüchtig. *John Lennon* selbst sah man auf dem Cover als jungen Mann im Eingang des alten Liverpooler Cavernclubs. „Back to the Roots“ hieß seine Devise im fremden Amerika, ein versprengter Millionär sehnte sich nach Heimat und Herkunft.

Die Rebellen *Jagger/Richards* waren um 1960 noch dabei, ehrbare bürgerliche Karrieren anzustreben und ein wenig Boheme-Luft zu schnuppern. In Schlips und Kragen pilgerte Yuppie *Jagger* morgens zur renommierten ‚London School of Economics‘, *Keith* studierte ungewaschen am ‚Sidcup Art College‘. Ähnlich wie *Lennon/McCartney* lernte sich das unzertrennliche *Stones*-Duo auf dem Campus kennen. Gitarrist *Brian Jones* war ein höflicher Sonderling, der in der Rolle des absoluten Snobs aufging. Der Asthmatiker und Drogenfreak verbrachte Stunden vor dem Spiegel, und besonders kränkte ihn, als der Vorsitzende der britischen Friseur-Innung anbot, ihm den rechten Haarschnitt zu verpassen. Der Gitarrist fuhr auf teure Designer-Bekleidung ab und war begeistert, als ihn die Zeitschrift ‚Rave‘ zum „bestgekleidetsten Rockstar" kürte. Während er in Eitelkeit und Größenwahn schwelgte, suchte er doch nur nach einem Ort seiner Kindheit – und wurde einer der ersten, der am Dilemma der Popkultur – reich und berühmt zu sein, sich alles erlauben zu können, aber keinen Ort zu haben – zerbrach. Ein Zwischenlager fand er auf der Cotchford-Farm in Sussex, wo einst der Schriftsteller *Alan Alexander Milne* das Kinderbuch ‚Winnie-the-Pooh‘ verfaßt hatte. Mit viel Pop-Geld suchte *Brian Jones* dort endlich zur Ruhe zu kommen und sich wieder zu finden, doch die Band hatte seine Extravaganzen satt – die USA-Tour 1968 fand ohne ihn statt. Ein Jahr später war *Brian Jones* tot. Vollgepumpt mit Drogen ertrank er in der Nacht vom 3. zum 4. Juli 1969 im hauseigenen Swimmingpool: das erste prominente Todesopfer der Popgeschichte.

Magie und Medien

Dunkelheit, Dampf, Alkohol, Blicke, Begegnungen, Mädchen und Jungs mitten in der Pubertät. Unausgesprochene und uneingelöste Versprechungen. Kleine Träume und aufblühende Phantasien. Unterhaltungen werden ins Ohr gebrüllte Stichworte. Denn Pop ist nicht nur die Geschichte von Stars, Clubs und Medien, sondern auch von Verstärker-, Gitarren- und Boxengenerationen. Keine noch so armselige Provinzcombo würde sich heutzutage erdreisten, ohne Monitore, Mischpult und einige Quadratmeter Boxen aufzutreten. Pop ist Technikgeschichte und Technikgeschichte ist Pop: Zwischen der piepsigen Farfisa-Elektronikorgel mit Zugreglern und dem digitalen Keyboard mit Display, dem silbernen Shure-Mikrofon und dem elektronisch gesteuerten Sequenzer liegen Welten. Der paradigmatische Wettstreit zwischen einer Rockband und herkömmlichen akustischen Formationen wurde in den Sechzigern ausgetragen, als die Zeit Experimente aller Art geradezu provozierte. Das – tatsächlich authentische! – Duell zwischen *Dave Dee, Dozy, Bicky, Mick and Tich* und dem königlich-britischen Armeeorchester markiert den Einschnitt in der Phongeschichte: Vierzig soldatische Musikanten formierten sich 1966 auf dem Exerzierplatz von Aldershot bei London, um gegen die Fünf anzutreten. Mit Pauken und Trompeten ging die Militärkapelle gegen die laute, aber bis auf ‚Hideaway‘ und ‚Hold Tight‘ nie besonders inspirierte Combo vor – und unter.

Ja, Pop hatte mit Krach zu tun: Einem treibenden Beat wie dem von ‚What did I say‘ von *Ray Charles* konnte sich kein Publikum widersetzen, er fuhr bedingungslos in die Beine. Stereotype Foxtrottschritte aus der Tanzstunde reichten nicht mehr aus. Nunmehr mußte man alles geben – sich beim Twist vielleicht einen kurzen Augenblick lang wiedertreffen, akrobatischen Rock’n’Roll zuwege bringen, bei dem die Frauen über die Rücken der Männer abzurollen hatten, um sich dann zu überschlagen. So jedenfalls kannte ich das Getanze aus dem Kino. Um den Lärm des Pop adäquat in Szene zu setzen, mußte man hüpfen, sich anfassen, sich loslassen, die Haare schütteln, in jedem Fall schwitzen. Und man durfte danach schwofen:

> „She would never say
> Where she came from
> Yesterday don’t matter
> if it’s gone“
> (*Rolling Stones*: ‚Ruby Tuesday’)

Als das Wünschen noch half, hieß die Devise: Haare wirr ins Gesicht, Schlips und Anzug an, Gitarren ins Netz und ab die Post. Inspiriert von Kino- und Plattenerfolgen formierte sich sogar eine deutsche Rockszene: Die *Rainbows* brachten den Mega-Knaller ‚Balla Balla‘ hervor und die *Boots* coverten Wilson Pickets ‚Midnight Hour‘. *Rattles* und *Screamers*, *Rivets* und *Lords* nannten sich die aufgeschreckten Deutschrocker, die sich Mühe gaben, möglichst nah an große Originale heranzureichen. Einzig die *Pretards* strickten schräge Akkorde in ihre ‚Pretty Liza‘ und die Bremer *Yankees* trauten sich unverschämterweise, in der Landessprache zu singen: ‚Halbstark‘ wurde 1965 trotzdem ein Hit. Die Songs, die nach höchstens drei Minuten endeten, waren auf fröhliches Tanzen abgestellt, erfolgs- und schlagzeugorientiert. Die Schweineorgel kam neben einigen zerrigen Gitarren und originellen Soloeinfällen zum Einsatz, die Krautrocker gaben ab 1965 ihr Bestes, um den Vorbildern nachzueifern.

Die jungen Männer – Frauen kamen nicht vor – sangen melodisch, riefen „Yeah, yeah, yeah“ dazwischen und versuchten, sich jene bluesige Tiefe zu verleihen, die sie Shoutern wie *Van Morrison*, *Joe Cocker* oder *Mick Jagger* abgelauscht hatten. Doch das klappte nur allzuoft überhaupt nicht. Es blieb bei schnell hingewischter Tanzmucke ohne viel Gefühl – die große Zeit des Deutsch-Rock sollte erst viel später kommen. German-Beat schwamm europaweit auf der Oldie-Welle. Aber nicht, weil damit Erfolg vorbestimmt schien und die Clubs aus den Nähten platzten, sondern weil sich selbst die britischen Bands erst allmählich von den Vorbildern befreien konnten – die Entfesselung dauerte und dauerte.

Pete Townshend von *The Who*, Jahrgang 1945, der mit seiner treibenden Gitarre durch die Sechziger jagte, war für viele Gitarristen *das* Vorbild. Uneitel und genial, professionell und unverdächtig. Mit dem hingestotterten ‚My Generation‘ oder dem rasenden ‚I can't see for Miles‘ hatte es die Londoner Band geschafft, ihre enorme Live-Intensität sogar auf Platte zu konservieren. Zum Ritual gehörte, daß *Townshend* in der Anfangszeit, als sich die Vier – wie im Pop-Klischee Usus – roh und ungehobelt aufführten, im Musikgeschäft die eine oder andere Gitarre klaute, um sie dann „on stage" auf den Boden zu donnern oder gegen die Boxen zu schmettern. Eine Show ohne dramatische Gitarrenaktion war bald gar nicht mehr denkbar; noch Jahre später mußte *Townshend* diesem riskanten Muster entsprechen.

Auf den B-Seiten ihrer Singles kultivierten *The Who* vertrackten, verspielten, soundtechnisch brillanten Pop wie ‚Pictures of Lily' oder ‚Happy Jack'. Schließlich holten sie 1969 mit ‚Tommy' zum Erstschlag aus und legten eine vollständige Rockoper vor. Damit setzten sie Maßstäbe – auch spätere Kollegen von *Queen* oder *Deep Purple* träumten vom Opernhaus: Im November 1972 hatte ‚Tommy', die Oper über den blinden Flipperkönig, der von seinem perversen *Uncle Ernie* mißbraucht wird, in der Orchesterfassung Premiere, 1995 lebte das Opus mit so fulminanten Songs wie ‚Pinball Wizzard' oder ‚See me, feel me'neu auf: Nach Broadway-Erfolgen trieb als Musical im Ruhrgebiet an. *The Who* bestachen in den Sechzigern durch ausgefeilte Kompositionen und durch Energie, aber ihrem Sänger *Roger Daltrey* fehlte bei allen Veitstänzen, die er mit nacktem Oberkörper auf der Bühne vollführte, doch das rechte Charisma, er wirkte wie ein Möchtegern-Macho mit Lockenkopf; *Pete Townshend* war und ist ein glänzender Rockgitarrist, aber in seinem Overall wirkte er wie der Mann von der Tankstelle. So lieferten *The Who* zwar Pop auf der Höhe der Zeit, aber zu wirklichen Idolen wie *Mick Jagger* oder *John Lennon* konnten die Jungs ebensowenig werden wie die *Davis*-Brüder von den *Kinks*. Beide, *The Kinks* und *The Who* waren musikalisch begnadete Gruppen, denen das Wichtigste zum Mega-Durchbruch fehlte: Ausstrahlung, Magie und Geheimnis.

In rasender Geschwindigkeit rauschte die Popmusik um den Globus, gerade mal fünf Jahre lagen zwischen dem chaotischen *Beatles*-Gastspiel im Hamburger Starclub und dem epochalen Album ‚Sergeant Pepper'. Die Reise der ersten Pop-Generation vom harmlosen Nachspielen der Songs aus Amerika zu artifiziellen Pop-Sinfonien wie ‚A Day in the Life'. Orte wurden ausgetauscht: Nach dem heimatlichen Beatkeller kam die Carnegie-Hall, nach der Deutschlandtournee das Amerikagastspiel, nach dem bescheidenen Vororthäuschen in der Liverpooler Penny Lane der Landsitz, das Schloß. Das Jahr 1967 aber markierte einen Schlußpunkt: Die Stars wirkten erschöpft, ausgelaugt, überfordert. Die erste wilde Phase war zuende. Einer wie *Van Morrison* ging nach Kalifornien und bastelte an ‚Astral weeks‘, – weit weg vom Sound der *Them*, selbstquälerisch, jazzig. Ein Einschnitt, ein Meilenstein. Andere aber blieben.

Die Popkultur fächerte sich auf, es gab kein Halten mehr. Während US-Rock'n'Roll endgültig obsolet wurde, kamen allerorten neue Stilrichtungen auf, begleitet von den Medien, die nicht mehr zauderten. In den USA brachte *Jim Morrison* mit den *Doors* ‚Light my Fire‘ heraus, die *Kinks* stürmten mit der melancholischen Ballade ‚Waterloo Sunset‘ in die Hitlisten, die *Stones* schoben nach ‚Aftermath‘ gleich ‚Their Satanic Majesties Request‘ nach, ein hippieorientiertes Psychedelic-Album – eines ihrer besten im übrigen. Andy Warhol leistete sich das musikalische Avantgardeprojekt *Velvet Underground* und die britische Kunst-Band *Procol Harum* wies den Weg in spätromantisch-kitschige Klanglandschaften: ‚A whiter Shade of Pale‘ wurde zum Hit der Verträumten und Verschmusten, die dem Klammerblues frönten.

Indem sich die Popkultur von den Mustern lossagte, gruben sich die ersten Heavy-Bands schon ihre Startlöcher, zerriß *Jimi Hendrix* mit seiner Bluesgitarre überkommene Melodien, und verpaßte der ewige Verlierer *Joe Cocker*, der bis heute keinen eigenen Song geschrieben hat, aber im Alter ein immer besserer Interpret wird, dem *Beatles*-Schunkellied ‚With a little Help from my Friends‘ ein beeindruckendes Soul-Feeling. Die von Amerika ausgehende Flower-Power-Bewegung und die Hippies brauchten eigene, weniger aggressive Musikgruppen; sie schwärmten für *Greatful Dead* und *Jefferson Airplane*. *Ten Years After* traten von Großbritannien aus an, dem Blues Beine zu machen. Das ganze nannte sich dann Woodstock oder Isle of Wright, dauerte vorzugsweise drei Tage und lieferte den

Abb. 6: „Sheffield Steel" – Woodstock machte ihn über Nacht zur tragisch taumelnden Starfigur. Der britische Melancholiker kultivierte seinen zappeligen Bühnenstil so lange, bis er von jedem Popkabarett parodiert wurde. Trotz Krisen und Exzessen – mindestens fünf Liter Bier pro Abend – mögen die Fans den ehemaligen Klempner bis heute, weil er einfach singen kann.

Vertretern der Friedensgeneration ihr zentrales Lebensereignis: „Love, Peace and Music" ...

In der Alten Welt hatte sich derweilen noch folgendes zugetragen, und auch das war bezeichnend: ‚Sergeant Pepper' – erschienen am 1. Juni 1967 – wurde als rauschendes Kostümfest in Szene gesetzt, eine Pop-Operette mit Arien und Rock-Duetten, Rock'n'Roll und Balladen. Daraufhin wurden die *Fab Four* zu der weltweit ausgestrahlten Live-TV-Sendung ‚Unsere

Welt' eingeladen – sie, und nicht etwa die *Stones*. Als *Paul McCartney*, auf einem Barhocker sitzend, 'All you need is Love' sang, war das einer der markantesten Einschnitte der Popgeschichte. Denn die *Beatles* spielten für uns, sie verwirklichten ganz konkret Marshall McLuhans abstrakte Vision des „elektronischen Dorfs". Durch sie nahmen wir Teil an dieser Nacht der globalen Vernetzung, am ersten musikmedialen Weltentwurf. Nicht in den düsteren Beatschuppen der Vorstadt, nicht am Transistor bei AFN, sondern neben den Mächtigen der Erde hatte die Popkultur nunmehr ihren Platz – die *Beatles* spielten für uns wie möglicherweise anno 1954 die deutsche Fußball-Nationalmannschaft für unsere Eltern. Es war eine Genugtuung sondergleichen.

> „There's nothing you can make that can't be made
> no one you can save that can't be saved
> nothing you can do but you can learn
> how to be you in Time – it's easy"
> ('All you need is Love')

Schon das grelle Flower-Power-Cover von 'Sergeant-Pepper' – auf dem die *Beatles* selbst als 'Sergeant Peppers Band' in bunten Uniformen ihrer eigenen Beerdigung zusahen – war so seltsam, daß wir es stundenlang zu interpretieren versuchten und die Englisch-Lehrerin davon überzeugen wollten, die Song-Texte zu übersetzen. Heute gehören sie zum Standardprogramm in beinahe jedem Lehrplan.

Auf dem Cover wurde nicht nur die Live-Band *Beatles* symbolisch zu Grabe getragen, da schwang sich das Kunstprodukt *Beatles* frecherweise in den Olymp der Idole auf: Ihrem bunten Zeremoniell durften dort nämlich u. a. Mae West, *Bob Dylan*, Marilyn Monroe und Marlon Brando, *Karlheinz Stockhausen* und Oliver Hardy, Lewis Caroll und Marlene Dietrich, Schwergewichtsboxer Sonny Liston und Kinderstar Shirley Temple beiwohnen. Auch Karl Marx, Poet William S. Burroughs, der mythische Psychoanalytiker C. G. Jung und *Harrisons* Mahasaya-Guru standen herum. Vier

Liverpooler Boys bedankten sich bei ihren medialen Vordenkern und setzten sich selbst auf den Thron – was für eine Allmachtsphantasie!

Die Popmusik nahm sich endgültig selber ernst und alles war möglich: Kammermusikalische Liedchen, kräftige Rocksongs, wirre Sinfonien oder kitschige Balladen. ‚When I'm Sixty four' neben ‚Lucy in the Sky with Diamonds', ‚Good Morning' neben ‚A Day in the Life'. *George Martin* hatte mit ausgefuchster Technik den Beat in Kunstmusik verwandelt. Kein Mensch machte sich noch Gedanken über *Chuck Berry* oder *Little Richard*, keiner redete mehr von *Gene Vincent* oder *Elvis Presley*.

Vom Jamboree zur Starclub-Dependance

> „I'm singing and writing
> what's on my own Mind now.
> What's in my own Head
> and what's in my own Heart.
> I'm singing for me and a Million
> other me's that have been forced
> together by the same Feeling"
> (*Bob Dylan*)

Irgendwann, Mitte der Sechziger, wurde in den Plattenläden eine Pop-Ecke abgetrennt. Man ging mit der Zeit und war doch auch irritiert davon. Im Schulfunk gab es kritisch-pädagogische Popsendungen, aber die interessierten uns überhaupt nicht, wir wollten Piratensender hören. Diese illegalen Funkstationen, die offenbar verbotene Musik besorgen konnten und senden durften, schienen up to date.

Siw Malmkwists ‚Liebeskummer' lohnte sich plötzlich wirklich nicht mehr und die ‚Träumenden Cowboys' wurden ohne langes Fragen von der Ranch vertrieben. Ich bekam meine erste Rockplatte zum vierzehnten Geburtstag – 1966. Gerade hatten meine Freunde und ich unsere herumstreunende Jungmännergruppe für erledigt erklärt und beschlossen, fortan nicht mehr jeden Nachmittag mit den Fahrrädern durch den Wald zu jagen, da organisierte uns die Plattenindustrie schon einen musikalischen Gegenentwurf. Hits wie *Billy Mos* ‚Ich kauf mit lieber einen Tirolerhut' oder *Catarina Valentes* ‚Ciao ciao Bambina' hatten uns ohnehin nichts Bedeutendes mitgeteilt, die neue Musik, in der unser Lebensgefühl aufschimmerte, brauchte eine neue Sprache.

Wissen Sie noch, wie das vorher war, als der deutsche Schlager allüberall lauerte: *Ronny* beschwor ‚Oh my Darling Clementine' und *Nini Rosso* blies uns auf der Trompete den militärischen Abschiedsschmalz ‚Il Silencio', ‚Hundert Mann und ein Befehl', markig intoniert von *Freddy*, erreichte 1966 immerhin Platz zwei hinter *Frank Sinatras* ‚Strangers in the Night'. Das alles war nicht mehr unser Ding. Auch nicht *Sandy Shaw*, die barfüßige Gräfin, die beim ‚Grand Prix de la Chanson' herumhüpfte; wir mochten sie ebensowenig wie die „schöne Party", zu der uns *France Gall* einladen wollte. Dieses deutsche Übergewicht schmolz nun dahin: *Sam The Sham and the Pharaohs* tauchten mit ‚Wolly Bully' auf, die *Turtles* mit ‚Happy together', *Jethro Tull* mit ‚This was', die *Beach Boys* mit dem genialen ‚Good Vibrations' – und die Radiomoderatoren kamen ins Schleudern.

Nach ‚Love me do' von den *Beatles* wurde die LP ‚Well respected Kinks' für mich ein Meilenstein. Wie oft habe ich diese Platte angestarrt – vier in meinen Augen ältere, lässige Herren waren auf dem Cover zu sehen. Die *Davis*-Brüder Ray und Dave waren nicht gerade die hübschesten – und trotzdem konnten sie punkten. Sie waren tatsächlich gerade mal fünf Jahre älter als wir, flotte zwanzig, posierten in Rollkragenpullis und Jackets, ihre Haare reichten bis knapp zur Schulter. Sie waren weit, weit weg und doch so nah ...

Dann das immer gleiche Ritual: Wir klappten die graue Lautsprecherbox nach oben, legten das schwere schwarze Vinyl auf den Teller und hörten zu, wie die Nadel mit dumpfem Knirschen aufsetzte: ‚Where have all the Good Times gone', ‚Set me free' und vor allem ‚Tired of Waiting for you' rührten mein Herz; ‚You really got me' oder ‚All Day and all of the Night' rüttelten mich dann wieder ordentlich wach. Meine Schulfreunde preßten derweilen die Ohren ans Radio, um ,Happy Jack' wenigstens einmal am Tag laut zu hören – oder den klirrigen Beat von ,Hold tight' der Herrschaften *Dave Dee, Dozy, Bicky, Mick and Tich*. Und: wir wurden nicht müde, uns rundum auszutauschen, was wer auf welchen Kurz- und Mittelwellenbändern aufgeschnappt hatte und was der ältere Bruder vom Urlaub in England mitgebracht hatte.

Die Pfadfindertruppe, die montagabends im Keller des weißgetünchten Gemeindehauses tagte und bislang mit dem Absingen von Fahrtenliedern und den Ausbildungsritualen zum Knappen oder Späher vollauf beschäftigt gewesen war, änderte ihr Repertoire: Statt aus „Grauer Städte Mauern, ziehen wir durch Wald und Feld/wer will, der mag versauern, wir ziehen um die Welt" schlugen wir die Leier zu *Bob Dylans* ,Blowin' in the Wind', statt „Die blauen Dragoner, sie reiten mit klingendem Spiel vor das Tor", stimmten wir ,Last Time' von den *Stones* an und statt vom nächsten Jamboree in den USA zu träumen, klemmte Kurt, unser Häuptling, einen Tonabnehmer in die Öffnung seiner Wandergitarre und schloß die Klampfe ans Röhrenradio an. Zwei schwere Plastiktasten mußten gedrückt werden – und die Gitarre klang schrill und dreckig, sie pfiff wie später nur beim Neunziger-Jahre-Grunge – es war hinreißend, es war der Untergang des Abendlandes und der Aufbruch der verfaßten christlichen Knabenschaft zu neuen Ufern.

Im Sommer 1967 fuhr diese pop-infizierte Pfadfindercombo aus grauer Städte Mauern per Fahrrad durchs Rhonetal nach Südfrankreich – noch ohne Walkman- und Discman-Versorgung, aber mit zwei Gitarren im Gepäck, und beschloß schon nach wenigen Tagen das Naheliegendste: eine Beatband zu gründen. Wir waren im Fieber, das Jamboree war uns ebenso schnuppe wie die Knappenprüfung und das Griechisch-Abitur; die glitzernden Gitarren auf den ,BRAVO'-Fotoseiten faszinierten uns weit mehr. Außerdem: Die Biografien und Fragebögen auf den neu installierten Jugendseiten bewiesen es ja auch schlagend, daß jeder nach oben kommen konnte: Die

Beatles stammten – so wurde erzählt – aus der unteren Mittelschicht Liverpools, die *Stones* bildeten das Londoner Pendant. Jungs von nebenan. Wer einen Verstärker hatte, hatte auch seine Chance, Songs existierten in Hülle und Fülle – das Quintett konnte also guten Gewissens im zugigen Zelt sitzen, filterlose Gauloise-Zigaretten qualmen, Rotwein in Plastikflaschen an den Hals setzen und davon träumen, aus düsteren Kellern auf riesige Bühnen hinaufzusteigen.

Nun ja, nebenbei besuchten wir weiterhin das Gymnasium. Kurt, heute Zahnarzt mit eigener Praxis am Bodensee, brachte sich – wie es sich für einen Sektenchef gehört – die Gitarre selbst bei und absolvierte trotzdem brav seine Klavierstunden, Edi machte es ebenso, Carl war Autodidakt und wurde deshalb an den Baß delegiert, sang aber schon mit sechzehn fast so soulig wie *Steve Winwood*; ich war am Konservatorium gerade beim jungen *Beethoven* angekommen, hatte die Akkorde von ‚Keep on Running‘ herausgehört und schwärmte ansonsten für die *German Bonds*, weil sie einige *Mozart*schnipsel in ihren Stücken untergebracht hatten. Also gehörten mir die „Keyboards“. Das Schlagzeug blieb für den fünften Mann, der den Musikunterricht boykottiert oder geschwänzt hatte, für unseren „Beatle“ – so genannt wegen seiner dünnen Haare, die gerade mal die Ohrläppchen bedeckten. Ein paar Klassen über uns jammte bereits eine Band, die erfolgreich beim Schulball auftrat. Dort wollten wir zunächst mal ebenfalls hin.

Die Besetzung war soweit klar, das digitale Keyboard war noch nicht erfunden und die Hammondorgel ein unbezahlbarer, fast mythischer Schrein. Also verdonnerte man mich dazu, eine winzige Elektronikorgel in Nußbaumfurnier, die „Philicorda“, zu bedienen. Und: wir hörten andächtig zu, vor allem. Der Plattensound unterschied sich in unseren Ohren nicht besonders von dem, den Kurts Gitarre in der Radiotruhe erzeugte, das musikalische Vermächtnis der neuen LPs klang atemberaubend, aber keineswegs technisch unerreichbar. Daß die *Beatles* in Wahrheit mit rückwärts gespielten Soli operierten, Stimmen mehrfach parallel aufnahmen und in George Martin einen genialen Mixer des Opus fanden, war uns nicht aufgefallen.

Wir nannten uns *The Dandymen* nach ‚Dandy' von den *Kinks* und trauten uns schon nach zwanzig Proben im Keller von Kurts Elternhaus mutig und gedankenlos ins Freie: Ein hoffnungsfrohes Quintett mit einem miesen Verstärker, einem unvollständigen Billig-Schlagzeug und einer hallarmen Gesangsanlage, die wir uns für fünfzig Mark ausgeliehen hatten. Wir spielten alle Stücke nach, die uns gefielen, waren unglaublich nervös. Nichts wollte so klingen wie im Keller, aber trotzdem glaubten wir, unter dem Einfluß von genügend Bier, das es für die Musikanten bekanntlich immer umsonst gab, nicht nur glänzend gespielt zu haben, sondern auch die Konkurrenzband restlos in die Schranken gewiesen zu haben. Das war wichtig! Kein Pardon! Zusammen auftreten ja, aber um Gottes willen keine gemeinsame Sache betreiben! Das war angeblich so bei den *Stones* und den *Beatles* – das durfte bei uns nicht anders sein.

Wochen später, nachdem wir aus Kurts Keller hinausgebeten worden waren, trieb Beatle die Befestigungsnägel für seine Fußtrommel in den Wohnzimmerboden meiner Eltern, und wir probten mit dem bislang von Popstakkati verschonten Flügel meines Vaters, der als Hochschullehrer für Kirchenmusik andere Vorlieben pflegte. Auf diesen Tasten waren bislang *Czerny*-Etuden und *Bach*-Inventionen exerziert worden, die Eltern, tolerant und hilflos, nahmen die leise Revolution immerhin eine Zeitlang hin. Nur das Malertrio, das gerade die Hausfassade anstrich, litt und beschwerte sich.

Auftritte blieben nicht aus, die regionale Szene boomte. Jeder Tennisclub und jede Gaststätte meinte, für die jungen Leute eine Popcombo anheuern zu müssen. Hocherotische Schulbälle und nicht minder erotisierte dörfliche Clubgigs mit scheuen Mädchenkontakten folgten. Angeturnt durch viel zu viel Freibier und Schnaps eilten wir mit Riesenschritten durch die eroberten Säle, rissen unsere Verstärker auf und toupierten die Haare. Die Mädchen umkreisten uns; ohne viel nachzufragen wurde in dunklen Nischen geknutscht. Fasching 1968 gastierte die „Beatüberraschung *Dandymen*" gar in einer neuen Discothek in der City und brachte zweihundert nach

Kaugummi duftende Kids am Samstagnachmittag wenigstens zum Tanzen. Eine Verabredung zu einem Eisbecher, neben einer Unbekannten unter leichten Qualen ausgelöffelt, sprang fast immer heraus – und so erfüllte sich sogar das Geraune von Promiskuität und Groupies.

Wir legten ein Bandbuch an, weil eine neue Zeit begonnen hatte und wir Ein- und Ausgaben protokollieren, Instrumentenprospekte und Fotos sammeln mußten, und wir schrieben dort mit Vorliebe auf, wie wir uns mit „unserer Bühnenshow total verausgabt hatten". Das war natürlich ein Witz – wir hatten wieder mal ein bißchen gezappelt und ‚Midnight to Six' und ‚Come on down to my Boat Baby' brauchbar über die Bühne gebracht. De facto fielen während der Auftritte regelmäßig Scheinwerfer und Mikrofone aus, versagten Verstärker, wurde Bier in die quiekende Philicorda gegossen, mußten in den Pausen Kabel gelötet werden, oder kippte die Snare-Drum vom Podest: Punk anno '68.

Carl, unser Bassist, der später zum militanten Motorradkurier der RAF avancierte und dafür dann 18 Jahre im Knast zubringen mußte, konnte irgendwann vom Honorar – wir spielten meist auf eigene Kasse, weil es den Wirten und Disco-Betreibern zu riskant war – jenen geliebten *Beatles*-Baß-Nachbau erstehen, den *Paul McCartney* umhängen hatte. Auch sonst gingen wir mit der Zeit, benannten uns um und wandten uns dem gerade in Mode kommenden Soul zu.

Das Leben „on the road" und von Gig zu Gig war wild romantisch, vor allem in der fünften Jahreszeit. Unter Luftschlangen und Konfetti traten wir neben dem *Tanz-Orchester Dixie* und den *Neureuther Spatzen* auf. „Für jeden etwas", war die Devise der Gastwirte. *Wer* dann letztlich am falschen Ort gewesen war, wußte nachher keiner, jeder absolvierte sein Programm, auch gegen den Widerstand des Publikums. Wenn wir zur Faschingszeit allein auftraten, mußten neben ‚Twist and Shout' oder ‚Paint it Black' auch ‚Es gibt kein Bier auf Hawaii' und ‚In Hamburg sind die Nächte lang' ins Programm. Ein grausames Zugeständnis, um Krawall zu vermeiden – und letztlich sinnlos, denn Schlägereien zwischen den Zuhörern gab es trotzdem, draußen, mit Rippen- oder Armbrüchen, mit in Kloschüsseln getauchten Köpfen (dazu verwehte Walzerklänge aus dem Saal), mit Mopedwettrennen rund ums Dorf. Manchmal verdienten wir Hunderte, ab und zu taxierte uns der Wirt und ließ uns gewähren, manchmal stellte er den Strom ab, wenn Kurt an der Gitarre die Kontrolle über sein Effektgerät verloren hatte, und warf uns hinaus. Einmal drückte uns ein um Ruhe bemühter, schwer bezechter Stammtischbruder einen Zehnmarkschein fürs Aufhören in die Hand, ein anderes Mal hatten wir nach Abzug der Saalmiete und der GEMA-Gebühren ganze zwei Mark in der Bandkasse. Deprimierend für aufstrebende Popkünstler.

Als die Lokalpresse im Januar 1969 auf der Jugendseite verkündete, daß Beat taub mache – eine Schlagzeile, die auf den Untersuchungen des kanadischen Akustikers George Thiessen fußte, der Phonmessungen am Ausgang eines Beatschuppens vorgenommen hatte, in dessen Innerem eine Band „mehr tobte als spielte" – mußten wir uns schließlich doch den besorgten Fragen unserer Eltern stellen. Unsere Euphorie sorgte für beschwingte Antworten, wir waren dabei und wollten es bleiben.

Bei unseren nächsten Terminen durften wir an einer echten Kultstätte, der lokalen Dependance des ‚Starclub', schnuppern, jenes Schuppens, in dem die *Beatles* einst in Hamburg erste Meriten verdienten. Eine Beatband aus der Provinz, die ganz ordentlich aufspielte, aber bislang kaum etwas Eigenes hervorgebracht hatte, durfte in einem legendenumwobenen Rahmen auftreten – ein wahrlich großes Ereignis: eine Woche ‚Starclub', Gigs mit Farfisa-Orgel und Framus-Gitarre, Echolette-Boxen und dem gelb schimmernden Showstar-Verstärker.

Im Publikum lungerten GIs aus der amerikanischen Kaserne herum, Mädchen schauten kurz rein, um sich dann wieder zu verdrücken. Die Atmosphäre war düster, es roch nach schalem Bier und nach Abschied. Als wir unsere Gage abholen wollten, wurde der Club bereits umgebaut, auf der Bühne wurde das Planschbecken und der Ring für den Damen-Schlammringkampf installiert, der in Zukunft dort ausgetragen werden sollte, der magische ‚Starclub' war dem Rotlicht-Milieu zum Opfer gefallen.

Noch ein bißchen später riß man die ganze Straßenzeile ab; das nannte man Altstadtsanierung, und schuf Platz für einen zugigen Platz mit Straßenbahnhaltestellen und moderner Fußgängerunterführung. Heute wird das Areal von einer postmodernen Bankfiliale überschattet und dient den türkischen Gemüsehändlern am Wochenende als Marktplatz.

Damals wichen wir aus und spielten vier Wochen lang in der US-Kaserne am Karlsruher Stadtrand die Pop-Hits rauf und runter; wir hatten mittlerweile fast siebzig Titel im Angebot: ‚Bad Moon Rising', ‚House of the Rising Sun', ‚Summertime', ‚Cottonfields'. Die GIs, die sich den Bauch mit Pommes und Cola vollschlugen, weil sie sich einsam fühlten und nicht wußten, ob sie nach Vietnam oder nach Hause versetzt werden würden, betranken sich mit Whiskey und hatten selbst bei unseren mageren Interpretationen Tränen in den Augen. Doch auch das hielt nicht ewig: Plötzlich wurden keine Livebands mehr eingeladen, die Musik kam vom Band oder von Platte, das Discozeitalter kündigte sich an. Im ‚Starclub' wurde der Gedeckzwang eingeführt.

Wir spielten unerschütterlich weiter, schließlich hatten wir eine Botschaft, die Haare fielen bis auf die Schultern, und wir waren nicht wählerisch: beim Silvesterball der Juristen traten wir auf, beim Sommerfest der Gewerkschaft, beim Studentenball der Uni, beim ‚Exkurs Mobile', einer Bahnreise „in die Romantik" mit Tanz in der Festhalle Eberbach. Schließlich aber fielen wir 1970 – Rock durchsetzte inzwischen die Radioprogramme, und die Musikgeschäfte hatten schalldichte Zellen eingebaut, in denen Schülerhorden ‚In a Gadda da Vida' von *Iron Butterfly* hörten und dazu kifften – dem aufkommenden Psychedelic-Sound zum Opfer. Die Grenzen der Songs lösten sich auf, sie fingen irgendwo an, hörten irgendwann auf, Effekte jagten einander und fanden frühestens nach fünfzehn Minuten ihr Ende. Melodien und Strukturen wurden nebensächlich, das Bewußtsein erweiterte sich, z.T. cannabisbefördert, und die strengen Formen der musikalischen Rebellion verfielen. Unser eigenes psychedelisches Impromptu nannten wir ,The Scum of Earth', einen Abgesang, den Carl zu unserem inzwischen ziemlich trashigen Sound herausbrüllte. Längst tanzte niemand mehr, alle hockten im Schneidersitz auf dem Boden, schüttelten die Mähnen und ließen sich mittragen, wenn sie Lust dazu hatten. ,The Scum of Earth', Carls Lieblingsstück, wurde allerdings nur drei Mal aufgeführt, danach löste sich die Formation auf.

Dann folgte die radikale Kehrtwendung, wir wandelten – wieder mit Carls wütend-beseelter Soulstimme – auf *Cream*- und *Hendrix*spuren, probierten, *Nice* zu imitieren und nahmen, als es schon viel zu spät war, eine romantische Hardrock-Platte auf. Inzwischen wurden Marshall-Türme, eine Hammond samt Leslie-Hörnern aufgeboten, die Mikrofone hießen Shure und die Gesangsboxen Bose. Wir probten in einem eisigen Bunker, hatten noch spektakuläre Auftritte als Vorgruppe von *Manfred Manns Earthband* und *Joy Unlimited*, bevor wir uns nach dreißig eigenen Stücken und hunderten von Coverversionen zerstreuten. Die erste Pop-Lust war erloschen, wir konnten uns musikalisch nicht mehr einigen, die Stile waren zu disparat geworden, der wirkliche Erfolg ausgeblieben. Die Kartons voller unberührter LPs vergammelten im Keller, im Radio tanzten *Donna Summer* und *Santana*, wir mußten uns eingestehen, daß wir es außer zu bescheidenem regionalem Ruhm zu nichts gebracht hatten – wären da nicht die weiblichen Zaungäste gewesen, mit denen wir uns ab und zu hatten verabreden können.

3. Love & Peace & Freedom: Hippie-Pop, Psychedelic-Rock, Pop-Bombast ... und Heavy-Metal

Led Zeppelin, Nice, Emerson, Lake & Palmer, Deep Purple, King Crimson, Guns n' Roses

> „Das Phantastische an Woodstock war,
> daß man die Anwesenheit unsichtbarer
> Zeitreisender aus der Zukunft spüren konnte ..."
> (*Jerry Garcia* über das Woodstock-Festival)

Das erste rauschhafte Jahrzehnt der Popmusik kulminierte auf einem Farmgelände im Staat New York. Mitte August 1969 feierten die Hippies in Woodstock ihre ultimative Glücksorgie: „Alle spürten, es ist ein Meilenstein; das lag in der Luft", schwärmte rückblickend der im August 1995 verstorbene *Grateful Dead*-Chef Jerry Garcia.

Bekanntlich handelte es sich um ein organisatorisches Debakel der Sonderklasse; statt geplanter 75000 strömte über eine halbe Million Fans zum Gelände, zudem schüttete es dermaßen, daß Woodstock als das Festival des Schlamms in die Geschichte einging. Aber die Hippies und die US-Friedensbewegung zelebrierten sich selbst, und in Europa nahmen wir den Mythos bereitwillig auf. Danach sollte eine neue Ära beginnen: Der Pop-Supermarkt machte auf – mit einer verwirrenden Vielzahl von Stilrichtungen und genauso vielen verschworenen Fangemeinden, mit kunstvollen Materialschlachten und faszinierenden Soundexperimenten. Die Siebziger wurden zu einem wechselhaften Popjahrzehnt, an dessen Ende Punk und Disco, Funk und New Wave nebeneinander standen.

1969 war die Revolte noch jung und man blickte nach vorne – Woodstock war ein Musikfestival, aber mehr noch eine

Abb. 7: „Pop-Jazz vom Campus" – Chicago Transit Authority etablierte neben Blood, Sweat & Tears den messerscharfen Bläsersatz und trieb Rock ins Big-Band- und Jazzgewässer. Das zündende „25 or 6 to 4" und die Schmonzette „If you leave me now" verhalfen den properen Jungs aus den USA zu Welterfolgen, Idole wurden sie trotzdem keine.

politische Demonstration: *Richie Havens* klagte zu ekstatischen Akkorden ‚Freedom' ein, *Country Joe McDonald* fragte ‚What are we fighting for?', morgens um vier riß *Jimi Hendrix* in ‚Star Spangled Banner' die amerikanische Nationalhymne in Stücke. *Creedence Clearwater Revival* und *Jefferson Airplane* spielten sich die Seele aus dem Leib, *The Who* boten ihre Rockoper ‚Tommy' komplett bis zum Morgengrauen – bei ‚See me, feel me' muß es schon sehr spät gewesen sein, denn das ganze klingt doch ziemlich ausgelaugt und schief.

Alle wollten für achtzehn Dollar den Himmel küssen, so wie es *Hendrix* in ‚Purple Haze' versprochen hatte: „Scuse me while I kiss the Sky." Helikopter warfen Blumen und Hamburger ab, die Blumenkinder waren entzückt. Marihuana und Cola, Bier, Fast Food und das Gefühl, gemeinsam ein unübersehbares Zeichen zu setzen – was wollte man mehr. *Joan Baez* trällerte neben *Crosby, Stills, Nash & Young*, die auf verstimmten Gitarren schrammelten, *Sha-Na-Na* durfte mit dem Rock'n'Roll-Oldie ‚At the Top' mitmachen. *Joe Cockers* exaltierte Version des *Beatles*-Hits ‚With a Little Help from my Friends' ging für immer und ewig in die Geschichte ein. Das sakrale Orgelintro, die hineinstürzende Gitarre und dann *Cockers* Stimme nur zu Baß und Orgel.

Im Rückblick sind die Bilder rührend: Frauen mit tanzenden Kindern, bemalte Autos; Schlammschlachten, Polit-Parolen; nackte Männer mit Blumen im Haar, Mädchen mit Haschisch-Pfeifchen; Liebespaare am Lagerfeuer, Peace-Zeichen und der Straßenname „Happy Avenue". Eine Frau im *Janis-Joplin*-Look mit runder Sonnenbrille und Hippiekleid, die sich gerade Champagner der Marke ‚Moet Chandon' in einen Pappbecher gießt. Die wirkliche *Janis* stand derweilen auf der Bühne, zusammen mit *Sly & the Family Stone*, dann kamen *Ten Years After* und *Santana*. Als *Hendrix* vor seinen Marshall-Türmen die Saiten seiner Gitarre zerbiß, waren ihm die Fans schon ganz dicht auf den Pelz gerückt – heute wäre das undenkbar.

Entgrenzung und Trip

Nach diesem August 1969 war nichts mehr wie vorher. „Love & Peace & Music" auf der einen und der studentische Protest auf der anderen Seite trafen das Establishment zielgenauer als die vage Rebellion der frühen Sechziger. Und Pop zog wie ein Magnet nicht mehr nur irritierte Politiker und Sozialarbeiter auf den Plan, sondern auch Jazzer und Soulschwestern, Blueser und traditionsverhaftete Barden: Das Musical ‚Hair‘ vereinnahmte die Bewegung fürs große Geschäft und feierte mit *Marsha Hunt* in der Titelrolle internationale Erfolge, Hard-Rock aus Großbritannien tauchte neben den aus dem High School-Jazz kommenden weißen US-Gruppen wie *Chicago* oder *Blood, Sweat & Tears* auf. Was nichts anderes bedeutete als: Es gab den messerscharfen Bläsersatz, und gleichzeitig setzte *Led Zeppelin* mit ‚Whole lotta Love‘ den Heavy-Rock-Zug in Gang. ‚Deep Purple in Rock‘ machte 1970 Furore mit *Ian Gillans* unendlichem Schrei bei ‚Sweet Child in Time‘, ‚Quadrophenia‘ von *The Who* und die elektronisch-versponnenen ‚Yessongs‘ (1973) der Art-Rock-Combo *Yes* bildeten weitere Pole. Zwischen *Bob Dylans* nöligem Polit-Folk oder *Janis Joplins* schrillem Texas-Blues, zwischen *Hendrix*‘ psychedelischem ‚Electric Ladyland‘ oder *Santanas* Latino-Groove hatte man die Wahl – ohne Qual.

Derartige Stücke sprengten jetzt meist den Rahmen der zwei oder drei Minuten langen Tanznummern; die Rockfuge war genauso up to date wie die Rock-Sinfonie, ein Schlagzeugsolo von acht Minuten Länge mußte man einkalkulieren. Anderenorts klimperte *Randy Newman* seine winzigen zynischen Klavierstückchen und *Frank Zappa* bot schon um 1970 opulenten Avantgarde-Rock; *James Brown*, ‚The Godfather of Soul‘, warf seine Sex-Maschine an, *Simon & Garfunkel* rührten mit ihrem Popkitsch die Teenager zu Tränen: ‚Bridge over troubled Water‘ funktioniert noch heute, wenn man sich darauf einläßt. Im Kino lief Stanley Kubricks Weltraumabenteuer ‚2001‘ neben der ‚Reifeprüfung‘ mit Dustin Hoffmann – Popmusik lieferte jeweils den umfassenden Soundtrack dazu. Es gab einfach alles und von allem immer mehr: Blues, Beat, Hard-Rock, Space, Hippie-Pop, Pop-Jazz, Art-Rock, Reggae, Raga, Acid und Folk. *John Cales* musikalische Extravaganzen, *Queens* Operetten, *Roxy Musics* blasierten Perfektpop, *Frank Zappas* ‚Hot Rats‘ und die braven Schlagerliedchen von *Donovan* oder *John Sebastian*. *Jimmy Page* drangsalierte bei *Led Zeppelin* seine Gitarre, *Richie Blackmore* dirigierte *Deep*

Purple, *The Nice* drehten *Sibelius'* ‚Karelia'-Suite und *Bachs* ‚Brandenburgisches Konzert' durch den Fleischwolf.

Emerson, Lake & Palmer bewältigten in wahren Material-schlachten ihre eigene Vergangenheit an Konservatorien und Musikhochschulen und demonstrierten, wie verbissen die Synthese zwischen Pop und Klassik angepeilt werden konnte. Schon *Jimi Hendrix* hatte mit einem klassischen Barock-Quintett konzertiert – diese Tradition lebte fort bzw. drehte sich um und inspirierte letztlich auch das *Kronos-Quartett*, das gegenwärtig noch die *Hendrix*-Komposition ‚Purple Haze' im Programm hat.

Kann man überhaupt Ordnung in die vielen Spielarten populärer Musik in den Siebzigern bringen? *Colosseum* stehen neben *J. J. Cale*, die Soul-Entertainer *Sam & Dave*, die geschult auf der Bühne herumtänzelten, neben dem manierierten *David Bowie*. (Alt-)Hippies rauchten Gras und wollten eine heile Welt ohne Vietnamkrieg, sie hörten *Jefferson Airplane* und *Frank Zappa*; die Rocker soffen Bier, verehrten *ZZ Top* und waren im übrigen der Freiheit der Straße auf der Spur; die Flower-Power-Gemeinden träumten mit *Scott McKenzie* vom Paradies in San Francisco, die politisch Radikalen hörten immer noch die *Stones* oder *Lou Reed*, die Snobs der Avant-garde entdeckten *Gentle Giant* und *Miles Davis'* Jazz-Rock-Fusion auf ‚Bitches Brew'. Und mehr oder weniger alle träumten von Bewußtseinserweiterung und verschlangen die Aufsätze des Drogenideologen *Timothy Leary* oder *Jerry Rubins* Fibel, in welcher der Berkeley-Revoluzzer die Revolu-tion zum Straßentheater erklärte: „Wenn sie Tränengaskanister nach uns werfen, werfen wir sie zurück. Wenn sie auf uns schießen, schießen wir zurück. Gewehre/Sprengstoff/LSD ins Trinkwasser/Solidarität/Kollektive/Liebe." *Elvis* war für den scharfsinnigen Guru der Yippies der Initiator der weißen Re-volte in Amerika; die Neue Linke, notierte er, „entsprang dem rotierenden Pelvis des Elvis". Die Welt der Fünfziger mit „I 'like Ike" (gemeint war Präsident Eisenhower) war verloschen, Pop hatte neue Maßstäbe gesetzt und sich politisch einge-mischt.

Weiße Rockbands, die optimistische Gassenhauer auf Lager hatten, konnten damals wie heute auch ohne politische Parolen den Weltmarkt erobern. Wenn die *Eagles* mit ‚Take it easy‘ oder ‚Hotel California‘ ins Traumland einluden, dann pfiffen wir mit. Solche Melodien sorgten für den angenehmen Rutsch in den Tag. Sänger und Gitarrist *Glenn Frey* fabrizierte lange Jahre später einen Hit im gleichen bewährten Stil: ‚Part of me, Part of You‘, der in dem zum Kultfilm avancierten tragisch-ironischen Roadmovie ‚Thelma & Louise‘ die beiden Ladies auf ihrem Trip quer durch die Staaten begleitete. Rock’n’Roll im luftigen West Coast-Sound oder Southern Rock-Gewand erklang überall in der erwachenden Radiolandschaft der Siebziger. Leichtigkeit und Pathos öffneten zupackenden amerikanischen Rockballaden wie *Bob Segers* ‚Against the Wind‘ (1975) oder *Don McLeans* ‚American Pie‘ 1972 neben dem deutschen sogar den britischen Markt.

„Mainstream“, ein aus dem Jazzvokabular entlehnter Begriff für konventionelle Arrangements, wurde als despektierlicher Begriff auf melodischen Rock übertragen. Mainstream bezeichnete Rock, dem angeblich wahre Tiefe und experimenteller Witz fehlten – so schimpfte jedenfalls die 1975 um avantgardistische Attitüde bemühte Popkritik in ‚Sounds‘. Unter Mainstream wurde all das eingetütet, was nicht auffiel und niemandem wehtat, aber eine typische Rockgrundierung aufwies. *Eagles*- und *Allman Brothers*-, *Steve Miller-Band*- und *Rod Stewart*-Scheiben füllten die häuslichen Regale mit deftigem „easy listening“-Rock. Obwohl sich die *Allman Brothers* aus Florida ebenso wie *Creedence Clearwater Revival* aus San Francisco als Vertreter der Blues-Tradition betrachteten und atemberaubende, laute und rohe Liveauftritte lieferten, wurden sie mit ‚Proud Mary‘ beziehungsweise ‚Ramblin’ Man‘ im Mainstream-Fach einsortiert. Fulminante Songs von *Huey Lewis & the News* wie ‚Power of Love‘ oder *Steve Millers* ‚Joker‘ kann jedes Radioprogramm zu allen Zeiten vertragen,

Abb. 8: „I got you Babe" – als Sonny & Cher 1965 den Riesenhit zustande brachten, konnte niemand ahnen, daß Sonny Bono 25 Jahre später Bürgermeister von Palm Springs werden würde, Cher im Kino als „Hexe von Eastwick" neben Jack Nicholson spielte und sich ihre ewige Jugend einiges kosten ließ.

steril auskomponierte Kleinkunst von *Steely Dan* (‚Rikki, don't loose that Number') darf neben *Smokie* oder *Peter Frampton* laufen. *Nils Lofgren* und (die Neuformation von) *Fleetwood Mac*, *Tom Petty* oder *Bruce Hornsby* überrasch(t)en mit keinem ihrer Alben; *Lynyrd Skynyrd* aus Jacksonville klangen auf ihrem letzten Opus (1994) noch genauso wie bei ‚Sweet Home Alabama' zwanzig Jahre zuvor. *Jim Capaldi* – ehedem bei *Traffic* an den Trommeln, zitierte sich selbst, sein früherer Begleiter an der Hammond und am Mikrofon, der britische Souljunge *Steve Winwood*, ebenso. Während der reife *Winwood* in den Achtzigern mit ,Higher Love' noch einmal richtig durchstartete, tingelte sein früherer Chef *Spencer Davis* unerkannt mit lauem Blues-Pop über die Dörfer – auch das kann passieren. Selbst ambitionierte Soloprojekte bleiben auf halbem Weg stecken: Als *Steely Dan*-Chef *Donald Fagen* nach fünfzehn Jahren Combodienst seine erste Solo-LP ,Nightflight' (1982) mit perfekten Songs wie ,Green Flower Street' oder ,Walk between Raindrops' veröffentlichte, konnte er an seine *Steely Dan*-Erfolgsbilanz nicht mehr anknüpfen. Komplexer komponierende, jazzgetränkte, aber doch harte US-Bands wie *Toto* (,Rosanna', ,Africa') oder *Foreigner* (,Waiting for a Girl like You') überleben dank ihrer Schmusesongs und werden garantiert neben *Ten CC* (,I'm not in Love'), *Chers* ,Walkin' in Memphis' (nach *Marc Cohn*) und der *J. Geils-Band* (,Centerfold') in der nächsten Weihnachtssendung von Hörern gewünscht werden.

Drogenopfer und Verlorene

Aus Kellerkindern waren schwerreiche Unternehmer geworden, aus Underdogs Weltstars, die ohne Leibwache und Paparazzi kaum über die Straße gehen konnten. Um ihre Krisen und Depressionen zu behandeln, blieb kaum Zeit – die Droge versprach Linderung und Kreativität. Die Körper alterten in wenigen Jahren oder gaben auf. Und wo trifft der Tod die Heimatlosen und Verlorenen? Am klassischen Ort des Transits, des anonymen Kurzaufenthalts, in fremden Betten – im Hotel, und es war bei weitem nicht immer das Pariser Ritz Hemingways oder das New Yorker Chelsea-Hotel Arthur Millers. *Jim Morrison* starb in einer kleinen Pension in der Rue Beautreilles 17 in Paris, *Janis Joplin* in einem Motel bei Los Angeles, *Jimi Hendrix* im Notarztwagen auf dem Weg ins Hospital in London-Kensington.

„James, Jimi und Janis
niemand lebt, um kerngesund
zu sterben"
(Wolf Wondratschek)

„Get it while you can" lautete das Credo von *Janis Joplin*, der Tochter eines Ölmanagers aus Texas. Sie hatte die Spirituals von *Bessie Smith* und den Blues von *Leadbelly* (‚Goodnight Irene') verehrt und war jahrelang durch Bars, Folk- und Blues-kneipen getingelt. 1966, nachdem sie sich lustlos an einem Studium versucht hatte, schloß sie sich in San Francisco jener Band an, die später auf dem berühmten Monterey Festival, jenem legendären Woodstock-Nachzieher, kräftig abräumte: *Big Brother & the Holding Company*. Ihr Zentrum war der Blues – die schwarze Musik – die sie neu zu interpretieren suchte. Ihre Exaltiertheit kam ihrer Popularität zugute, und mit ihrer weißen, kratzigen und schon bald sehr malträtierten Stimme schaffte sie es, dem Blues eine neue Richtung zu geben – und das, obwohl sie sich nur bekanntes Material vornahm. Ähnlich wie *Joe Cocker* fehlte ihr die Begabung zum Kompo-nieren, aber ihre Darbietung war unübertrefflich: Da tobte eine kleine, weiße Lady mit wildem Lockenschopf auf der Bühne herum – geschüttelt von Spaß und Wut, Trauer und Schmerz. Diese traurige Königin der Hippies lebte den Blues, flüsterte und tobte, bis ihr die Stimme wegblieb.

Obwohl die West-Coast-Rockszene in Los Angeles damals LSD favorisierte, soff die Porsche-Liebhaberin *Janis* lieber sü-ßen Whiskeylikör, der bis heute mit ihrem Namen verbunden bleibt: Southern Comfort. Obwohl sie gegen harte Drogen wie LSD und Heroin polemisierte, spritzte sie selbst; „Pearl" – wie sie von Freunden gerufen wurde – geriet durch ihren Lebens-stil schnell in die Schlagzeilen. Positiv wie negativ. Ihre Büh-nenpräsenz war legendär; denn sie war die erste weiße Frau, die sich so etwas traute: Trampeln, Stampfen, Haare Zerzausen. Ihre rauhe Intensität, ihre Kraft und ihren Schmerz weinte sie on stage aus, etwa in ‚Cry Baby' oder ihrer brüchigen Version des *Gershwin*-Dauerbrenners ‚Summertime'. Der erste Ton von ‚Cry Baby' könnte von einer Schiffshupe stammen – ihre Stimme bebt vor Gefühl. ‚Summertime' dagegen beginnt fast unhörbar mit Baß, ein paar zittrigen Gitarrentönen und einem Hauch Schlagzeug, bevor *Janis* ganz von oben verraucht hineinfaucht und ihre herzzerreißende Geschichte erzählt. Sie war das kleine Mädchen und die böse Hexe; ihre kratzige Stimme verfügte kaum über Volumen, brach früh, dazu noch bunte Hippie-Staffage, Zottelhaar, Sonnenbrille, Motorrad: einfach nicht gesellschaftsfähig. Aber die Möglichkeiten ihrer Stimme spielte sie kompromißlos aus. Etwa in ‚Piece of My Heart', einem Stück mit schöner souliger Gitarreneröffnung. Schnell haspelt sie den Text herunter, im Refrain drückt sie ihre Mitsänger von *Big Brother* spielend an die Wand. Dann: ein Schrei gegen Ende wie bei *Joe Cockers* ‚With a little help' in Woodstock. Als sie am 14. Oktober 1970 tot in einem Motelzimmer gefunden wurde, war sie gerade 27 Jahre alt. Ihr Dilemma zwischen rauschhaftem Erfolg und öder Einsamkeit hatte sie selbst so formuliert: „Auf der Bühne schlafe ich mit 25 000 Menschen. Dann gehe ich allein nach Hause."

Ihr Leben verlief symptomatisch. In vieler Hinsicht. Deshalb ist es auch schade, daß ‚The Rose', ein an ihre Biographie angelehnter Film trotz *Bette Midler* in der Hauptrolle ein so schwaches Werk wurde. Der Film hätte vor allem zeigen müssen, daß *Janis Joplin* als erste weiße Frau im Rockbusiness ganz besonderen Anspannungen und Quälereien ausgesetzt war. Tragisch war vor allem, daß sie nicht beim Pop landete, weil sie eine große Sängerin werden wollte, sondern weil sie etwas tun wollte, was *jeder Junge* problemlos tun konnte. Ihre Karriere war zuende, bevor sie eigentlich richtig begonnen hatte – kurz nachdem sie den ersten Plattenvertrag unterschrieben hatte. „Lebendig im Blues begraben" wollte sie noch aufnehmen, aber der Tod aus der Heroinspritze kam ihr zuvor. Sie hinterließ das bescheidene Vermögen von 2 500 Dollar. Ihrem Wunsch gemäß feierten zweihundert ihrer Freunde davon eine Party, und ihre Asche wurde in den Pazifik gestreut.

Knapp vier Wochen vor ihr war *Jimi Hendrix* in London gestorben, ein Jahr später *Jim Morrison*. Und das ist nur die

Spitze des berühmten Eisbergs. Die Popheroen um 1970 waren fahrende Helden, übersteuerte Ikonen, und vielleicht ist es bezeichnend, daß die Betten, in denen sie starben, ihnen nicht einmal selbst gehörten.

Diese schnell aufgeblühten Idole waren nach wenigen Jahren müde und erschöpft, ausgelaugt und unter Druck. Immer unterwegs in fremdem Gelände, umschmeichelt von Groupies oder Fans, aber ohne sicheren Ort. Die Identität auf der Bühne war porös, die jungen Leute konnten weder den Zwang zur Originalität noch den plötzlichen Reichtum verkraften. Also dienten Drogen zur Inspiration oder zur Entspannung. ‚Brown Sugar' (das beim Abkochen braun werdende Heroin) und ‚Lucy in the Sky with Diamonds' (die Abkürzung für LSD) wurden ab 1967 besungen, und die abgerissenen, tragischen Karrieren mancher Idole spiegelten eine ganze Generation von Fans, die im Pop eigene Defizite wiederentdeckte und auslebte. Schließlich besaß Kiffen oder Saufen, Trips schlucken oder Koks schnupfen eine künstlerische Legitimation von ganz oben – Pop war ohne Drogen nicht mehr denkbar. Ja, die Versprechungen des Pop – Entgrenzung, Sinnlichkeit, metaphysische Erfahrung oder Bewußtseinserweiterung – schienen sich überhaupt erst richtig mittels Rauschgiftkonsum einlösen zu lassen. Denn der bloße Pop versprach zwar ständig Freiheit und Hochgefühl, lieferte aber häufig genug Tristesse und Katerstimmung. Wer die Botschaft der Musik zu ernst nahm, stürzte gnadenlos ab.

Eine zweite desillusionierende Erfahrung der Siebziger war die verdeckte oder offene Gewalt, die viele Veranstaltungen begleitete. Die Anwesenheit der Polizei, die die Lage falsch einschätzte, wurde von den vermeintlichen Rebellen im Saal als Provokation empfunden. Bodyguards befingerten die Besucher und observierten die Eingangsschleusen, geldgierige Veranstalter stellten Begrenzungsgitter auf und stopften die Säle voll, boten miserable Beschallung, organisierten Gedränge und Geschiebe statt Lässigkeit und Toleranz. Statt Lust und Laune Dreck und Müll – mancher prominente und entsprechend teure Live-Act artete in einen Horrortrip aus: Beim Open-Air-

Festival in Altamont (6. 12. 1969), das ein spontanes ‚Wood-stock II' werden sollte, hatte das *Stones*-Management fataler-weise Mitglieder der militanten Rockergang ‚Hell's Angels' als Ordner angeheuert. Die Hundertschaft sollte einerseits die Band auf der Bühne schützen; andererseits aber stand das päd-agogisch waghalsige Bestreben dahinter, die Rocker – potenti-elle Störenfriede – zu integrieren und sie damit auszuschalten. Die neu ernannten Ordnungskräfte nahmen ihren Job ziemlich ernst, gingen mit Schlagstöcken und Lederpeitschen gegen alle Auffälligen vor, die Stimmung war aufgeheizt, ein Hexenkes-sel. Als die *Stones* auf die Bühne kamen, waren sie fast gar nicht mehr zu sehen, denn die Angels-Eskorte hatte sich vor ihnen aufgebaut, um Macht zu demonstrieren. *Mick Jagger* wußte nicht mehr, was überhaupt gespielt wurde. Der junge Farbige Meredith Hunter wurde zusammen mit drei anderen im Tumult vor der Bühne umgebracht – ein Fanal für die frie-denssüchtige Popkultur.

Die *Stones* entkamen diesem Desaster mit dem Helikopter und mit der Hilfe eines Staranwalts, aber die Könige des ag-gressiven Rock waren ins Grübeln gekommen. Den Mord im Rampenlicht kommentierte *Keith Richards* mit düsterem Schweigen, *Jagger* mit dem Satz „Was für eine Schande" und *Charlie Watts* mit dem düsteren Bekenntnis: „Es war alles so seltsam, es war einfach unwirklich ...".

Umjubelte Superstars ohne Zeit, um selbst darüber noch in Ruhe nachzudenken. Fans und Firmen saßen ihnen im Nak-ken, Drogen und Groupies gab's zum Abwinken, sie mußten nur zugreifen, um einen Moment Stille zu simulieren. Erfolgs-verwöhnt und ohne Ideen, müde und einsam trieb es einige derer, die Abend für Abend auf der Bühne das letzte aus sich herauspreßten, ins persönliche Desaster. Auch Keith Richards kann davon zumindest ein Lied singen.

> „Es ist eine Musik aus Rock,
> Blues und Jazz,
> Musik, die sich ständig entwickelt,
> Musik der Zukunft.

Unter keinen Umständen würde ich das
psychedelisch nennen -
eher schon Bach oder Beethoven."
(*Jimi Hendrix*)

Es konnte wohl nicht gutgehen, wenn junge Leute, die keine
Zeit hatten, erwachsen zu werden, auf einen Schlag „be-
rühmter waren als Jesus", wie es John Lennon einmal auf einen
zynischen Nenner gebracht hat. *Jimi Hendrix*, der schwarze
Hexenmeister an der Elektrogitarre, verwandelte Stücke, die er
unter die Finger bekam, in brodelnden, schwarzen Blues-
Rock. *Bob Dylans* Darbietung von ‚All along the Watchtower'
mag ein rhythmisch vielversprechendes Gitarrenintro vorwei-
sen, aber erst *Hendrix* zauberte daraus ein aufwühlendes,
schräges Wunder. Einzig die irische Gitarrenband *U 2* fertigte
in den Neunzigern eine akzeptable Nachdichtung an: Ähnlich
ungehobelt, expressiv, soulig ging die irische Truppe um Sänger
Bono übrigens auch mit ‚Helter Skelter' von den *Beatles* um:
ein wenig *Doors*-Sound, fliegende Gitarrentöne und punkiger
Baß. Und *Jimi Hendrix* zitierten sie ein zweites Mal, diesmal
sogar im Original: Auf ihrer Amerika-Tour 1988 spielte *U 2*
einen Woodstock-Schnipsel ein – ‚Star Spangled Banner'. Obwohl *Bono* „I don't believe in the 60's – the golden Age of
Pop" sang, kamen sie ohne Reminiszenzen an *Lennon* und
Hendrix eben nicht durchs Programm.

Mit martialischem Gitarrensound, peitschenden Eröffnungs-
akkorden und seinem souligen Nuscheln zwischen Singen und
Sprechen hatte *Hendrix* dem Blues eine ungeahnte Dimension
erschlossen. Er setzte dem Power-Blues der Herren *Page*,
Plant, *Glover* oder *Lee* psychedelische Intensität entgegen:
Rückkopplungen, Schwirren, Gequietsche – die ganze Welt auf
sechs Saiten – *Hendrix* war der erste Gitarrenheld mit
Technothrill. Ursprünglich war der junge Mann aus Seattle nahe der kanadischen Grenze von *Wilson Pickett* und *Tina Turner* beeinflußt, aber schon bald machte er aus der Bühne einen
Ort eigenständiger expressiver Showdowns. Er ließ die Gitarre
nicht nur heulen und sägen, sondern je nach Anlaß und Laune

auch in Flammen aufgehen. Ach ja, und er spielte sie bei Bedarf auch hinter seinem Rücken oder mit der Zunge. War es das, was den schüchternen Schwarzen so rasch zum Sex-Symbol aufsteigen ließ?

Hendrix war – anders als *Eric Clapton* – ein wirklicher Rebell zwischen Trip und Gewalt, ein Magier mit diabolischer Ausstrahlung, der Protest und Aufruhr mitformulierte. Aber er kultivierte auch seine melancholischen Wurzeln: Neben ,Hey Joe' – mit dem glasklaren, von hoch oben herabstürzenden Solo – produzierte er immer auch Kleinode wie ,Send my Love to Linda', aufgenommen in einem New Yorker Hotelzimmer.

Er verehrte *Albert King* und *Muddy Waters*, und seine frühen Aufnahmen, die von den Plattenfirmen erst nach seinem Tod hervorgekramt und veröffentlicht wurden, spiegeln die Versuche, aus der Revue dieser Väter den eigenen Stil herauszufiltern. *Jimi Hendrix* hatte nicht viel Zeit. Dem enormen Anspruch an sich selbst entsprachen die künstlerischen Krisen – schon 1970 ging es ziemlich bergab mit ihm. Seine Auftritte wurden glanzlos, seine neue *Band of Gypsies* schaffte den Durchbruch nicht. Zudem war der junge Mann ein wandelnder Giftschrank: Pot, LSD, Heroin, Koks. Er starb am 18. 9. 1970 an einer Mischung von Alkohol und Schlaftabletten.

Viele Jahre nach ihrem Tod fügen sich die Popstars in die kommunalen Ahnengalerien mit den prominenten Söhnen der Stadt ein. Die Verwaltungen entdecken die nunmehr ungefährlichen Idole und genehmigen ihnen aus Nostalgie und Geschäftssinn den einen oder anderen Gedenkstein. In Orten, die kaum einer kennt, schmückt sich heutzutage das Fremdenverkehrsbüro mit Pop-Prominenz. Waren bislang Mitglieder der bürgerlichen Hochkultur als kommunale Sympathieträger gebucht – Goethe in Weimar, Heinrich Vogeler in Worpswede, Franz Kafka in Prag, Thomas Mann in Lübeck, *Franz Schubert* in Wien, Hermann Hesse am Lago Maggiore, die Alternativkultur der Jahrhundertwende auf dem Monte Verita über Ascona – jetzt sind die Popstars am Zug: Auf der Ostseeinsel Fehmarn, wo er, 12 Tage vor seinem Tod, beim Insel-Leuchtturm Flügge 20000 Fans beglückt hatte, wurde *Hendrix* ein

Gedenkstein zugesprochen – 25 Jahre später. Liverpools Fremdenverkehrsbranche zehrt vom Mythos der *Beatles*, bietet die Magical-Mystery-Tour im Doppeldeckerbus; der Besuch der US-Provinzstadt Memphis gehört zum Pflichtprogramm des USA-Pop-Touristen. Im September 1995 öffnete die ‚Hall of Fame‘, die Ruhmeshalle des Rock’n’Roll, ein Sarglager für die musikalischen Umstürzler der letzten fünf Jahrzehnte. Knapp 130 Millionen Mark kostete das Bauwerk, in dem *Chuck Berry*, *Fats Domino*, *Elvis Presley*, *Little Richard*, *Bill Haley*, die *Beatles*, *Bob Dylan*, die *Doors*, die *Stones* und natürlich auch *Jimi Hendrix* geehrt werden – nach vierzig Jahren erlangte die Popkultur Museumsreife.

> „Strange Days have found us
> Strange Days have tracked us down
> They’re going to destroy
> Our casual joys
> We shall go on playing or find a new Town
> Yeah!“
> (*Jim Morrison*)

Als *Jim Morrison* 1963 als Zwanzigjähriger von Florida nach Los Angeles zog, um sich an der Filmhochschule zu immatrikulieren, verfaßte er „Kinogedichte“ und schwärmte für europäische Literaten, für Aldous Huxley und Antonin Artaud. Schräge Randfiguren und Provokateure der Poesie faszinierten den jungen Mann, dessen Vater Admiral in der US- Army war. In der Musik, die er ab 1965 zusammen mit dem Keyboarder *Ray Manzarek*, der vom Jazz her kam, kreierte, dehnten die beiden bald ihre Grenzen aus. Ihr erster Hit ‚Light my Fire‘ war noch ein harmloses Geplänkel wie auch ‚Soul Kitchen‘ oder der Blues-Klassiker ‚Back Door Man‘. Aber das Blatt sollte sich wenden. Mit ‚Take it as it comes‘ und ‚Break on through (to the other Side)‘ schufen sich die *Doors* einen ganz eigenen Sound. Da klang etwas an, das im Pop bis dahin keinen Platz gehabt hatte: *Kurt Weills* und Bert Brechts ‚Alabama Song‘ wurde nicht durch den Kakao gezogen, sondern respektabel zitiert und machte die schöne Zeile „Show me the Way to the next Whiskey Bar" zum Pop-Gassenhauer. Nach *Sibelius* und *Bach*, die von *The Nice* und *Ekseption* verwurstet worden waren, kamen nun die Klassiker des 20. Jahrhunderts an die Reihe – aber diese Auseinandersetzung mit europäischer Kultur sollte ein amerikanischer Sonderfall bleiben.

Der *Doors*-Sound lebte aus der geschickten Mischung von leisem Psychedelic-Rauschen und heftigen Rockbeats. Alles klang ein wenig versponnen, ungelenk, improvisiert: ‚Love her Madly' ebenso wie ‚Riders On The Storm'. *Manzareks* Schweineorgel piepste kläglich, gab sich leicht angejazzt, von der zeittypischen Hammond-Schwere keine Spur. *Robbie Kriegers* Gitarre blieb schwebend-psychedelisch, das Schlagzeug nahm sich ganz zurück, um für *Morrisons* rauchigen Bariton Platz zu lassen. Der konnte wie in ‚Crystal Ship' zärtlich erzählen oder wie in ‚The End' um sein Leben schreien. Mit ‚Father, I want to kill you', ‚Mother I want to .... you' beschrie er darin seine eigene ödipale Apokalypse, und die Gemeinde las obendrein eine Metapher auf den Vietnamkrieg heraus.

> „It hurts to set you free
> But you'll never follow me
> The end of laughter and soft lies
> The end of nights we tried to die.
> This is the end."
> (*The Doors*, ‚The End')

U-Bahn-Station Père Lachaise, Paris. Am Schnittpunkt der Avenue Gambetta und des Boulevard de Menilmontant. Zu *Morrisons* Grab auf dem Friedhof Père Lachaise pilgern jährlich Tausende von Kids aus aller Welt, um Blumen und Feuerzeuge, Weinflaschen und Bierdosen zu deponieren oder sich mit einem sinnigen Graffiti dort zu verewigen, wo die Vorgänger noch Platz gelassen haben: „Zur Allée Morrison", „Jim – Jim – Jim", „die Zeiten sind hart und die Trips teuer", „When the Music's over". Die Fans führen Dialoge mit dem Verstorbenen, klettern über die Mauern, sitzen bei Kerzenschein um

Abb. 9: „Break on through to the other Side" – seit 1971 kritzeln Fans massenhaft Adieus um das Grab des Doors-Sängers Jim Morrison auf dem Pariser Friedhof Père Lachaise; eine Totenstadt, die nicht durch den Romancier Marcel Proust oder den Komponisten Frédéric Chopin, sondern durch einen amerikanischen Popstar zum Wallfahrtsort wurde.

den Grabstein des Stars herum, saufen oder kiffen, glauben, daß der Tote mit ihnen spricht, sie mit ihm oder wenigstens über ihn. *Jerry Garcia*, die Kultfigur der *Greatful Dead*, kann man hingegen seit seinem Tod postmodern im „Cyberspace Memorial" via Internet betrauern. Unter der Signatur rec.music.gdead können im elektronischen Dorf Beileidsbekundungen abgesondert werden ...

Morrison war im Sommer 1971 nach Paris gekommen, um an einem Filmdrehbuch zu arbeiten, er wollte neben der Musik auch das Kino erobern. Auf der Bühne und am Mikrofon hatte sich der anfangs dickliche Junge längst freigestrampelt, seine Show war Legende; auch ihm, dem schüchternen Offizierssohn, kamen die Drogen dabei zu Hilfe. Als lasziver dunkelhaariger Lockenvamp kleidete er sich in schwarzes Leder und schürzte dazu die Lippen, ließ sich mit nacktem Oberkörper und Schlafzimmerblick ablichten und auf der Bühne auch mal die Hosen 'runter. Klar, daß sexuelle Provokationen in Amerika Ärger nach sich zogen: Nach einem Auftritt am 1. März 1969 in Miami wurde der Popsänger wegen „unzüchtigen Verhaltens in der Öffentlichkeit" angezeigt. Dabei hatte er doch nur von dem gesungen, wovon alle träumten – Befreiung und Bewußtseinserweiterung – hatte seine Texte aus Rimbaud-, Hesse- und Nietzscheversatzstücken und aus einer Prise Voodoo zusammengeschrieben und sich dabei mal eben zwischen die Beine gefaßt. Die intellektuellen Hippies waren vom „Lyrical Gangsta" (wie ihn fast dreißig Jahre später *Ini Kamoze* besingt) begeistert, und dann wälzte sich der Ledermann auch noch auf den Bühnenbrettern herum und tönte dazu mit weicher, sinnlicher Stimme. *Morrison* wurde nicht nur zum Rockpoeten für Anspruchsvolle, sondern auch noch zum Erotikidol à la James Dean. Wie würde er heute damit umgehen, daß ‚Riders in the Storm' den amerikanischen Soldaten im Golfkrieg als Durchhaltemuzak im Soldatenfunk vorgespielt wurde? Was würde er Francis Ford Coppola erzählt haben, als der Regisseur ‚The End' in den Soundtrack seines zwiespältigen Anti-Vietnam-Films einbaute?

Supergruppen und Stilchaoten

Nach dem ersten Jahrzehnt der Ekstase, nach Tanzlust und Politisierung schlug ein Teil der Popszene noch einmal neue Wege ein. Aggressiv und kompromißlos. Allerorten anerkannt und einigermaßen geläutert, konnten die Musiker alles riskieren – die Geschäftsbedingungen lagen offen, die Plattenfirmen produzierten fast alles, was Erfolg versprach, Hauptsache, neuer Sound, origineller Stil, unverbrauchte Gesichter. Die Tanzwut um den Rock'n'Roll war ausgereizt, die komplexen *Beatles*-Kompositionen klangen mehr nach Technik als nach Gefühl. Räucherstäbchen schwängerten die Luft, die Hippies suchten ihre Identität in der Meditation, bei Konzerten kauerte man am Boden und lauschte versunken. Innere Filme trieben nach oben – und der Blues, der Born aller *Stones* & Epigonen, bekam ein neues Gesicht: durch *Led Zeppelin*, eine Londoner Band, die Ende 1968 als Neuauflage der *Yardbirds* gegründet wurde und aus der – in selbstgewählter Abgrenzung vom Hard Rock à la *Deep Purple* – die erste bedeutsame Heavy-Rock-Combo werden sollte. *Led Zeppelin* spielte harten Blues, der sich nicht um harmonische Übergänge bemühte, sondern auf der Abfolge radikaler Beschleunigungen basierte. *Robert Plant* stammte aus *Alexis Korners* Songgruppe, schwang sich als erster weißer Rocksänger in schwindelnde Kopfton-Höhen auf und kreierte den noch heute üblichen Heavy-Metal-Gesang. *Plant* schrieb damit ein Stück Popgeschichte und findet immer noch Nachahmer – etwa bei *Jack Russel* von *Great White*. Während die *Beatles* mit vielen Newcomer-Kollegen zu Softies im Anzug gestylt worden waren, gab *Plant*, ähnlich wie *Roger Daltrey* von *The Who*, den Macho mit Löwenmähne.

Langhaarige Tenöre in Unterhemden und hautengen Hosen, die sich beim Singen zu den höchsten Tönen verstiegen, die jammern, flehen und fordern konnten – solche Kerle überlebten in diesem Business. „Hard'n'Heavy"-Nächte, zu denen *Led Zeppelin* heute neben *Uriah Heep*, *Van Halen*, den *Scorpions* die eine oder andere Musikkonserve beisteuern, wurden zum Dauerbrenner, über mehr als zwei Jahrzehnte.

Jimmy Page war als einer der begehrtesten Sessiongitarristen für die *Stones* und für *Joe Cocker* aktiv gewesen, bevor er mit *Plant* kollaborierte. Von ihm stammen die unnachahmlich schönen akustischen Gitarrenintros zu ‚Baby, I'm gonna leave you' oder ‚Stairway to Heaven'. Zu Beginn mancher ihrer Songs gingen die Heavy-Rocker gefühlig mit *Willie-Dixon*-Standards um, die sie langsam anlaufen ließen, bevor sie in der zweiten Hälfte des Liedes satten Speed-Rock daraus machten. *Page* fand sich auch in vertrackten Rhythmen zurecht, ihm war kein Dribbling fremd, von ihm stammt neben den akustischen Starts auch die einmalige Eröffnungssequenz von ‚Whole lotta Love', dem Faschingshit des Jahres 1970 in Deutschland – und das trotz des teuflisch psychedelischen Schlagzeugsolos in der Mitte. Den Anfang machte ein Gitarrenriff, das an *Muddy Waters'* ‚Hoochie Coochie Man' erinnerte, doch *Page* gab diesen paar Tönen – schon bevor *John Bonhams* knatternde Drums einsetzen – einen solchen Schub, daß eine völlig andere Atmosphäre entstand. ,Whole lotta Love' ist das Paradebeispiel einer stilistischen Umdeutung: Aus dem Blues wurde explosiver Heavy-Rock in trockenem, hartem Sound. Selbst wer sich im puren Akustik-Paradies wähnte und nur *Pages* Gezupfe und *Plants* Gesang wahrhaben wollte, wurde mit Sicherheit bald aufgeschreckt. Die Drums schlugen ein, oder die Songs, die weichgespült ansetzten, steigerten sich wie bei ,Baby I'm gonna leave you' zum Furioso. Musik in Wellen, schon leicht psychedelisch versetzt, zehnminütige Exkursionen, bestens zum Kiffen und für die Pop-Lightshow geeignet. ,Stairway to Heaven' steht noch heute auf jeder Hörerwunschliste der Radiosender, vornehmlich in den Weihnachtsfeiertagen, und nicht nur, weil sich da mal gerade vieles um den Himmel dreht. Diese leise hinunterkletternden Gitarrenakkorde, die klare Melodie, die auch nach zwanzig Jahren noch nicht aus dem Kopf will, begeistert bis heute. Und das, obwohl *Led Zeppelin* auch dieses Meisterstück nicht „in Ruhe" ausklingen lassen konnten: Nach zwei Minuten Atempause mündet das Werk in einen wahren Wolkenbruch.

Gegenwärtig, vierzehn Jahre nach der Auflösung von *Led Zeppelin*, sind *Page & Plant* wieder unterwegs. Der Musikkanal ,MTV' hat die beiden Heroen wieder zusammengebracht, indem er das Duo zur Akustik-Serie „Unplugged" einlud – in diesem Fall sinnigerweise zu „Unledded". *Eric Clapton*, *Sting* und *Nirvana* hatten bereits zuvor ohne große Verstärkertürme in Clubatmosphäre Auftritte ohne Budenzauber absolviert. Das Duo *Page/Plant* inspirierte der Gig dagegen zu einem völlig neuen Projekt: In Afrika und in Londoner Studios umgaben sich die halb vergessenen Blues-Recken mit Musikern aus Marrakesch und Ägypten, um an der Weltmusik-Story weiterzutexten. Sicher nicht unbeeinflußt vom Erfolg *Paul Simons*, *Peter Gabriels* oder *Youssou N'Dours*, die Ethno-Pop hitparadenfähig gemacht hatten, entstand ein experimentelles Album: Exotische afrikanische Rhythmen mischen sich mit *Pages* vergleichsweise zurückgenommener Gitarre, *Plant* ruft und antwortet selbst, die beiden Oldies aus der Heavy-Blues-Ecke lassen sich treiben und inspirieren. Und natürlich gibt es auch, wie einst, Blues vom Feinsten: mit ‚Since I've been lovin' you', das immer noch authentisch klingt. Die Musik kommt laut, schnell und gewaltig, soll im Sprint alle Altersgebrechen wegfegen. Umso furchtbarer sah es aus, wenn der Körper nicht mehr so wollte wie der Geist: Als sich *Ian Gillan* von *Deep Purple* wieder auf Tour wagte, mußte er sich mit Bauch und Doppelkinn plagen. Wie hat es doch *Robert Plant* – auch er traute sich Mitte der Neunziger wieder auf Tour – in einem Text so flüssig formuliert: „Squeeze me, Baby, till the juice runs down my legs ..." aber das ist verdammt lang her.

Neben *Steve Winwood* und *Led Zeppelin*, *Georgie Fame* und *Jimmy Smith* war die Hammond-Orgel in den Siebzigern auch denjenigen in die Hände gefallen, die zuvor unter sakralen Klängen und klassischen Erziehungsmustern gelitten haben mußten. Kirchgänger wie Konfirmanten erblickten im Pop ihre Chance und begehrten auf: Viele wollten die bislang unangetastete E-Musik in Stücke reißen. Heute geraten *Bob Marley*- und *Ella Fitzgerald*-Zitate in den Reißwolf der Sampling-Sadisten, damals wollte sich der Pop unbedingt am klassischen Drill rächen und dazu *Bach* veräppeln.

Zwischen 1967 und 1970 ging *The Nice*, das Trio um *Keith Emerson*, besonders gründlich gegen das dritte ‚Brandenburgische Konzert' und gegen *Sibelius'* ‚Karelia-Suite' vor und trieb diese heiligen Melodien ins Popgewässer. Auch jene Holländer, die sich um den witzigen Organisten *Rick van der Linden* zu *Ekseption* formiert hatten, verballhornten munter drauflos: *Beethovens* Fünfte etwa, und manch anderen Klassik-Hit, doch das Ergebnis wirkte bemüht und halbherzig. Das weltberühmte „Ta-ta-ta-taaa" klaute die Band übrigens von einer bekannten Plattenaufnahme, denn das für die Session vorgesehene Orchester, die *Nordholländische Philharmonie*, lehnte es ab, mit der Poptruppe dergleichen im Studio aufzuspielen. *Ekseption* blieb auf halbem Wege stecken, die Klassik wurde lediglich verballhornt, aber dabei nicht wirklich umgedeutet.

Bei *The Nice* gerieten die Altvorderen dagegen so richtig unter die Soundräder, hier ging es der Musik des Leipziger Kantors kräftig an die Harmonien. *Keith Emerson* entlockte seiner Hammond zerrige, blubbernde Töne, zupfte ab und zu an der Hallspirale oder quälte das Instrument mit einem Messer, als wolle er in dieser Show die klassischen Vorlagen, die er selbst ausgewählt hatte, mit aller Macht vernichten.

Trotz aller Zerstörungswut war Liebe im Spiel: Der Mann an den Tasten entwickelte aus den klassischen Melodiebögen zündende Jazzimprovisationen, die auch von Baß und Schlagzeug beantwortet wurden. Atemberaubend das ‚Rondo' und die Version von *Leonard Bernsteins* ‚Westside-Story'-Hit ‚America', die immerhin vier Monate lang ganz oben in den Charts zu finden war. Klar, daß die Truppe den Song mit dem Vietnamkrieg in Verbindung brachte und in dem Instrumentalstück schwere Kritik an der US-Regierung anzubringen versuchte – das erforderte schon der Zeitgeist. Am Ende brabbelt ein Kind etwas über die von den Einwanderern ermordeten Ureinwohner, am Anfang knallen Schüsse und Peitschenhiebe in die Kirchenorgel. Beides soll auf die traurige Geschichte christlicher Sklavenhalterei verweisen, dann erst hämmert die Gitarre das Amerika-Thema hinein.

Die ambitionierten Klassikverächter gaben sich jedoch nicht damit zufrieden, Zitate aus Barock, Neo-Romantik oder Musical zu verballhornen, sie stellten auch gleich ihre eigenen Werke daneben. *Emerson, Lake & Palmer* trieben es mit *Copelands* ‚Fanfare' oder *Ginasteras* erstem Klavierkonzert auf die Spitze. Eine schwere Synthesizer-Klangorgie brach über den Hörer herein, eine technisch bestens präparierte Band probierte ihr Elektro-Spielzeug aus, es gluckst und sägt, walzt und fiept. Daneben steht unvermittelt eine Schnulze wie ‚Lucky Man' und der Oldie ‚Peter Gunn' in der Computer-Gitarren-Version – *ELP* konnte sich nicht mehr entscheiden. Die Musikanten hatten nicht nur gelernt, daß Pop eine ausgesprochen vergängliche Angelegenheit war, sondern auch, daß alle Musikkulturen der Vergangenheit zur Disposition standen. Der Entwurf der Klassik-Verwurster entsprang nicht nur den Rachegelüsten frustrierter Musikschüler, sondern auch dem Wunsch nach Ewigkeit, nach der Ewigkeit ihrer Kunst. So thronten sie auf oder neben riesigen Instrumenten- und Schlagzeugtürmen, ließen sich vor Monumentalbauten fotografieren und zeigten auf ihren Covers schweres Kriegsgerät wie Panzer oder Ozeandampfer. Pop war für sie kein Kinderspiel mehr, sondern eine Kultur für Monumentalisten und Schwerblüter.

Pink Floyd, ursprünglich eine Rhythm & Blues-Band aus London, sollte aus Radioschnipseln und dem Sounderbe solcher Ozeanriesen bald eine besonders illustre Mischung herstellen: Pop, der kein Ende mehr fand. Soundschwelgereien der nächsten Dimension, mit dem Ziel, Versenkung, Meditation und Trip zu untermalen. „Die Leute waren voll auf Droge und haben alles mitgemacht", gestand *David Gilmour* 1995, „eine Stunde Gitarrenfeedback, das haben sie geliebt" (‚Spiegel' 22/1995).

Pink Floyd schwärmte für ein surreales Utopia und begeisterte zunächst nur ein paar Einzelne, dann jedoch ein paar Millionen. Die heutigen Großverdiener der Branche, die mit ‚The Wall' kurz nach dem Fall der Mauer auf dem Potsdamer Platz in Berlin auftraten, hatten 1969 die Säle in zwanzig Minuten leer gespielt, wenn sie mal nicht vor ihren Londoner Fans auftraten. Die *Floyd*-Subkultur schien zunächst keine Musik für den Massengeschmack zu sein, doch das sollte sich ändern, als der Trip zum Alltag wurde; eine ganze Generation liebte ‚Ummagumma' und ‚A Saucerful of Secrets' und reichte sich beim Hören die Joints herum. *Pink Floyds* Fantasy-Pop gab vor, die Sinne zu fordern. Schon die Cover der Band gaben Rätsel auf. Auf ‚Wish you were here' reichen sich zwei Roboter die Maschinen-Hände, innen darf man ein an Giorgio de Chiricos Surrealismus angelehntes Bild betrachten: Wieder schütteln sich zwei die Hand, zwei Herren im Anzug vor einer Industriekulisse – der Anzug des einen steht in Flammen.

Pink Floyd-Musik bestand aus aneinandergeklebten Etuden, nicht mal *David Gilmours* ausgreifende Gitarrensoli konnten diese Elegien zusammenhalten. Collagen aus Schwirren und Trance, Filmmusik, Klangexperimente. Erst später entstanden wie bei ‚Shine on, you crazy Diamond' aus dem Experimentaltrip herausgefilterte, auskomponierte Songs. Ein dicker Synthesizerakkord eröffnet ‚Wish you were here' (1975), bevor *Gilmours* weich eingestellte Gitarre sanft hineintupft. Die Ouvertüre verlöscht, einige Gitarrentöne fachen die große Schlagzeugsteigerung an und machen einen Song daraus, treiben das Stück in Dur, und noch immer singt kein Mensch. Minutenlange Instrumentalmusik, die sich selbst überlassen bleibt. Stimme, Gesang, Melodie bedeuteten nichts, nach sage und schreibe acht Minuten kommt endlich der Refrain „Shine on, you Crazy Diamond".

Mitte der Siebziger fiel vor diesen Soundgiganten allerdings langsam der Vorhang. Symptomatisch dafür war auch das Schicksal von *Colosseum*. Die Band versuchte, klassische Kompositionsmuster auf den Pop zu transponieren, aber dieser Übergang bereitete Probleme. Seinerzeit überzeugte die Combo mit einem mächtig experimentellen Konzeptalbum, der ‚Valentyne Suite' (1969). Als *Colosseum* in alter Besetzung 25 Jahre später die Säle mit Nostalgikern füllte, war allerdings starker Abrieb und Verschleiß spürbar. Dieses Opus erwies sich als schwer zusammengeschustertes, pappiges Werk; einmal ist kaum motivische Arbeit zu erkennen; Breaks und Effekte wechselten sich unverbunden ab, rasende Soli wurden von unvermittelt dastehenden Gesangspassagen abgelöst. Die Band agierte an diesem Abend so organisiert konfus, daß *Chris Farlowe*, ein durchaus begnadeter Bluessänger, sehr lange beschäftigungslos herumirrte oder sich in die Katakomben verkrümelte.

Ziemlich selbstbewußt, aber durchsichtiger, klar durchkomponiert ging in den frühen Siebzigern die Hard Rock-Combo *Deep Purple* ans Werk. Auf dem Cover ihres Erfolgs-Albums ‚Deep Purple in Rock' ließen sich die Herren *Blackmore*, *Lord*, *Glover*, *Paice* und *Gillan* – den überdimensionierten Köpfen der amerikanischen Präsidenten ironisch nachempfunden – in Stein gehauen abbilden. Die nächsten mit dem Ewigkeitswunsch. Aus der sakralen Ballade ‚Sweet Child in Time' entwickelten *Jon Lord* und *Richie Blackmore* 1972 live in Japan

Abb. 10: „Sweet Child in Time" – nachdem die Urformation von Deep Purple 1974 geplatzt war, beschritt der exzentrische Gitarrist Richie Blackmore Solopfade. ‚Since you've been gone' bescherte dem Rest der Band allerdings nur bescheidenen Erfolg. ‚Speed King' durfte Blackmore 1993 noch einmal mit den alten Kumpanen spielen, doch die Welttournee endete im Desaster.

ein Feuerwerk der Rhythmen, Soli und Motive: eine Prise aus *Ravels* ‚Bolero', fernöstliche Harmonien, die *Lord* mit der Orgel beisteuerte und die vom Schlagzeug inspiriert schienen, schließlich ein Hochgeschwindigkeitssolo von *Richie Black-more*, bevor die Briten das Stück wieder ins Anfangstempo zurücksinken ließen und *Ian Gillans* Stimme das letzte Wort überließen. ,Speed King' und ,Sweet Child in Time' kann der High-End-Freak heute anläßlich der Silberhochzeit der Band „digitally remastered" genießen – ein Begleitbüchlein gibt's neben Bonus-Tracks obendrein.

Die Hard Rock-Nummern aus der mittleren Periode dieser Band wurden extrem ausgefeilt dargeboten: Chromatisches Hin- und Herklettern an der Oberfläche, Rhythmusarbeit im Untergrund. Selbst in den ausgedehnten Improvisationen ritt das Quintett nicht auf ein oder zwei Akkorden herum, sondern leistete harmonische und dynamische Arbeit, auch wenn *Ian Gillan* später glaubte, durch enorm hohes Gewimmer seine Stimmbänder zersingen zu müssen. Mit *Ian Paices* Schlagzeugspiel brachte die Combo darüber hinaus auch Breaks und Schlüsse hervor, von denen Nachfolger wie *Van Halen* oder *Bon Jovi* nur träumen können.

Die Ansagen der Band hatten 1972 auch nichts Kraftmeierisches oder Einpeitschendes an sich; geradezu beiläufig kündigte *Gillan* ,Smoke on the Water' an. In ,Strange Kind of Woman' ist zwar noch eine Blueswurzel zu spüren, aber im Grunde verfertigte *Deep Purple* selbständige Hard Rock-Suiten. *Jon Lord* hatte nach dem Musikstudium bereits bei *Machine Head* und den *Flower Pot Men* die Tasten bedient, Exzentriker *Blackmore* war schon ab fünfzehn ein ausgezeichneter Gitarrist und mit allen möglichen Truppen durch halb Europa getourt. Mit der ihm eigenen Frechheit erklärte er damals jedem, der es hören wollte, daß er sich für den Größten hielt: „Ich bin so lange im Geschäft, daß ich den meisten Gitarristen heutzutage den Arsch abspielen kann."

Die Biographie *Lords* ist ein wunderbares Exempel für „die Rache der Musikschüler". Über Jahre war er vom Traum besessen, ein Konzert für Sinfonieorchester und Hard Rock-Band auf die Beine zu stellen. 1971 konnte er den lange gereiften Plan mit der ,Gemini-Suite' in die Tat umsetzen – ein ebenso epochemachendes wie merkwürdiges Zusammentreffen.

Der Tasten-Virtuose erfüllte sich seinen Herzenswunsch, und gab auch nicht auf, nachdem sich *Deep Purple* 1973 umbesetzt hatten; er fusionierte mit dem ambitionierten Münchner Dirigenten *Eberhard Schoener*, dem auf andere Weise am Überleben der Klassik in der übermächtigen Popkultur gelegen war. ,Windows' entstand, ein Nachfolgewerk der ,Gemini-Suite', auf der sich trotz diverser Abstimmungsschwierigkeiten zwischen Klangkörper und Verstärkersounds immerhin einige Ohrwürmer befanden.

Zwei Jahre später produzierte *Lord* mit dem mutigen Münchner und der *Philharmonia Hungarica*, die vom Einspielen aller 104 *Haydn*-Sinfonien die Nase voll hatte, ,Sarabande', eine klassische opernorientierte Suite.

Ganz anders, nämlich in schweren Synthesizerphantasien wühlend, gaben sich – zumindest auf ihren beiden ersten LPs – *King Crimson. Greg Lake* und *Robert Fripp* luden als apokalyptische Hofschranzen zu einer psychedelischen Party ins 21. Jahrhundert ein: ,21st Century Schizoid Man Including Mirrors' hieß die Station der widerborstig-intellektualisierten Mini-Science-Fiction-Platte mit dem aufregenden Cover von Barry Godber, auf dem eine Fratze mit offenem Mund zu sehen war. Angeregt war dieses Trip-Cover vom italienischen Fantasy-Garten in Bomarzo. Der existiert noch heute neben der Schnellstraße, die von Umbrien durchs Tibertal nach Rom führt, mittlerweile gibt es bei Grosseto, eine Neuauflage dieses romantisch-manieristischen Fantasy-Geländes: den Tarot-Park der Schweizer Künstlerin Niki de Saint Phalle. *King Crimson* beflügelte die Phantasie indes vor allem mit Musik, mit düsteren Mellotron-Streichern, mit zerrigen Phasing-Gesängen und atemberaubenden Breaks in schwindelnde Höhen. Popmusik, die nicht mehr von dieser Welt zu sein schien, sondern Musik aus fernen Science-Fiction Regionen.

Anders als *Led Zeppelin* oder *Deep Purple* opponierte *King Crimson* gegen die Heavy-Fraktion, *Robert Fripps* Combo spielte in einer Liga mit den jazzorientierten Filigrantechnikern von *Colosseum*, kreuzte Kitsch und Kunst, Jazz und Art-Pop. Blues dagegen war bei ihnen tabu. *Fripps* Soli klangen kühl und schräg, nie bluesig oder gar heavy – eher ein *Al DiMeola* des Pop als ein *Richie Blackmore*. Die Gruppe kultivierte zwar den monströsen Sinfonie-Schluß, streute aber – zumindest zu Anfang ihrer Karriere – jede Menge leichter lyrischer Momente ein, seichter Lay Back-Pop zum Träumen wie ‚I talk to the Wind‘. Als hätten sich die Musikanten bei den anderen Acht-Minuten-Stücken restlos verausgabt, fielen diese Breitwand-Balladen mit Querflöte und *Greg Lakes* glattem Gesang allerdings entsprechend flach aus. *King Crimson* produzierte Kopfmusik, die Intensität und Emotionalität von ‚Baby I’m gonna leave you‘ oder ‚Sweet Child in Time‘ erreichten die Künstler aus London nie. Den Avantgardisten des Surrealistic-Pop stand ihr Kunstanspruch im Weg, für wahres Gefühl blieb kein Platz – sie hatten ihre Ziele anders gesteckt, weit jenseits vom Lebensgefühl der Mainstream- und der Hard- bzw. Heavy-Rocker.

Märchenrock und Steinzeitparties

Ein letztes Echo dieses Pop-Zweiges sollte *Genesis* bilden, wiederum eine Londoner Band, die in den frühen Siebzigern mit einer theaterhaften Bühnenshow von sich reden machte. Textlich surreal bis schwülstig, präsentierte das Quintett um *Peter Gabriel* eine bis ins Feinste arrangierte Popmusik, die sich mindestens auf ‚Sergeant Pepper‘ und die Rockoper ‚Tommy‘ bezog, wenn nicht auf klassische Großformen des 20. Jahrhunderts. *Peter Gabriel* wollte als *André Heller* des Pop die Zuschauer in eine integrierte Phantasiewelt entführen. Trotz dieser Verstiegenheit gehört ‚The Lamb lies down on Broadway‘ (1974) zu den spannenden Alben dieser Ära der Popgeschichte. *Genesis* waren schließlich die einzigen, die den Art-Rock noch in die späten Siebziger hinüberretten konnten – freilich ohne ihren begnadeten Frontmann und um den Preis der Originalität.

‚The Lamb lies down on Broadway‘ war ein Popmärchen, das die Geschichte von Rael erzählte, der prompt erblindet

(*Pete Townshend* läßt grüßen), geheilt wird, durch diverse Tümpel und Seen paddelt, bis er endlich seinem Spiegelbild begegnet – dann ist alles wieder heil & eins und die Show ist vorbei. Anders als *King Crimson* oder *Pink Floyd* brachte das Quartett eine neue Form der Rockoper zustande. *Und* nahm den Videoclip voraus, indem es eine grelle Diashow zum Gig bot. Auch stilistisch gab es sich clever: Neben den schweren Intermezzi packte es immer wieder kleine hübsche Popstückchen wie ‚Counting on Time‘ oder ‚Carpet Crawl‘ dazwischen. *Peter Gabriels* verphaster Gesang machte den *Genesis*-Sound unverkennbar. Die Platte vermittelte trotz zahlreicher Kitschmomente eine enorme Energie, weil sie letztlich die Balance zwischen eingängigem Popsong und verschachtelten Zwischenspielen zu halten wußte.

Danach gingen die Wege der Bandmitglieder auseinander. *Peter Gabriel* sollte 1986 sein erfolgreiches Album ‚US‘ produzieren und einen Hit wie ‚Sledgehammer‘ in die Hitlisten führen und immer wieder Neues ausprobieren, quer durch die Weltmusik und als Vorreiter der CD-Rom, Mike Rutherford gründete *Mike & the Mechanics* und tingelte hier und da durch die Charts, *Phil Collins* dagegen sollte sich vom mäßig bedeutenden Schlagzeuger zum gesichtslosen Superstar emanzipieren. ‚In the Air tonight‘ wurde neben ‚Another Day in Paradise‘ ein Welterfolg, obwohl doch der Mann mit dem Aussehen eines Supermarkt-Filialleiters so gar nichts vom Popstar an sich hat. Inzwischen sitzt der Vermarkter erzromantischen Pops (‚Groovy Kind of Love‘ war übrigens geklaut) an den Hebeln der Medienmacht, und es scheint fast so, als tue er seinen alten Kumpanen ab und zu einen Gefallen, wenn er wieder auf einer *Genesis*-Scheibe in Erscheinung tritt. Die klingt dann genauso wie das letzte *Collins*-Produkt und verkauft sich prächtig.

Collins verdankte übrigens seinen ersten Solohit einer berühmten Soul-Vorlage: Mit ‚You can’t hurry Love‘ räumte der biedere Brite, der heute neben *Elton John* und *Eric Clapton* zu den zwanzig britischen Unternehmern gehört, die mehr als 13 Millionen Pfund pro Jahr umsetzen, Anfang der Achtziger ab; es handelte sich um eine fast unverändert nachgespielte, weiße

Coverversion des *Supremes*-Hits aus dem Jahr 1966. *Peter Gabriel* war sich zu schade zum Covern, er richtete sich lieber sein Studio ein und gab sich politisierten Weltmusikträumereien hin. *Youssou N'Dour* hatte zwar auch schon mit ihm Platten produziert, war letztlich sogar *Peter Gabriels* Entdeckung, aber der große Erfolg des Afrikaners stellte sich erst mit *Neneh Cherry* ein. Merke: Auch das spannende Wandern zwischen den Kulturen braucht gefällige Zugpferdchen.

Genesis verpoppte, *Deep Purple* existierte zwar offiziell bis zur mißratenen Revival-Welttournee 1993 (die Urbesetzung hatte sich 1976 aufgelöst), andere Schwergewichte schwenkten um: Bad & ugly mußte alles sein, und – die Anlagen wurden *noch* lauter aufgedreht. *Black Sabbath* hatte sich 1970 nach einem Horrorfilm mit Frankenstein-Darsteller Boris Karloff benannt und sich mit Kreuzen und Satanssymbolen behängt, um noch vor *Alice Cooper* mit Gruselrock zu provozieren. Sänger *Ozzy Osbourne* war der Meinung, daß Amerika das „satanischste Land der Welt" sei – prompt verbuchte die schwarzgewandete Band aus dem britischen Birmingham mit ihren überlauten Exerzitien gerade dort ihren größten Erfolg. Mit ihrem 25. Album ‚Forbidden' gingen die angegrauten Satanisten Mitte der Neunziger erneut auf Tour, Gründungsvater *Tony Iommi* favorisierte unbeirrt seine alte Gitarrenshow und den „einfachen, rauhen Sound". Daß sich ein Fan nach tagelanger Selbstberieselung mit ihrem Song ‚Suicide Solution' tatsächlich umbrachte, war da bereits längst vergeben und vergessen. Rauh und deftig, vor allem aber augenzwinkernd und aufwühlend geht es seit langem bei *Meatloaf* zu. Denn dieser drollige Grenzgänger weiß mit Songs wie ‚Bat out of Hell' oder ‚I'd do anything for Love' zwischen kitschigem Rührstück und Hard & Heavy zu vermitteln. Seit seinem verschwitzten Auftritt in der ‚Rocky Horror Picture Show' (1976) liebten viele den dikken Sangesbruder; als er – nach heftiger Diät ziemlich abgespeckt – fünfzehn Jahre später ein Comeback startete, hatten ihn die Fans noch nicht vergessen.

Lemmy Kilminster von *Motörhead* raunzte zu Beginn jedes Auftritts „We are Motörhead and we are Rock'n'Roll", ein

Klischee, mit dem der fast Zahnlose die dritte Heavy-Generation Ende der Siebziger anzog. Der Ex-Roadie von *Jimi Hendrix* mit dem Trash-Image wollte die Puppen tanzen lassen, solange er sich auf den Beinen halten konnte. Die Nachricht: Dröhnung, Dosenbier und meistens Kopfweh. *Angus Young* von *AC/DC* – inzwischen auch schon vierzig Jahre alt – machte den Pennäler-Anzug mit kurzen Hosen bühnenfähig, *Guns n' Roses* mit *Axl Rose* in der Hauptrolle machten sogar Heavy Metal zu einer Erotik-Animation.

Der Begriff „Heavy Metal" fußt übrigens auf einer Kette von merkwürdigen Verknüpfungen: Der schon von den Beatniks verehrte greise Underground-Poet William S. Burroughs ließ in seinem Roman ‚Naked Lunch' – ein Kultbuch der Rockszene, auch *Steely Dan* taufte sich nach einer Romanfigur – einen „Heavy-Metal-Thunder" donnern, die Hippie-Band *Steppenwolf* griff dieses Zitat in ‚Born to be wild' (1969) auf, Rockkritiker Lester Bangs verpaßte dem neuen, lauten, schnellen Stil den Namen. Heavy Metal verschmilzt Lärm mit Männerkult, Martialität mit Geschwindigkeit. Sonderbare Helden verausgaben sich dabei auf der Bühne: *Axl Rose* hüpft in Stiefeln, Radlerhose, Kopftuch und Kruzifix herum – sein athletischer, halbnackter Männerkörper soll Frauen wie Männer in Bann schlagen. Pausenlos kleidet sich der Beau um: Mal Fransenjacke und Jeans, mal Cowboyhut und Doc Martens-Treter. Immerhin schafft er es, ohne Scham und Ende neue Rollen auszutesten: *Guns n' Roses'* Attraktion besteht nicht nur aus dem Cocktail Lautstärke, Bier und Kraftrock, sondern auch aus der Phantasie vom süßen Popstarleben zwischen Hawaii und Santa Monica. Umkränzt von Groupies gefallen sich die Jungs in ihren Videos am besten – so wie sie es bei den Kollegen von *Bon Jovi* und *Van Halen* abgeschaut haben.

Metallica trieb ab 1981 mit US-Speed Metal die von *Ten Years After* vorgezeichnete Up-tempo-Linie weiter: Rasende Gitarrenlicks, universaler Sound und eine Wand aus schierem Phon sollten kraftvolles Lebensgefühl erzeugen. Die Rock-Titanen, die mit ihrer Sattelschlepper-Korona durchs Land ziehen, finden immer Kundschaft, obwohl ihre Musik oft altmodisch klingt. Ihr Plus: Verläßlichkeit. Das Outfit – Jeans, Cowboystiefel, Lederweste, lange Mähnen – ist ebenso eng definiert wie die Macho-Pose auf der Bühne, selbst wenn viele Heavy-Helden Ironie ins Spiel bringen und sogar – wie *Thin Lizzy* in den Anfängen oder *Van Halen* – mit anspruchsvollen Ohrwürmern aufwarteten: mit der Synthesizer-Hymne ‚Jump‘ oder dem umarrangierten Folksong ‚Whisky in the Jar‘. Am derbsten geht es in den unteren Rängen zu, wenn provinzielle Epigonen am Werke sind. Dann ist Ironie getilgt, Gitarren werden zu Gewehren, Stimmen zu Schreiorganen, am Spielfeldrand wird Trockeneisnebel erzeugt – alles ist tierisch ernst gemeint. Kein Wunder, daß sich Sozialwissenschaftler Joachim Scholl angesichts gewaltiger Dröhnungen und betäubter, bierseliger Fans im Intellektuellen-Magazin ‚Freibeuter‘ (Nr. 64/1995) an eine „Party im Neandertal" erinnert fühlt. Obwohl vieles daran stimmt – Mordskerle im Muscle-Shirt stehen ja wirklich in eindeutigen Posen auf der Bühne, Fans schütteln die Köpfe bis zur Schwindelgrenze wie einst wir Älteren bei *Steamhammer* oder *Ten Years After* – neudeutsch „Head-Banging" – nur meinten wir es wahrscheinlich nicht ganz so ernst.

Selbstversuch: In der Dubliner Disco ‚Night-Speed‘ brodelte Heavy Metal aus den verschrammten Boxen, der nur noch aus schrillen Höhen und tiefem Baßgewummer besteht. Die Wände pechschwarz, die Gesichter der Kids, die in Siebziger-Jahre Kleidung in seltsamer Agonie herumschlichen, leichenweiß, gruftig geschminkt. Glasscherben und Kippen auf dem Boden; wenn das gleißende Licht kurz aufflammt, fällt der Blick auf Staub im Raum. Der Lärmbrei machte müde und willenlos, reden war nur mittels lautem Brüllen direkt ins Nachbarohr möglich. Die Kids spielen unbeeindruckt Billiard, saufen, lungern herum, einige wenige tanzen. Ein deutscher Rock-Tourist hatte begonnen, Nachrichten auf Zettel zu schreiben, um sie ausgewählten Gesprächspartnern zuzustecken. Der DJ ging kompromißlos zu Werke, schüttelte bei unserem Hörerwunsch ‚Smoke on the Water‘ nur den Kopf und war sicherheitshalber in einem Metallkäfig untergebracht. Lärmbrei, der aber niemanden so recht interessierte. Im Hotel nebenan wummerten die Bässe bis morgens gegen drei.

Heavy Metal lebt von alten Klischees, bewegt sich selten von seinem vormodernen Image weg. Heute sind die Fans mit PS-starken Motorrädern und phonstarken Verstärkeranlagen auf Tour und reklamieren, die letzte Bastion des puren Rock'n'Roll zu halten. Und sie haben recht. Ohne Kompromisse und ohne Rücksicht auf aktuelles Zeitgefühl rebellieren sie gegen seichten Popschmalz und die radikalen Vermarktungsfeldzüge eines *David Bowie* oder einer *Madonna*. Als konservative Sekte, die unter sich bleiben will und keine anderen Stile zur Kenntnis nimmt, propagiert die Schwermetall-Gemeinde Energie, Ehrlichkeit und Kraft. Rock der phonetischen Eindeutigkeiten mobilisiert nebenbei archaische wie spätpubertäre Sehnsüchte nach Männlichkeit und Macht – die Helden leben in den Klischees und Klängen von *Jimi Hendrix*, *Alvin Lee* und *Jimmy Page* weiter, und wenn Frauen mitmachen, dann am liebsten im Amazonendress.

Die Ikonographie, die auf Covers von dieser gewaltigen Inszenierung erzählt, erinnert an Filme, in denen langmähnige, muskelbepackte Kampfmaschinen vergleichbar heroische Aufgaben zu erledigen haben. Wie bei den CD-Hüllen von Hip Hop- oder Techno-Musik wird sofort klar, was den Kunden erwartet. Ein flammendes Auspuffrohr, eine grauenerregende Fratze, vielleicht ein paar Totenschädel, ein bißchen Blut – plakative Signale des angeblich Authentischen, das dann auch als Heavy Metal-Musik auf den Käufer zukommen wird.

Obwohl Metal-Rock Musik für harte Jungs sein soll, wird sie auch und vor allem von Schülern ohne dicke Motorräder und dicke Muskeln gern gehört. Schnelligkeit und Stärke – Reste alter Stammes-Ideale mit Spuren von Gemeinsamkeitsritualen – schaffen immerhin verschworene (Möchtegern-) Männerbünde, die jedoch konventionelle Anmache nicht ausschließt: Auch Mädchen sind von der Mixtur aus deftiger Musik, Motorradfahren, Lederkleidung und Lockenpracht fasziniert – da treten die Texte, die häufig von roher Gewalt und teuflischem Gezänk sprechen, in den Hintergrund. *Aero-*

smith und *Napalm Death* können zwar nicht als musikalische Berieselung für scheue Annäherungsversuche bestehen, aber die Eingeweihten wissen ja sowieso, wovon in solchen Fällen die Rede ist. Den Stil retten Annäherungsversuche von außen: Jazzer *John Zorn* griff Metal ebenso auf wie die Hip Hopper um *Public Enemy* und die Gabber-Mixer am Pult.

Einige bayrische CSU-Frauen waren jedenfalls noch dem gängigen Vorurteil aufgesessen, als sie 1995 satanische Kräfte am Werk wähnten und Gewaltvideos und Heavy Metal verbieten wollten. Es wimmelt zwar von Fledermäusen und Monstren, Krokodilen, Abgründen und Schlünden, die auf den Besuch des Gruselrock-Kabinetts einstimmen, aber so ganz ernst gemeint sind die Botschaften aus dem „Nightmare" dann doch wieder nicht. Also keine Angst – *Lemmy* beißt nicht, eine Nacht im „Night-Speed" überstehen alle. Ohrensausen vergeht. Morgens säuseln die *Scorpions* wieder ‚Wind of Change'.

4. Blasphemie und Errettung: Soul & Sex

*James Brown, Stevie Wonder, Marvin Gaye,
Tina Turner, Michael Jackson, Prince*

> „Say it loud
> I'm black
> and I'm proud"
> (*James Brown*)

Sweet Soul Music, eine Melange aus Gospel und Rhythm &
Blues, ließ zunächst das Kirchengestühl der Gotteshäuser im
schwarzen New Yorker Stadtteil Harlem erbeben. Dort saßen
schon in den Zwanzigern Gospelsängerinnen und -sänger,
die zum Schellenring rhythmisch beschwörende Kirchenlieder
anstimmten. Im Angesicht des Herrn wurde geschwärmt
und gelitten, gejammert, protestiert und religiöse Erlösung er-
fleht. Der farbige Schriftsteller James Baldwin (‚Blues for
Mr. Charlie'), der selbst jüdischer Prediger in Harlem gewesen
war, notierte: „Es gibt keine Musik, die so ist wie diese, kein
Drama wie das Drama der jubilierenden Heiligen, der seuf-
zenden Sünder, der rasenden Tamburine und all jener Stimmen,
die zueinander finden und Gott seligpreisen. Ich habe nie etwas gesehen, das dem Feuer und der Erregung gleichkäme, das
die Kirche manchmal ohne jede Vorwarnung erfüllt, ja eine
ganze Kirche, wie Leadbelly und andere bezeugt haben ins
‚Rocken', ins Erzittern brachte."
  Wenn heutzutage im Berliner Blueskeller ‚Quasimodo' US-
Gospel auf dem Nachtprogramm stehen, dann muß man auf
hochpathetische Erlösungsgesänge gefaßt sein. Die Soul-
Sisters, die ihrer dicken Füße wegen in Badeschlappen auf die
Bühne kommen, schreien dann tatsächlich ihre fanatische Je-

sus-Liebe so lange heraus, bis ihnen vor Rührung und Ergriffenheit wirklich die Tränen über die Wangen laufen. „Oh Lord, Oh Jesus, Oh God, Let us pray together ...“ Im Publikum sieht man dann: sanft Gestrandete, Snobs, Outcasts, Gauner, Nachtschwärmer, Huren, Jesus-People, glücklich Verblendete. *Mahalia Jackson* oder *Sister Rosetta Tharpe* hatten den frühen Soul aus den Kirchen in die Clubs hinausgetrieben, hatten den Weg für die Wut des *Ray Charles*, den Zorn von *Nina Simone* oder den ekstatischen Macho-Stil von *James Brown* freigemacht. Später dann wurde diese hochemotionale Geschichte von *Tina Turner* und *Aretha Franklin*, von *Wilson Pickett* und *Michael Jackson* weitergesponnen. Soul bedeutet Ekstase, Spirit und Körpergefühl. Von Anfang an war er bewußt religiös, ließ dabei jede Menge Erlösungsphantasien und afroamerikanische Selbstvergewisserung mitschwingen. *Michael Jackson* beschwört mit allem zur Verfügung stehenden Schmalz in seinem Hit ‚You are not alone‘ pathetische Gefühle; *Prince* komponierte für Schmerzensmutter *Sinéad O'Connor* ‚Nothing compares to You‘, einen Welterfolg. Damals wie heute verfängt solch tragische Musik, die von schlichten Emotionen erzählt.

Das erste berühmte Sammelwerk aus einem halben Dutzend Platten (‚That's Soul‘) erschien Ende der Sechziger auf dem deutschen Markt – revolutionierend daran war die völlig neue Verbindung zwischen Tanzmusik und Körperlichkeit. Satte Bläser leiteten die Songs ein, gezupfte E-Gitarren figurierten im Hintergrund, der laszive Rhythmus ging sofort in Bauch und Beine. Die Songs von *Wilson Pickett* oder *Eddie Floyd, Joe Tex* oder *Sam & Dave* waren zwar noch keine beschleunigten Hip-Dancenummern, sondern dümpelten träge vor sich hin – aber sie verfügten über Groove und Intensität. Die neuen Stars sahen anders aus als die propperen jungen Leute aus Großbritannien: Sie waren älter und sie waren schwarz; die Herren trugen Maßanzüge, die Damen glitzernde Abendroben; die Männer wollten an das bewährte Jazz-Outfit eines *John Coltrane* oder eines *Chet Baker* anknüpfen, die Frauen an den Glamour der großen Jazzsängerinnen der Vierziger. Alles wirkte fremd, die neuen Gesichter gaben keinen Stoff zum Träumen her. Auf den Plattencovers standen keine netten Jungs von nebenan, auch keine Rock'n'Roll-Rebellen in Lederkluft, die Revolutionäres verkündeten, sondern schlichtweg Männer und Frauen aus einer anderen Welt.

Ausgreifende Gitarrensoli, 15-minütige Exkurse ins Meditative oder Kunst-Rock der komplizierteren Art kannte Soul ebensowenig wie ausgefeilte Mischpult-Tricks aus der *Beatles*-Fabrik – stattdessen regierte eine neue, unbändige Kraft aus Stimmen und Rhythmus. Der Tanzstil änderte sich entsprechend, Soul verlangte nach Sinnlichkeit, nach dem *eigenen* Körperbewußtsein, forcierte Bewegungen aus dem Unterleib heraus. Dieser Siebziger-Groove erfaßte Fans, gar manchen just in dem Moment, als er keine Lust mehr hatte, zusammengekauert auf dem Boden zu sitzen und bloß rhythmisch mit dem Schopf zu wackeln.

Die Soul-Klassiker, die in trockenem Sound ohne Firlefanz produziert worden waren, trafen mit ihren klaren Strukturen in Europa auf offene Ohren. Die Liedkultur der *Beatles* und der *Kinks* langweilte mittlerweile, Beat und Rock'n'Roll waren in all ihren Facetten von *Canned Heat* bis *Led Zeppelin* aufgeschimmert und verwandelt worden, jetzt lebte der tänzelnde Groove in Kombination mit schwarzen Stimmen auf: *Percy Sledge* war als ultimativer Schnulzenkönig dazu auserkoren worden, mit viel Fett in der Stimme den schwoofenden Teenies in den ersten Discotheken von ‚When a Man loves a Woman‘ oder ‚Warm and tender Love‘ zu berichten; *King Kurtis* war für zündende Funknummern wie ‚Memphis Soul Stew‘ zuständig, *Otis Redding* für die zärtliche Ballade (‚Dock of the Bay‘) und *James Brown* für die schwitzigen Knaller wie ‚Sex Machine‘ oder ‚Cold Sweat‘. Aber auch Mr. Dynamite konnte Zwischentöne anklingen lassen: Der aus nur vier Akkorden bestehende Klassiker ‚It's a Man's World‘ wurde ein Welthit. Eine Liebeserklärung an die Frauen, die aus der Feder eines totalen Machos stammte und die Jahrzehnte nach ihrer Geburt sogar von Frauen gecovert wurde – von *Inga Rumpf* (Ex-*Frumpy*) und *Cher*.

Seele, Sex und Black Power

James Brown besaß Ende der Sechziger zwei Radiostationen, die Rhythm & Blues rauf und runter sendeten, betrieb bald eine eigene Plattenfirma und einen Musikverlag. Der kleine, reiche Mann, der fast fünfhundert Anzüge in seinen Schränken deponieren konnte, wuchs schnell zum ersten wirklichen Soul-Großverdiener heran, so daß sich sein eigenes Etikett, der „Godfather of Soul" zu sein, nicht nur auf seine immerzu schweißtreibende Show bezog, sondern auch auf seine mediale Präsenz, seine Unantastbarkeit und seine Brutalität. Über 300 Auftritte absolvierte Mr. Dynamite 1968/69 und faszinierte – wie die anderen schwarzen Brothers & Sisters auch – vor allem das schwarze Publikum. Entscheidend war: Bislang war Pop zwar schwarz inspirierte, aber weiße Musik gewesen: *Elvis*, die *Beatles*, *The Who*, die *Doors*, diese rasende Inflation weißer Rockbands hatte die Gewichte verschoben, zumal britische wie amerikanische Plattenfirmen von Weißen gemanagt wurden, die der Black Music keine Chance geben wollten. Jetzt erinnerten sich die farbigen Musiker daran, daß sie in der Popgeschichte schon mächtig mitgemischt hatten, ohne allerdings Anerkennung gefunden zu haben: Natürlich hatten *Chuck Berry* und *Fats Domino*, die *Jacksons* und *Nina Simone* einen Namen, aber die weißen US-Plattenfirmen zuckten vor Black-Music-Produkten zurück, so daß es kein Zufall war, daß die Farbigen ihren eigenen Sound kreierten und ihr eigenes Label „Tamla Motown" gründeten.

„Say it loud – I'm black and I'm proud" formulierte *James Brown* 1968, in dem Jahr, als der amerikanische Bürgerrechtler Martin Luther King, die Gallionsfigur schwarzen Selbstwertgefühls, ermordet wurde. *Mr. Brown* konnte seine Predigerqualitäten etliche Male live unter Beweis stellen. Als er nach seiner Rückkehr als Entertainer in Vietnam wieder in den Staaten auftrat, stürmten Zuhörer zur Bühne, um den geliebten Soulbruder anzufassen. *James Brown* angelte sich ein Mikrofon und redete, bis der Tumult erstickt war. Mr. Dynamite, der auch gerne die Aura der großen Politik genießen wollte, heimste sogar Ehren aus der politischen Chefetage ein: US-Präsident Lyndon B. Johnson, kein erklärter Freund der Schwarzen in Amerika, schickte dem Star eine Einladung zu einem Abendessen im Weißen Haus: „Vielen Dank für das, was Sie für dieses Land getan haben." Ob er den Soul oder den Vietnameinsatz gemeint hat?

‚I feel good‘ und ‚Sex Machine‘

Soulstücke waren einfach und kurz, die Gitarren schlugen einen spitzen Rhythmus, das Schlagzeug arbeitete im Hintergrund, alles klang funky und dirty. *Aretha Franklin's* ‚Think‘ verfügte über diese seltsame Power aus stimmlicher Präsenz und rhythmischem Unterfutter, ‚Funky Street‘ von *Arthur Conley* bringt weiterhin jede Tanzfete zum Kochen. *Wilson Picketts* ‚Land of 1000 Dances‘ diente mit seinem ‚Na-na-na-na-na‘ *Ini Kamoze* als Vorbild für einen '95er-Discorenner; *Otis Redding*, Sohn eines Baptistenpredigers aus Georgia, ließ mit ‚Fa-Fa-Fa-Fa-Fa‘ einen warmen Regen über die Zuhörer niedergehen, während *Arthur Conley* bei ‚Sweet Soul Music‘ einfach nur enormes Tempo vorlegte: Speed-Soul für rasante Tanzschritte.

Aus dem Soulnebel stiegen zudem die ersten glitzernden Frauencombos auf, die *Supremes* und *The Sweet Inspiration*, *Sister Sledge* oder die *Pointer Sisters*; Sängerinnen wie *Diana Ross* oder *Aretha Franklin* schafften es bis ins Vergnügungsparadies Las Vegas. Am kuriosesten aber verlief die Karriere von *Anna Mae Bullock* alias *Tina Turner*, die kurz vor der Jahrtausendwende 60 Jahre alt werden wird. Zunächst durfte sie im Schatten ihres Ehemanns *Ike*, der als altgedienter Keyboarder und Gitarrist keine Schwierigkeiten hatte, Bands zu gründen und die eine oder andere Background-Sängerin nach vorne zu holen, wochenlang die Go-Gos üben. *Ike Turner* hatte schon mit Bluesprofis wie *Sonny Boy Williamson* und *B. B. King* zusammengespielt, wollte aber etwas Neues kreieren: Eine Soul-

Show in bester Las Vegas Tradition – mit sprühenden Tanzeinlagen und mißreißender Musik. *Ike & Tina* brachten 1969 eine atemberaubende Revue zustande – vorne tänzelte *Tina* in ihrem ultra-kurzen Kleidchen, stolzierte hin und her, warf ihre Mähne herum und konzentrierte alle Blicke auf ihre schönen Beine und auf das, was ihre leicht gespreizten Oberschenkel versprachen. Im Hintergrund führte *Ikes* nörgelnde Gitarre Regie. *Mick Jagger*, dessen Songs *Tina Turner* in späteren Solo-Krisenzeiten nachbetete, kopierte diese Schritte und Posen ebenso wie *Freddie Mercury* von *Queen*. Die rastlose Bühnenshow, das permanente Hin und Her auf den Brettern, kultivierte *Jagger* bis zur letzten Welttour, während *Tina* nach ihrem Comeback ihre einst so aufreizenden Bewegungen auf ein Minimum reduzierte – die schweißtreibende Beinarbeit überließ sie hübschen Models mit Gel im Haar. Damals, als sie ‚Nutbush City Limits‘ – die böse Hymne auf ihre Heimatstadt – geradezu ausspukte und mit einer ekstatischen Speed-Version von ‚Proud Mary‘ (ursprünglich von *Creedence Clearwater Revival*) 1971 Platz 4 der Charts erreichte, wäre das noch undenkbar gewesen.

Nach ihrer Trennung von *Ike* schlug sich *Tina Turner* auch einmal kurz als Sozialhilfeempfängerin durch, 1975 nahm sie eine Platte ausschließlich mit bewährten Pophits auf, neben ‚Under my Thumb‘ von den *Stones* war sogar ‚Whole lotta love‘ von *Led Zeppelin* mit von der Partie, aber eher unter der Rubrik: bitte Weghören.

Kurz bevor sich die Acidqueen ganz aus dem Business verabschieden konnte, passierte etwas Merkwürdiges: In Großbritannien und Europa räumte der Synthie-Pop ab, die Radios dudelten die glatten, neo-romantischen Songs von *ABC*, den *Simple Minds* oder *Duran Duran*, *Human League* oder *Ph. D.* ohne Pause. Die Romantiker am Keyboard betörten mit hübschen Melodien, gefälligem Image und sauber produziertem Pop, in dem ordentlich Streicher zum Einsatz kamen. Und da – vielleicht auf der Suche nach dem Authentischen – entdeckten Musiker aus dem Umfeld der funkinspirierten und leicht avantgardistisch angehauchten Synthie-Poptruppe

Heaven 17 auch wieder *Tina Turner,* die schon fast auf dem Altenteil gelandet war, und verhalfen ihr zu einem grandiosen Comeback.

Heute spricht keiner mehr von *ABC* oder *Heaven 17,* aber *Tina Turner* schaffte es zunächst ins Vorprogramm von *Rod Stewart* und den *Stones.* 1983 nahm sie eine Solo-Platte auf, die nicht nur glänzend produziert war, sondern auch jede Menge Hits enthielt: „Die Queen aus der Asche" titelte ich als Konzertkritiker, nachdem ich in der halbleeren Freiburger Stadthalle einen despektierlichen Blick auf die Legende geworfen hatte. Es ärgerte mich, daß sie nur ein 50minütiges Probegastspiel absolviert hatte, gleichzeitig war ich seltsam berührt von der Performance, die Gestern und Heute zu verknüpfen wußte. Die Nostalgiker im Publikum hielten Transparente mit „Tina forever" hoch und brüllten die Queen wenigstens noch zu einer Zugabe heraus. Auch der schweigende Rest sollte bald merken, daß die *Turner*-Maschine gerade erstmal warm gelaufen war und der Welterfolg noch anstand. Ihre neuen Songs waren gnadenlos kommerziell, ein wenig ältlich gesungen, aber ihre Stimme hatte trotz der Jahre noch den sexy Kick. Während Ex-Mann *Ike* in einem kalifornischen Männergefängnis eine Strafe wegen Drogenvergehens absitzen mußte, zog sein ehemaliges Gogo-Girl um die Welt und lockte 1988 z.B. 180 000 Fans ins Maracana-Stadion nach Rio de Janeiro.

Wie der Blues ist auch der von kurzfristigen Moden unabhängige Soul keinen großen Schwankungen unterworfen: Wenn die *Commitments* aus Irland 1995 in Deutschland auftreten, profitieren sie nicht nur vom Nachhall des gleichnamigen Spielfilms, der ihre Bandgeschichte in den Vordergrund hob, sondern bringen mit alten Soulhits und altmodischer Bühnenshow in deftigem Sound den Saal geschwind zum Kochen. *Wilson Picketts* ‚She's lookin'good' geht immer noch in die Beine wie ‚Knock on Wood' von *Eddie Floyd.*

Natürlich versuchten auch die schwarzen amerikanischen Soulstars, dem Erfolg des transatlantischen Euro-Pop auf die Spur zu kommen, aber das mißlang gründlich: *Wilson Picketts* Version von ‚Hey Jude' wirkte im Vergleich zum Original blaß und auch *Arthur Conleys* ‚Ob-la-di, Ob-la-da‘ kam an das *Beatles*-Original einfach nicht heran – es war ja auch nur ein Versuch, eine kleine Konzession an die Popmode. In entgegengesetzter Richtung – von den USA nach Europa – hatte der Songtransfer besser funktioniert. *Aretha Franklin*, die wahre Soulkönigin, wird jedenfalls immer wieder einen Hit wie ‚Sisters are doing it for themselves‘ landen und *Ray Charles*, von dem die britischen Popper der Sechziger alles abschrieben, wird ein großer Pionier und genialer Musiker bleiben, der nicht zu Unrecht Generationen mit seiner Musik beeinflußt und betört hat, obwohl er nie ein Popstar im eigentlichen Sinne wurde.

Stevie Wonder hatte als Junge, wie so viele, in einem Gospelchor gesungen, wurde fast noch als Kind, als Wunderkind des Pop – wie *Michael Jackson* oder *Steve Winwood* – als *Little Stevie Wonder* auf die Bühne gezerrt, ohne so recht zu wissen, was eigentlich gespielt wurde. Er bezog sich auf *Sam Cooke* und *Ray Charles*, konnte aber erst viel später mit der LP ‚Songs in the Key of Life‘, die der blinde Musiker aus Michigan 1976 veröffentlichte, den großen internationalen Erfolg verbuchen. *Wonder* stellt sich auf diesem Konzeptalbum als Soundfetischist und als Verschmelzer von Gospel und Funk dar, mischt Blueselemente mit dem von *Ray Charles* vorgegebenen Tempo- und Soulgefühl. Er bediente sich, ähnlich wie sein musikalischer Ziehvater, beherzt aus dem Jazzfundus und schrieb folglich Songs, die von Jazzharmonik getränkt und eigentlich viel zu komplex für einen Popsong waren. Er entwarf eine kunstvolle Endlosmusik, einen Sound, der – wie einst in der Kirche – ewig weitergehen konnte. Ohrwürmer, vorwärtsgetrieben von seiner kehligen, herumsuchenden Stimme, die – obwohl er sie oft mit Synthiebässen unterfütterte – immer Fröhlichkeit und Optimismus versprühten. ‚Isn't she lovely‘, ‚Sir Duke‘ oder ‚Superstitious‘ hießen die Hits, die ihm Einlaß in den Popolymp verschafften. Mit *Paul McCartney* nahm er 1977 ‚Ebony and Ivory‘ auf, ein extrem schwülstiges Kitschlied über das ungerechte Leben auf weißen und schwarzen Tasten, aber selbst das wurde ein Riesenerfolg. Desgleichen *Wonders* Ballade ‚I just called to say I love you‘

aus dem Film ‚Die Frau in Rot'. Alles in allem gesehen hat er gegen die Ausstrahlung der neuen Idole *Michael Jackson* oder *Prince* wenig Chancen.

Tanz und Erregung

Marvin Gaye ließ seine Stimme noch weiter zurücktreten, löste sie zwischen den Rhythmen auf, trieb in Vokalisen neben den Gitarrenfiguren her und wurde trotzdem ebenso stilprägend wie *Stevie Wonder* mit seinen trockenen Funkbeats. *Marvin Gaye* ging sogar noch einen Schritt weiter als sein Kollege: Er begriff seine Stimme als Instrument und seine ultimative Nachricht – nicht gerade originell – lautete: Sex. Auf seiner letzten LP ließ er bei ‚Rockin'after Midnight' nach und nach sieben Instrumente einsetzen, verschachtelte Rhythmen und Klänge immer mehr, bevor er sich selbst mit seiner Stimme überhaupt erst dazugesellte und dem Geflecht eine melodische Mitte gab. *Al Jarreau* und *Bobby McFerrin* trieben diesen Stil später zur Perfektion: Die Stimme als Trompete, als Posaune, als Gitarre, als Schlagzeug – als kosmisches Instrument.

Als amerikanische Radiosender am 1. April 1984 die Nachricht von *Marvin Gayes* Tod verbreiteten, wollte zunächst keiner glauben, daß der 44jährige von seinem Vater, einem Prediger, tatsächlich im Streit erschossen worden war. Seine letzte Platte wurde zum Vermächtnis, und dazu gehörte vor allem sein Megahit ‚Sexual Healing'. Schon Anfang der Sechziger hatte er viele Platten mit Softies aufgenommen, aber erst 1968 landete er mit dem trägen ‚I heard it through the Grapevine' einen internationalen Hit, der heftig gecovert wurde und heute für Jeans werben darf. Kurz vor seinem Tod war er noch einmal auf Tour durch die USA gewesen und präsentierte ‚Sexual Healing' live. Aber wie! Sieben Minuten lang waberte dieser Song, der beim Publikum heftigste erotische Träumereien und Liebeswünsche aktivierte und den der Soul-Prediger mit der Aufforderung ‚Stand up' eingeleitet hatte. *Gaye* zelebrierte und schwärmte, zotete und seufzte, daß es – wie beim

Abb. 11: „Freedom – freedom – freedom" – mit Freiheitsschreien eröffnete Soulbruder Richie Havens das legendäre Woodstock-Festival, seine ekstatische Nachricht verbreitete er auch im deutschen Fernsehen. Später interpretierte er am liebsten Songs der Beatles und Bob Dylans.

Pop-Festival im schweizerischen Montreux Anfang der Achtziger – stundenlang hätte weitergehen können: „Honey, that's good", „Shall I really do that ?" Er beichtete und animierte mit einer solchen Intensität, daß sein Rufen und Stöhnen, Schreien und Flüstern auf das Auditorium überging. Das Casino von Montreux kochte vor Erregung, am Ende beschwor *Marvin Gaye* seine „Spiritualität", der Predigersohn wollte Gott spielen. Am Ende des Auftritts forderte er die Fans auf, Babies zu zeugen ...

Prinz und Revoluzzer

Als *Prince*, der weder Mann noch Frau sein will und sich hinter einem androgynen Symbol verbirgt, obwohl er die totale Männer-Erotik-Show abzieht, 1980 populär wurde, horchte die Popwelt auf. *Michael Jackson* hatte mit ‚Thriller' zwar glänzende Discosongs in Weltumlauf gebracht, aber der Soul des kleinen Prinzen hatte noch mehr Energie, Kraft und Laszivität. *Jackson* ließ zwar verlauten, er sei „bad", *Prince* hingegen *war* es: „His Royal Badness", der unrasierte Verführer mit der Nachricht ‚Lovesexy' oder ‚Sexy M.F.', brach die Tabus, wovon „Jacko, der Faschingsprinz" (Pop-Kabarettist Georg Ringsgwandl) bloß träumte. Während sich *Jackson* – *Elvis'* Beckenschwung zitierend – rituell ans Gemächt faßte, genügte *Prince* ein verschlagener Blick. Er verband *Marvin Gayes* und *Stevie Wonders* kompositorisches Talent und produzierte seine ersten Platten in vollkommener Eigenregie: er spielte Klavier und Gitarre, Schlagzeug und Trompete, sang und konzipierte überdies eine Bühnenshow, die selbst nach *Jacksons* fulminanten Tanzkaskaden noch Maßstäbe setzte. Inspiriert wurde der kleine Prinz von *James Brown*: Als Zehnjähriger hatte ihn sein Stiefvater zu einem Auftritt des „Godfather" mitgenommen, und seit diesem denkwürdigen Initiationsritus anno 1968 – als *Brown* noch richtig zur Sache ging – war *Prince* Rogers Nelson klar, welchen Beruf er ergreifen würde. ‚Purple Rain' trommelte 1984 um die Welt und wurde zurecht mehr als zehn Millionen Mal verkauft. Der Kleine gerierte sich zwar als „Macho im Rüschenhemd" (‚Der Stern'), konnte aber nie die idolisierenden Übertragungen der Teenager an sich binden wie *Michael Jackson*, der zweifelhafte „Freund aller Kinder" (*Jackson* über *Jackson*). *Prince'* blieb unberechenbar und ambivalent, weniger steril und – aufgrund seines (scheinbaren) Verzichts auf perfektionistische Choreographie – auch bedeutend innovativer: Er kann Knaller wie ‚When Doves cry' komponieren oder *Sinhead O'Connor* zu einem Welthit verhelfen: Zwischen einer schleppenden Ballade voller Kitsch und harten Funkbeats spannt sich sein Repertoire. Er kann als Songwriter Ex-Tiger *Tom Jones* ebenso bedienen wie seine Schlagzeugerin *Sheila E.*, die *Bangles* ebenso wie das Soulorchester *Rufus* mit *Chaka Khan* (‚I feel for you'). Mit seiner *New Power Generation* mixte er Soul aus minimalistischen Computer-Schnipseln, schrägen Gesangspassagen

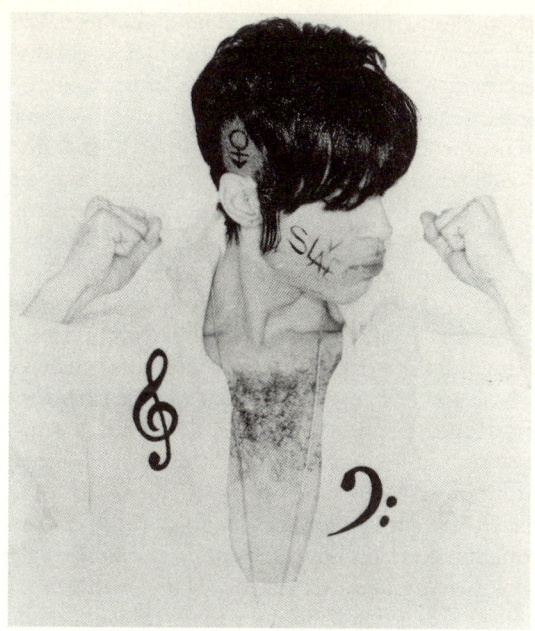

Abb. 12: „I wanna be your Lover" – der hinter androgynen Symbolen
versteckte Sexprinz schipperte am Valentinstag 1996 in den Hafen der
Ehe. Prince heiratete in Minneapolis Mayte Garcia, eine Tänzerin aus
seiner Band.

und einem bedingungslosen Funk-Rhythmus zusammen.
Während seine Bühnenshow, mit der er auch in Deutschland
gastierte, noch fesselnder war als *Michael Jacksons* perfekte
Streetgang-Dancenummern, besann sich *Prince* auch auf anrüchigen „Gangsta Glam" und zotete sich durchs Programm –
klar, daß die prüden US-Radiostationen seine anstößigen
Nummern auf den Index setzten.

 Prince kam als der wahre Revoluzzer des Soul, obszön, pro-
vokativ, und ließ sich auf unkonventionelle Weise als Sex-
Sklaven feiern. Sein Soul trat mal in betagter Swing-Linie
(‚Strollin'‘) auf, mal erreichte er fast die Komplexität von *Frank*

Zappas Klangkonstruktionen. Wie *Zappa* plündert *Prince* lustvoll und hemmungslos die Popgeschichte; der Unterschied zwischen beiden besteht darin, daß *Zappa* Rock'n'Roll in avantgardistische Kunstmusik zu verwandeln versuchte und nur selten (wie mit ‚Bobby Brown‘ oder ‚Camarillo Brillo‘) kommerzielle Songs ablieferte. *Prince* dagegen schreibt soul- und jazzsozialisiert, so daß seine Platten oder Auftritte nie unzugänglich werden. Einpeitschende Soul-Rap-Chöre und frühe Hip-Hop-Gesänge pulsen im Hintergrund, bevor der Meister seine Songs mit messerscharfen, restlos auskomponierten Breaks beendet. Ähnlich wie einst die *Beatles* läßt er seine Stimme im Studio verdoppeln, läßt sie auf jenem Gesangs-Phasing basieren, das *George Martin* einst für *John Lennon* aus der Not erfunden hatte. Prince freilich, ähnlich wie *Wonder* und *Gaye*, jault mit seiner Stimme mitunter in höchsten Höhen und imitiert diverse Instrumente.

Natürlich bezieht er sich in seinem Outfit – Uniformjacke, Rüschenhemd, Kettenschmuck – auf *Jimi Hendrix*, den toten amerikanischen Freund aus Seattle. Hatte *Hendrix* einst sein ergreifendes ‚When the Wind cries Mary‘ kreiert, zaubert auch *Prince* geniale Balladen aus dem Hut: ‚Purple Rain‘ steckt für immer und ewig voller Kraft, reißt mich noch heute aus dem Sitz.

Peter Pan und Sorgenkind

Im Vergleich zu *Prince* ist *Michael Jackson*, der wie sein Gegenspieler und auch *Madonna* 1958 geboren wurde, eine Gestalt aus Disneyworld. *Prince* war als Einzelkind mit zwölf von zu Hause weggelaufen, *Michael Jackson* mußte sich dem diktatorischen Familien-Regime unterwerfen und als Kind auf der Bühne schon den Affen machen. Als siebtes von neun Kindern fädelte er sich ohne Murren in den Zirkus von Auftritten und Talentwettbewerben ein, die sein erfolgsüchtiger Vater mit seinem „Jacksonismus" (US-Popkritiker Greil Marcus) angeleiert hatte. Neben Songs von *Sam & Dave* und *Wilson Pickett* wurde alles kopiert, was vergnüglich, schwarz und trendy klang. Die *Jackson Five* tingelte als Showband schwarzer Zwerge durch das weite Land von Tamla Motown. Die Kids hatten in Papas Schule unglaublich gut singen gelernt und verfügten früh über eine Choreographie, die an *James Brown* angelehnt war. Selbst für ein typisch amerikanisches Weihnachtsalbum à la *Elvis* waren sich die Fünf nicht zu schade. Selbstverständlich intonierte das Quintett auch Hits aus weißer Feder wie *Simon and Garfunkels* Schnulze ‚Bridge over Troubled Water‘; atemlos waren sie auf der Suche nach dem kommerziellen Erfolg. Die Showtruppe rührte die Herzen der schwarzen und bald die der weißen Teenies, während sich ein *James Brown* und *Stevie Wonder* politisierten und mit der Black Power Bewegung sympathisierten. Als die *Jacksons* 1972 im Londoner Palladium auftraten, köderten sie schließlich sogar die britischen Teenager. Bis dahin war Soul die Domäne der Älteren gewesen; und arrivierte Stars wie *Curtis Mayfield* – der wirklich große Songs wie ‚Gypsy Woman‘ und ‚People get ready‘ geschrieben hatte – oder *Aretha Franklin* waren als Idole nicht in Frage gekommen. Der junge Stutzer *Michael* wurde dagegen von *Diana Ross* in schwarze Lederhosen, weiße T-Shirts und eine Uniformjacke gesteckt, signalisierte damit: Die Zeit der hellen Anzüge, der bunten Hippie-Hemden ist selbst im Soul vorüber: *Jackson* mauserte sich so zu einem Star – weil er der hübscheste und begabteste des Quintetts war. In den Achtzigern begann er, selbst Songs zu komponieren. Soul verwandelte sich unter seinen Händen in gekieksten Pop, die Fans konnten einem neuen Idol zujubeln.

Als die Kinder 1976 langsam erwachsen wurden, machte sich die *Jackson-Five* zu den Philippinen auf, in jene asiatische Gefilde, in denen auch *Elvis* kurz zuvor im Fernsehen seine 99%-Einschaltquote hatte verbuchen können. Tausende von Fans empfingen die Crew, der Erfolg überstieg wie schon beim Londoner Auftritt alle Prognosen. Dieses Gefühl, plötzlich ein Weltstar zu sein, mag *Michael* zu seinem pathetischen Kernsatz verleitet haben: „Politik kann die Welt nicht retten, Musiker sollten es versuchen, denn Musik ist es, die Menschen einander näher bringt." Diesen naiven internationalistischen Entwurf sollte er bald verwirklichen können:

Sein Album ‚Thriller' verbuchte eine Erfolgsbilanz, die für die Achtziger unglaublich war. Über zwanzig Wochen stand die Scheibe in den USA und in England auf Platz eins, fünf Single-Auskopplungen setzten sich in den Top-Ten fest, dreißig Millionen Platten und CDs wurden verkauft, ‚Thriller' gilt als die meistverkaufte Platte der Popgeschichte – selbst *Elvis* und die *Beatles*, die *Stones* oder *Prince* haben so etwas nicht fertiggebracht. Lohn der Angst: Acht US-Grammys auf einen Schlag – damit übertrumpfte er sogar *Paul Simons* Rekord aus dem ‚Mrs. Robinson'-Jahr 1970.

1979 ließ der „Freund aller Kinder" auch noch einen anderen folgenschweren Satz fallen, der Jahre später einen unangenehmen Beigeschmack bekommen sollte: „Ich möchte zwanzig Kinder adoptieren. Ich bin verrückt nach Kindern. Sie faszinieren mich in ihrer Unschuld – sie sind so, wie ich mir die Welt wünschen würde, nicht falsch und ohne zu wissen, was Vorurteile sind. Eine Welt voller Kinder wäre ein besserer Ort." Ein junger Mann, der seine Kindheit nicht in der Clique oder auf dem Baseballfeld, sondern – unter dem Regime eines rigiden Vaters – auf der Bühne und in den Studios verbracht hatte, sehnte sich nach der verlorenen Kindheit zurück. Die gegenwärtige Isolation in einer Märchenburg, die verquälte kurze Ehe mit *Lisa Marie Presley*, die allenfalls das Ziel zu haben schien, ein ultimatives Megababy zu züchten – den genetischen Klon aus *Jackson* und *Presley*, aus „King of Rock" und „King of Pop"- zeigen wohl, daß dem artifiziellen Star wesentliche biografische Stationen fehlen. Selbst in seiner eigenen Haut fühlte sich der einsame und körperlich schmächtige Mann nicht wohl, ließ sich – aus Kalkül oder aus Not?- operieren, frisieren, trainieren, und – er wollte nicht mehr schwarz sein – sogar bleichen, entwickelte jedenfalls Züge eines Phobikers, der sich nirgends mehr hintraute, sich versteckte, aus Angst vor Infektionen Handschuhe trug und sich nachts unter ein Sauerstoffzelt legte. Sein Seelenheil suchte er bei der Sekte „Woodland Hills", bei den „Zeugen Jehovas" oder den Scientologen. Er wurde Vegetarier und verbunkerte sich hinter den Mauern seines Anwesens, aus dem nur verschrobene Meldungen nach außen drangen – kein schönes Leben. Seine Bühnenpräsenz ließ nach und wenn er auch die Crème de la Crème der internationalen Popszene ins Studio einkaufte –, seine letzten Platten blieben flach, seltsam ausstrahlungslos. *Jackson* auf der Bühne: ein Opfer der Apparaturen, ein gefrorener Peter Pan, der „steinerne King Kong im Patronengurt eines Operettenrebellen" (die ‚taz' anläßlich der Deutschlandtournee 1994). Verloren blieb er irgendwo in der Ferne des Bühnenrückraums, und selbst seine wirklich großen Songs wie ‚Billy Jean', ‚Dirty Diana' oder ‚Beat it' präsentierte er ohne das frühere Temperament. Beim großen MTV-Spektakel 1995, bei dem der Star einen Pokal nach dem anderen kassierte und die Titel von ‚HIStory' darbot, blieb sein Auftritt ein Fernsehereignis – nicht mehr. Nunmehr per Video versucht der „King of Pop", die Kluft zwischen sich und den Fans zu überbrücken, doch dieses Unternehmen schlägt mittlerweile ins Gegenteil um: Er stilisiert sich zum Gott, um entweder den Krieg in Bosnien, die Abholzung des Tropenwalds oder auch den Mord an den Elefanten in Afrika ungeschehen zu machen – als könne *Michael Jackson*, bloß weil er singt, die Zeit zurückdrehen und alles, alles wiedergutmachen. Dieser messianische Geist durchwehte auch seinen Auftritt bei „Wetten, daß", dem Inbegriff der zeitgemäßen Samstagabend-TV-Show für die ganze Familie. Millionen sahen den 37-jährigen im Körper eines 17-jährigen, wie er sich das Hemd aufriß und sich mit dem Fahrstuhl als gekreuzigter Erlöser am Bühnenrand auf und ab fahren ließ. Die Gage allein kann es nicht gewesen sein, die ihn lockte. Vielleicht der europäische Markt, der ihn noch nicht verdammt hat?

Der verträumte, weltfremd wirkende *Jackson*, der die Werbung des italienischen Modekonzerns „United Colours of Benetton" für Realität zu halten scheint, sieht sich als Saubermann der Nation, raucht und trinkt nicht, tut all das nicht, was Rockstars zu ihrem Credo erklärt haben – deshalb rächt sich die Öffentlichkeit mittlerweile, macht sich über Bubbles, sei-

nen Affen, lustig und delektiert sich moralinsauer an der Affä-
re um möglichen Kindesmißbrauch. Dieser kleine Junge feiert
in wenigen Jahren seinen Vierzigsten, fast dreißig Jahre steht er
dann schon auf der Bühne. Das reicht vielleicht für ein ewiges
Leben – aber auch für ewige Qualen.

„Another Day has gone, I'm still all alone, how could this be
(schluchz), you're not here with me", sang er bilanzierend auf
,HIStory – Past, Present and Future'. *Jacksons* Lieblingsfilm,
verriet Produzent *Quincy Jones*, sei ,Citizen Kane' von Orson
Welles. Die Story eines US-Zeitungstycoons, dem es um nichts
anderes als Reichtum und Macht ging, der seiner Frau, die
Opernarien ähnlich hinrichtete wie die Chanteuse *Florence
Forster Jenkins*, ein Opernhaus bauen ließ und trotz aller An-
strengung von niemandem geliebt wurde. Der wahre und verlorene Sinn des Lebens ging dem Tycoon erst auf seinem Ster-
bebett auf: Er erinnerte sich an seinen Schlitten „Rosebud",
den er als Junge besessen hatte, an eine Zeit, in der er vielleicht
tatsächlich glücklich war.

5. Trouble, Trouble, Trouble: Schwarzer und weißer Blues

B.B. King, Muddy Waters, Eric Clapton, Alexis Korner

„Mr. Rich Man, Mr. Rich Man, open up your
Heart and Mind.
Give the poor Man a chance, help stop these
hard, hard Times" (*Bessie Smith*)

Der Blues, die Trouble-Music aus dem Flußdelta *Mark Twains*, den Baumwollfeldern am Mississippi- und am Yazoo-River, hat schon ein langes Leben hinter sich. Wenige Akkorde, durchsichtige Harmonien, ein schlichtes Taktschema und die Geschichten von Liebe und Qual machten den Blues zum Ur-vater von Rock'n'Roll, Pop und Rock und zugleich resistent gegen alle modischen Pop-Derivate, die sich seiner bedienten. Blues ist ein Gemütszustand, eine Metapher; bis heute gilt die Definition des Jahres 1824, als – wie *Samuel B. Charters* be-merkt – ein „Anfall des Blues" gleichbedeutend mit „seelischer Depression" war – 12 Takte Trauer, Schwermut und Vitalität – und das immer wieder von vorn.

Schon um die Mitte des 19. Jahrhunderts waren bluesige „Slave-Songs" und afro-amerikanische Folklore – wie die Frühformen genannt wurden – entstanden, bevor dann einer der vielen „Väter des Blues", der Blasmusiker und Bandleader *William Christopher Handy* (1873–1958), den Memphis-Blues-Stil kreierte. Von den Ländereien im Süden gingen schwarze Bluesmusiker, die als Farmarbeiter oder Hausdiener gerackert hatten und von denen einige Klavier spielen konnten, auf Wanderschaft, die sie bis in die Clubs der Städte im Norden führte. Diese Bewegung gen Norden hatte nicht zuletzt schon in der ersten Hälfte des 19. Jahrhunderts mit der Befreiung von der Sklaverei zu tun, die in den moderneren Nordstaaten mit der aufstrebenden Industrialisierung schon vor dem Sezessionskrieg (1861–65) gewährt worden war. *Big Bill Broonzy* zog 1920 nach Chicago; *Handy* wurde Musikverleger in New York; *Muddy Waters* oder *Lightning Hopkins* taten es ihnen 25 Jahre später gleich. Dabei wurde der Blues vielfältiger: akustischer Country-Blues erklang auf dem Land – am Mississippi, in Texas –, elektronisch verstärkter Show-Blues als Unterhaltungsmusik im schwarzen Nachtclub-Milieu der urbanen Ghettobezirke. Die Erfindung der Elektrogitarre machte den Blues lärmender, seine Botschaften indes blieben gleich. Überall dort, wo gelitten oder gejammert, getanzt oder gefeiert wurde, fand der Blues sein Publikum. Anfangs standen die Musikanten am Straßenrand, dann eroberten sie die Kneipen, in denen zirzensische Blues-Battles ausgetragen wurden („*Lightning Slim*" gegen „*Guitar Slim*"). Blues pendelte zwischen der Stadt und dem Land, zwischen Klagegesang („Cryin', canned Heat, Mama" sang *Tommy Johnson* 1928 und sollte *Canned Heat* später den Namen liefern) und Unterhaltungsshow. In den Texten stand Traurigkeit neben Ironie und Erotik. Der blinde *Blind Lemon Jefferson* zotete sich ebenso wie *Champion Jack Dupree* durchs Programm, kaum ein Blues kam ohne Anspielung auf verpatzte Gelegenheiten, Politik, Sex und Begehren aus: „Oh, rock me, Julie, rock me. Rock me slow and easy. Rock me like a Baby", intonierten die Vorsänger 1890, der von *Robert Johnson* kreierte ‚Steady Rollin' Man' bezeichnete nicht nur einen fleißigen Arbeiter, sondern auch einen ebenso unermüdlichen Liebhaber. Blues erzählte von den einfachen Dingen des Lebens. *Elvis* hörte ihn in Memphis, dem Zentrum des Baumwollhandels, dort, wo später der „Landedelmann aus dem Süden" (*Presley* über *Presley*), für vier Dollar sein erstes Lied aufnehmen würde. *Big Bill Broonzy*, der in den Konzertpausen der Fünfziger-Jahre-Jazz-Koryphäen in europäischen Sälen auftreten durfte, hörte ihn ähnlich wie *B. B. King* am Mississippi, *Muddy Waters* trug ihn nach

Chicago, *Nina Simone* nach North Carolina. Blues war tief-schwarz und wurde von weißen Plattenfirmen erst nach 1940 angenommen: In den Clubs konnte man *Howlin' Wolf* stöhnen hören, *John Lee Hooker* beim Beten zusehen oder *Sunny Boy Williamson* beobachten, der als akrobatischer Mundharmonika-Virtuose auftrat. *T-Bone Walker* sprang im goldenen Jackett und mit juwelenbesetzter Gitarre auf die Bühne und kreierte das blind gespielte Gitarren-Solo mit dem Instrument im Nak-ken, das später (genau!) *Jimi Hendrix* imitierte – eine neue Ge-neration setzte den Blues nach dem 2. Weltkrieg unter Strom. *B. B. King* (geboren 1925) ist nicht nur ein famoser Gitarrist und Sänger, sondern auch ein professioneller Entertainer. Der Farmarbeiter und Straßensänger, GI und Discjockey, feierte die ersten Erfolge mit seiner Gitarre „Lucille" in den Fünfzigern, begleitete die *Stones* auf eine USA-Tour, wurde in den Achtzi-gern zum Weltstar, der als Soundtrack-Komponist für den John Landis-Film ‚Into the Night' eingekauft wurde. *John Lee Hooker* (geboren 1917) spielte mit *Santana* und sammelte als Pensionär goldene Schallplatten ...

Während der Blues in den USA der fünfziger Jahre von *Frank Sinatra*, *Sam Cooke* und *Elvis* überrollt wurde, begriffen ihn die jungen Europäer kurze Zeit später als Offenbarung: Ab 1962 war das von Südwestfunk-Jazzredakteur und Weltklang-Ideologen *Joachim-Ernst Behrendt* initiierte amerikanische ‚Folk- und Blues-Festival' unterwegs. Denn die jungen weißen Europäer wollten Blues von Schwarzen lernen und sie taten es auch: die *Animals*, *Eric Clapton* und die *Yardbirds*, *John Mayall*, die *Pretty Things*, *Fleetwood Mac*. Sogar in der Blues-Heimat fanden sich vereinzelt weiße Nachfahren: *Johnny Winter*, der „heißeste weiße Bluesmusiker neben *Janis Joplin*" (‚Rolling Stone', 1970) und die kratzig-schlaffen *Canned Heat* kopierten und verwandelten den Stoff der farbigen Vorbilder. 1971 kam es zum legendären Zusammentreffen in London: *B.B. King* traf seine ideellen Schüler, *Steve Winwood*, *Alexis Korner*, *Peter Green* und *Ringo Starr* – *Muddy Waters* und *Howlin' Wolf* sollten folgen und (in der Reihe „Fathers and Sons") ebenso exzellente Alben mit ihren Adepten einspielen.

Die schwarzen Väter wurden verehrt, aber die Weißen trieben den Blues in Richtung Rock; er bekam Tempo und wurde tanzbarer, die Soli wollten nicht mehr aufhören, bloße Geschwindigkeit auf dem Griffbrett galt mitunter schon als Synonym für Qualität. *Ten Years Afters* Frontmann *Alvin Lee* dribbelte sich mit ‚Going Home‘ zu einem neuen Weltrekord, im übrigen konnte er – Stichwort ‚Love like a man‘ – natürlich auch ganz anders. Auf einer abgeschabten Fender-Stratocaster exerzierte der 1995 verstorbene irische Bluesgitarrist *Rory Gallagher* – anfangs mit seiner Band *Taste* und später solo – stundenlange Bluesetuden, die sich über fünfzehn Jahre hin kaum veränderten. *Peter Greens* weiße Brit-Blues-Band *Fleetwood Mac* (‚Oh Well‘) trat gemeinsam mit *Otis Span* und *Willie Dixon* auf, änderte aber in den frühen 70ern ihren Stil und verkaufte 1977 mit einer glänzenden Popscheibe Millionen: ‚Dreams‘ hatte sich vom Blues verabschiedet. *Peter Green* selbst war schon lange zuvor auf Solo-Pfaden abgedriftet.

Leidensgeschichten und Lebensgeschichten

Bevor der Blues die englischen Beatschuppen erreichte, wurde er auf Hochzeiten und Beerdigungen, bei Tanzvergnügen und Nachtclub-Sessions gespielt: *Leadbelly*, der „König der zwölfsaitigen Gitarre“, der legendenumwobene *Robert Johnson* (man denke nur an *Walter Hills* Roadmovie ‚Crossroads‘ mit der Musik von *Ry Cooder*), *Big Bill Broonzy* resümierten ihr Tun lapidar: „Wir dreschen die Saiten“. *Willie Dixon*, *Blind Lemon Jefferson* und das berühmte Duo *Sonny Terry & Brownie McGhee* verhalfen den Worksongs der Heimatlosen schon bald zu einer kompositorischen Linie und zu Echos in der Stadt.

In den vierziger Jahren traten die ersten „Bluesröhren“ an die Mikrofone: *Lil Green*, *Bessie Smith*, *Billie Holiday*, *Carmen McRae* oder *Dinah Washington*. Blues wurde in New York und in Dallas, in Chicago und in New Orleans gespielt. Was zählte, war nicht etwa Virtuosität oder gar Perfektion, sondern: der Ausdruck, die Glaubwürdigkeit der erzählten Lebens- und Liebesgeschichten, ob sie nun tatsächlich auf Wahrheit beruhten oder nicht: ‚Doctor, Doctor, I feel so bad, what shall I do ?‘, ‚My Baby left me‘, ‚Baby, please don't go‘. Aber auch: „Pfirsichgarten-Baby, du hast geschworen, daß keiner bei dir pflücken darf außer mir" (*Blind Lemon Jefferson*) und: „Wir haben acht Kinder, Baby, und keines sieht so aus wie ich. Drum ziehen wir in die Vorstadt hinaus, ich kann's nicht leiden, wenn sich dauernd wer 'rumtreibt in unserem Haus" (*Big Bill Broonzy*). Blues verfügt eben auch über Witz und Ironie, gibt Kraft, denn morgen geht das Leben weiter: „Early in the Morning ..."

Für manche wurde daraus das Geschäft ihres Lebens. *B. B. King* mit seinen unverwechselbar abgerissenen Tönen und knappen Soli, ist heute ebenso ein Star wie der puristische *John Lee Hooker*, der seinen harten Boogie inzwischen auf über 100 Platten veröffentlichte; ein skurriler weißer Brite wie *John Mayall*, dessen *Bluesbreakers* in den 60ern eine Schule der jungen Bluesmusiker waren oder ein introvertierter Ire wie *Van Morrison* begeisterten mit ihren Adaptionen – und mischen heute noch mit. Fast unangefochten residiert vor allem Mr. Slowhand, *Eric Clapton*, in der Machtzentrale weißen Bluesschaffens; mit seinem „unplugged"-Auftritt bei MTV trat er eine ganze Lawine akustischer Konzertmitschnitte los. Wenn er, umgeben von seinen zwölf Gitarren, in der Londoner Royal Albert Hall auftritt – nämlich jedes Jahr ein Mal –, zelebriert er nichts weniger als eine Blues-Legende. Und: Er bleibt dabei bescheiden wie *Muddy Waters*, der zwar Zoten riß – aber mit der Ironie eines abgeklärten alten Herrn. Der Blues ist schlicht geblieben; dem Boogie-Woogie-Pianisten *Champion Jack Dupree*, der seine letzten Lebensjahre ebenso wie *Memphis Slim* in Europa verbrachte, genügten beim Festival in Montreux Fans, Sonnenschein und frischgezapftes Bier, um den ganzen Nachmittag auf der Terrasse Barrelhouse-Blues zu klimpern. Eine Zeile wie *Leadbellys* „I went to eat my breakfast, the Blues was in my Bread" wird man immer verstehen, einen satten Blues-Shuffle von *ZZ Top* kann man bei jeder

Abb. 13: „Zurück in die Zukunft" – ZZ Top, das Trio der unmodernen Rauschebärte, kultiviert beinharten Texas-Blues-Rock. ‚Viva Las Vegas' präsentierten die Herren live aber doch lieber mit gelenkigen Gogo-Girls.

Tanzparty auflegen, und *Bessie Smith*'s Stimme beim ‚St. Louis Blues' wird für immer und ewig Balsam für die wunde Seele bleiben. Trauer und Überlebenswillen in wenigen Noten. Welches Lied kann rührender sein als *Leadbellys* ‚Good Night Irene'? – und was kann vitaler sein als die fulminante Adaption dieses Titels, die *Dr. John* 1992 auf seiner CD ‚Going back to New Orleans' abgeliefert hat?

B.B. Kings Show ist ungemein witzig, *Sunny Terry & Brownie McGhees* ‚Down by the Riverside‘ taucht im Repertoire aller Straßenmusiker und Kammbläser als Spaßhit auf. Klassiker wie *John Lee Hooker* und *Taj Mahal, Lightning Hopkins* oder *Jimmy Witherspoon* warten immer wieder mit einer neuen Scheibe auf – die Geschichte des Blues geht weiter. Witzbold *Willie Dixon* gab ihm eine ironische Note und verschaffte ihm die ersten ungewöhnlich heftigen Breaks, *Muddy Waters* zwinkerte mit den Augen und *Big Mama Thornton* begeisterte ihre Fans lange vor *Elvis'* explosivem Rock'n'Roll-Blues mit einer urkomischen Version des ‚Hound Dog‘ in ganz relaxter, fast souliger Stimmung, mit Hundegekläff am Ende, *Johnny* ‚*Guitar*‘ *Watson* (verstorben 1996) machte Blues richtig ‚funky‘. Der Satz von *Taj Mahal* („Durch den Blues können wir erkennen, daß jeder von uns irgendwann einmal schlechte Zeiten durchmachen muß") enthält eben Wahrheit.

Der gegenwärtige Nachwuchs unter den schwarzen Blues-Musikern wagt es kaum, diese bewährte Klang- und Traditionslinie zu verlassen: *Lucky Peterson* besann sich 1994 auf das alte wimmernde Wurlitzer-E-Piano und die Gitarre, *Luther Allison* mag Blues mal solo und akustisch, mal deftighart mit Band, *Johnny Copeland* und *Robert Cray* modernisieren, – aber der Stoff, aus dem die alten Träume zusammengemixt sind, bleibt der gleiche. *Marla Glen*, die schwarze Blueslady mit Wohnort Paris, tritt in Männerklamotten vors Publikum und knödelt so intensiv und rauh, daß sie mit 35 Jahren zur exzentrischen Kultfigur aufstieg – nicht ohne Zutun eines Werbe-Clips von der Kino-Leinwand. Und schließlich *Gary Moore*, ehemaliger Hardrocker von *Thin Lizzy*, der eins seiner letzten Alben mit einem *Hendrix*-Poster ziert und stolz von sich behauptet, ‚Still got the Blues‘. Ob man ihm das abnehmen kann, vor allem das ‚*Still* ...‘? Nun ja, wenigstens lockt er gar manchen zum Blues, der vorher bloß auf Hardrock stand.

Vor allem der Melancholiker *Eric Clapton* (geboren 1945) – inzwischen mehrfach geehrter Grammy-Preisträger – transponierte die Kraft und Universalität des Ur-Blues ins moderne Popbusiness. Schon als 15jähriger hatte er *Big Bill Broonzy* und *Chuck Berry* nachgeeifert, bevor er mit *John Mayall* und den *Bluesbreakers* 1965 einen Klassiker nach dem anderen abspulte. *Cream* und *Derek & the Dominos* hießen die nächsten Stationen; ‚Layla‘ hieß der Mega-Hit von 1970, dann zog er allein weiter. ‚I shot the Sheriff‘ (1974, nach *Bob Marley*) machte den Reggae salonfähig; dann folgte ‚Lay down Sally‘, schließlich die Oberschnulze ‚Tears in Heaven‘. *Clapton*, der zeitweise auch bei den *Yardbirds* und bei *Casey Jones* mitgemischt hat, unterscheidet sich bis heute von Gitarristen wie *Pete Townshend* oder *Keith Richards*. Zwar geriet auch er in den Strudel der Drogen – und nicht zu knapp! –, verfiel aber nie dem Wahn, ein Superstar des Rock’n’Roll zu sein. Auf der Bühne präsentiert er sich als vergleichsweise bescheidener Blues-König, der seinem Körper kaum einmal irgendeine unnötige Bewegung abtrotzt: Keine wirbelnden Arme, keine zertrümmerten Gitarren, keine martialischen Gesten. Gewalt oder Sex fehlen im Angebot, Handwerk und musikalischer Ausdruck rangieren für ihn ganz oben, dazu der eine oder andere Anzug von Armani. In den Jahren zwischen 1969 und 1974, in den Unwettern des Speed-Blues, den die zornigen Männer von *Led Zeppelin* und *Ten Years After* aufboten, war das nicht angesagt. Diese härteren Bluesrock-Versionen waren einfach lauter, schneller, härter, irgendwie körperlicher – *Clapton* stand abseits, hing außerdem an der Nadel, während *Led Zeppelin*, *Blue Cheer* oder *Stan Webbs Chicken Shack* regierten.

Doch der Mann aus der Grafschaft Surrey schaffte gleich mehrere Comebacks, und heute scheint es, als sei ihm der Platz in der Hall of Fame nicht mehr streitig zu machen. *Eric Clapton* verfügt über das kompositorische Talent, aus dem Blues alles, vom leichten Pop bis hin zu tränenseligen Balladen zu-sammenzurühren. Das hat etwas von Altersweisheit, aber auch von Verrat – und es verkauft sich entprechend: ganz prima.

Blues-Papa *Alexis Korner*, der die britischen Nachwuchs-Musiker einst in seinen Club einlud, um sie in der hohen Kunst der Coolness zu unterweisen, gehörte der Vorkriegsge-neration an; heute wäre diese Leitfigur des britischen Blues siebzig Jahre alt. Er wurde in Paris geboren, sein Vater war Österreicher, seine Mutter Griechin. Die Familie emigrierte nach England, *Korner* kehrte als britischer Besatzungssoldat nach Deutschland zurück, legte wie auch Chris Howland Platten auf und wechselte dann ins Unterhaltungsfach. Kurz nach Kriegsende arbeitete er wie Howland beim Alliierten-Radio ‚BFN‘ und beim ‚NWDR‘, dem Vorläufer des ‚NDR‘; er moderierte Blues-Sendungen und trat in Hamburger Jazzclubs als Gitarrist auf. In den Fünfzigern spielte er mit *Chris Barber* Dixieland und lotste später *Muddy Waters*, *Memphis Slim*, *Sonny Terry & Browny McGhee*, die Stars aus Übersee, auf ih-ren Europatourneen durch die Alte Welt. Blues wurde sein Credo; seinen integrativen Fähigkeiten war es zu verdanken, daß sich Musiker wie *Mick Jagger*, *Jack Bruce*, *Ginger Baker* oder *Eric Burdon* trafen, die damals noch ziemlich grün hinter den Ohren waren. *Robert Plant* schickte er zu *Led Zeppelin* und letztlich ist er auch dafür verantwortlich, daß *Manfred Mann* seine Mannen fand und daß sich die *Animals* und *Free* zusammenrauften. Seine Vermittlerfunktion läßt sich nur noch mit derjenigen von *John Mayall* vergleichen – beide leiteten auf ihre Weise eine Art Talentschuppen, aus denen einige der größten Blueser und Rocker hervorgingen.

Kurz vor seinem Tod 1984 konnte ich *Alexis Korner* noch auf Tour erleben. Auf der Bühne eines schlecht gefüllten, mit-telgroßen Saales stand ein sympathischer grauhaariger Lok-kenkopf mit Brille, der große Moderatorenqualitäten aufbot. Kein sprühender Entertainer wie *B.B. King*, der mit großer Band agiert und das Publikum packt und animiert, sondern ein bescheidener Blues-Professor, der ein wenig aus der Schule plauderte. Keine Spur von Rockstargehabe, keine Spur von

Abb. 14: „Meister aller Gitarren" – Alexis Korner konnte Blues sogar auf der Ukulele spielen. Er war in London *die* Integrationsfigur für bluesverrückte Bands wie die Stones, Led Zeppelin, Cream.

Arroganz, nicht der geringste Abstand zum Publikum. Freimütig gab er zu, daß er selber zeitlebens nie in der Lage gewesen sei, mit Stimme und Instrument das zu verwirklichen, was er in seinem Kopf gehabt habe. Nach der Zugabe meinte er, während er die Gitarre noch ein wenig an sich drückte, um die letzten Schwingungen herauszuquetschen: „Tut mir leid, war ein bißchen cool heute Abend. Sorry."

6. Balladen vom kleinen Leben:
Songwriter und Poeten

Bruce Springsteen, Randy Newman, Joni Mitchell,
Rickie Lee Jones, Tom Waits, Van Morrison

> „Will I see you tonight
> on an downtown Train
> Where every Night its just the same.
> You leave me lonely
> Will I see you tonight
> On a downtown Train
> All of my dreams just fall like Rain
> All upon a downtown Train"
> (*Tom Waits*)

Mitte der Siebziger Jahre schien das Erbe des genialen Song-writers *Bob Dylan* zu verfallen. Vom Woodstock-Lebensgefühl inspiriert, sehnte sich das Publikum durchaus nach einfachen, wehmütigen Geschichten, die das Gefühl der Zeitenwende ('The Times, they are a changing') einfangen konnten. Doch statt Folk und Polit-Folk waren manierierte Kunst-Rock-Entwürfe und Hard- oder Heavy-Rock aus Großbritannien en vogue, *Dylans* Begleitcombo *The Band* quittierte sogar den Dienst und verabschiedete sich mit dem von Martin Scorsese filmisch festgehaltenen Konzert ‚The Last Waltz'. Die Ära der soliden US-Liedermacherkultur, die viele Nachwuchsmusiker inspiriert hatte, schien zu Ende, die Suche nach einem wür-digen *Dylan*-Nachfolger machte aber auf neue Könige und Königinnen der Ballade aufmerksam.

Dylan selbst hatte sich schon früh von der akustischen Gi-tarre getrennt. Auch der Post-*Dylan*-Folk klang deshalb nicht mehr nach *John Sebastian* oder *Crosby, Stills, Nash & Young;*

der Weg war frei für eine Singer/Songwriter-Kultur, die heute von *Sara K.* bis *Tom Petty* reicht und damit von sehr sanften bis zu ziemlich rockigen Arrangements. Originell, aber schlicht arrangierte Ohrwürmer, bluesgetränkte Litaneien und mitunter sogar weißer Mainstream-US-Rock von *Nils Lofgren* oder *Bruce Springsteen* wiesen dem melodiösen Popsong einen neuen Platz zu.

Rauhbein und Träumer

Springsteen, – 1996 gerade wieder auf Europa-Tournee –, der rockende Kanalarbeiter aus den USA, der 1976 über die Mauer von *Elvis'* Anwesen geklettert war, um dem „King" auf den Pelz zu rücken, wurde so oft im ARD-Rockpalast als Sensation für die nächste lange Rocknacht angekündigt, daß es schon wieder komisch war. Denn genau wie Godot kam der Mann aus New Jersey seinerzeit nie. *Bruce Springsteen* wurde von der Rockpalast-Redaktion um Peter Rüchel verehrt, weil er bodenständigen Rock bot und sich in der amerikanischen Anti-Atombewegung engagierte. Er besang die disparaten Fluchtbewegungen der kleinen Leute und verdichtete deren Befindlichkeit zu eingängigen Topoi. Über zwanzig Jahre ist seine Botschaft gleich geblieben: Von ‚Born to run' bis hin zu ‚Philadelphia'. Und das Publikum zieht mit, denn seine kraftstrotzende und dennoch sentimentale Musik klang immer schon unverfälscht: Der Mann mit Sexappeal schwitzt in Jeans, Cowboystiefeln und Unterhemd, er strampelt sich wirklich ab. Dabei orientiert er sich an *Bob Dylan*, *Van Morrison*, *Elvis* und *Chuck Berry* – und singt auch so: kratzig, rauh, nachlässig in der Modulation. 1988 brachte er mit seinen in konventionellen Dur-Moll-Schwüngen angelegten Liedern die europäischen Stadien zum Kochen.

Springsteen lebt seine Prolo-Rockshow mit ganzem Herzen, und tritt unter zweieinhalb Stunden Schweißarbeit selten wieder ab. Mit vierzehn hatte er beschlossen, Gitarre zu lernen, um ein Mann zu werden – das war 1963, als die *Beatles* gerade aufstiegen und *Elvis* ‚Rock'n'Roll 2' veröffentlichte. Als er selber die Bühne bestieg, gab er eine zeitlose Kopie des jungen, rebellischen Marlon Brando ab, vielleicht auch des unsterblichen James Dean, strahlte dabei aber mehr Optimismus aus als die eher melancholisch-depressiven Originale. Trotzdem reüssierte er vor allem mit seinen melancholischen Balladen ...

Ebenso wie *Dylan*, war *Springsteen* zu Beginn seiner Karriere mit der Klampfe im New Yorker Künstlerquartier Greenwich Village aufgetreten; der erwartete neue *Dylan* sei er, schwärmte die Musikkritik, er könne den Rock'n'Roll zu seinen Wurzeln zurückbringen – aber er wurde gewissermaßen nur der Mann für gewisse Stunden: Erotisch, ehrlich, eindeutig, unkompliziert, – ein Richard Gere der Popmusik. ‚Human Touch', oder ‚I'm on Fire' sind verführerische Pop-Liebesbriefe, seine depressiv-sentimentale Ballade ‚Philadelphia' aus dem gleichnamigen Film über die Aids-Problematik brachte ihm 1994 einen Welterfolg plus Grammy. Bei der Einweihung der ‚Hall of Fame', dem Museum der Popidole in Cleveland/Ohio, durfte er zusammen mit seinem alten Vorbild *Chuck Berry* die Gitarre schwingen, schon beim ‚We are the World'-Video, dem Benefiz-Produkt gegen den Hunger in der Welt 1987, mischte der Rock'n'Roll-Cowboy in vorderster Linie mit. Der „Boss" ist eben eine Instanz.

Apokalypse und Lebenshunger

Neben solchen Superstars gab es nicht wenige, die vom großen Kuchen nur ein winziges Stück abbekamen, die also nicht in Fußballstadien auftraten, sondern in intimen Clubs. Trotzdem – oder gerade deshalb – brachten sie betörende Poplieder zustande, die dann häufig gecovert wurden – bis „wirkliche" Hits daraus wurden. Aber ihre Urheber paßten nicht ins Bild, denn die Popindustrie suchte und sucht plakative oder provokante Gesten. Idole, an die sich Sehnsüchte knüpfen lassen. Dazwischen bleibt wenig Raum – nur eine begrenzte Minderheit ist von musikalischen Grenzgängern zu begeistern. Außenseiter

Paul Brady komponierte zwar für die aufgetakelte, ewig junge *Cher* und für die etwas würdiger alternde *Tina Turner* – aber wer kennt schon den Urheber von ‚Paradise is here'? Rockpoet *Van Morrison* lieferte ebenso wie *Bruce Cockburn* grandiose Songs und Filmmelodien am laufenden Band, aber Stars wurden beide nicht, dafür machten sie auf der Bühne zu wenig her. *John Cale* – Cellist und Tastenkünstler bei dem *Andy Warhol/Lou Reed*-Projekt *Velvet Underground*, der behauptet hatte, sie seien „die Primitiven der Musik" – hätte mit teuflischen Liedern wie ‚Song of the Valley' oder ‚Chinese Envoy' (1982) Millionen umgarnen können, wären sie nicht so zickig und unkommerziell produziert gewesen, und wäre *Cale* nicht ein bunter Vogel, der den Gepflogenheiten des Popgeschäfts den Kampf angesagt hatte.

Während der Waliser *Cale* in dunklem Bariton apokalyptische Visionen anstimmte, erzählte der amerikanische Liedermacher *Randy Newman* in grotesken Kleinstballaden von kaum einmal zwei Minuten Länge von einem Amerika, das in den üblichen Popsongs nicht vorkommt. *Newman* präsentierte weder Pop noch Blues, schon gar keine Lieder für die Hitparaden. Ganz allein seufzte und näselte er zum Klavier, das er zwischen Boogie-Piano und romantischem Schubert-Stil anschlug. Von ihm stammen Filmmusiken und eindrückliche Stadtporträts wie ‚Baltimore' oder ‚Birmingham', Balladen wie ‚Sail away' oder ‚1903' – Lieder aus wenigen Akkorden, die an atmosphärischer Dichte kaum zu übertreffen sind. Aber das war und ist kein Pop; die allzeit bereite Vermarktungsmaschine, die Tanzmusik, smarte Videogesichter oder attraktive Teenagerkörper favorisiert, konnte hier nie wirklich zugreifen. Aus *Newman*, der aussieht wie ein schrulliger Musikdozent oder wie Michael Caine in einem Woody-Allen-Film, konnte einfach kein Idol werden. Überdies war *Newman* zynisch und nonkonformistisch, veräppelte in ‚Short People' scheinbar alle Kleingewachsenen und zog sich damit den Zorn der politisch korrekten amerikanischen Radiostationen zu. Der Californier aus einer bildungsbürgerlichen Familie – Vater Internist, Onkel arrivierter Filmkomponist und Oscarpreisträger – schrieb und schreibt Songs für eine Gemeinde, die gerade solche sentimentalen Sottisen liebt. Erst mit der LP ‚Trouble in Paradise', auf deren Cover er sich im Hawaiihemd am Strand von Santa Monica ablichten ließ und in der er über seine weißen und schwarzen Zeitgenossen gleichermaßen herzog, erreichte er die europäischen Hitparaden: mit ‚Christmas in Capetown', einem Rummelplatz-Song, oder ‚We love L.A.', einer Liebeserklärung an die Hauptstadt der amerikanischen Westküste, einem Rockbeat, der „endlich" einmal radiotauglich war. Über seinen Song ‚Miami' resümierte er: „Ich mag den Blues und die Wiener – Mahler, Schubert, Richard Strauß, Alban Berg. Der Chorus meines Songs ‚Miami' klingt wie schlechter Mahler oder Berg." 1995 versuchte der Außenseiter, der europäischen Hochkultur und seinen Vorbildern aus dem Wiener Komponistenhimmel mit einer komödiantischen ‚Faust'-Pop-Version nachzueifern. Daß das Vorhaben allerdings mehr ironischer Natur war, zeigte schon die Besetzung: Ex-*Eagle Don Henley* als Faust, *Bonnie Raitt* als Martha, *Linda Ronstedt* als Gretchen – *Randy Newman* selbst als Mephistopheles: „Mir ist es ernst mit der Komik", sagte der verhinderte Clown, der Kunstmusiker geworden war.

Country-Pop und Folkdiseusen

Joni Mitchell und *Rickie Lee Jones* trennen zehn Jahre Altersunterschied und doch beziehen sie sich wie Pop-Zwillinge aufeinander. Beide Songwriterinnen stammen aus der amerikanischen Folk- und Countryszene, fühlten sich dem Jazz verbunden und entwickelten außergewöhnliche kompositorische Talente. *Joni Mitchells* ‚Big Yellow Taxi' (1968) wurde 1995 durch *Amy Grant* als Discobeat wieder aufgewärmt, *Rickie Lee Jones* hingegen tauchte ab. Die Kanadierin *Joni Mitchell* gestaltete ihre Plattencover als Zeichnerin selbst, schrieb teils fesselnde Poplyrik und trat Mitte der Sechziger im Folk-Fieber, das *Bob Dylan* entfacht hatte, als eine der ersten weißen Frauen live zur Gitarre auf. Ihr Gesangsstil wurde zum Mar-

kenzeichen; die Songs blieben aber, trotz aller Folkreminiszen-
zen und romantischer Momente, sperrig: ,Both Sides now'
(1968) oder ,Ladies of the Canyon' (1970) ebenso wie die ange-
jazzte LP ,Wild Things run fast' (1982), zu der sie Jazzrock-
Prominenz wie *Wayne Shorter* und *Larry Carlton* ins Studio
geholt hatte.

Rickie Lee Jones dagegen schrieb zwar auch einige zündende
Popsongs wie ,Chuck E's in Love' (1979) oder ,Young blood'
und hatte eigentlich das Zeug zur Poplady – hübsch, blond,
sexy – aber ihr Folkpop war doch zu amerikanisch, schon von
Beginn an viel zu introvertiert, um im Welt-Zirkus mitmischen
zu können. Ebenso wie *Joni Mitchell* holte sie sich später für
ihre CD ,Pop Pop' Jazzmusiker ins Studio – den Gitarristen
Robben Ford und den Bassisten *Charlie Haden* –, aber ihr ko-
metenhafter Karrierebeginn – der ,Spiegel' hatte sie 1982
hymnisch angepriesen – war bereits Geschichte, gegen die
neuen Königinnen der Achtziger – *Madonna, Tina Turner,
Patti Smith* – konnte sie so nicht antreten. ,Flying Cowboys'
(1989) oder auch ,Traffic from Paradise' (1993) aber sind wun-
derbare kleine Perlen, jenseits vom Lärm der Charts.

Barmusik für Eingeweihte

Rauhbein *Tom Waits*, der in *Jim Jarmuschs* Kultfilm ,Down by
Law' als wortkarger Discjockey auftritt, schreibt Musik für
kleine dreckige Filme, und trägt sie auch live mit großem
schauspielerischem Talent vor: Bei seinem Auftritt in der
Hamburger Universität 1988 stand auf der Bühne ein grell
leuchtender US-Kühlschrank, *Waits* stakste mit spastischen
Bewegungen ums Mikrofon herum, sein röhrender Gesang aus
wunder Seele ging wohl jedem unter die Haut – aber außer einer kleinen Gemeinde von Intellektuellen konnte dieser Post-
Punk doch keine Massen erreichen. Punk hatte die Popwelt
zwar einerseits für schräge Figuren und Außenseiter sensibili-
siert, so daß sich *Waits* einen Namen machen konnte, aber mit
seinen schmerzverzerrten Balladen wie ,Rosie' (1973) oder

‚Closing Time' kam er irgendwie zur falschen Zeit. Punk war laut, hektisch, obszön; *Waits* war leise, schräg, experimentell. Der 1950 geborene Filmschauspieler wurde wie andere auch als potentieller *Dylan*-Erbe gehandelt, doch merkwürdigerweise floppte gerade sein vergleichsweise eingängiges Debut-Album ‚Closing Time' (1973): Seine sanften, mit rauher Stimme vorgetragenen, aber gegen den Strich arrangierten Songs, die bei konventionelleren Arrangements das Zeug zu Welthits gehabt hätten, berührten nur eine Minderheit. Vielleicht auch deshalb, weil sich der Barmusiker am Klavier mit dem Kinnbart bewußt als unmoderner Typ präsentierte, sich als Beatnik der späten Fünfziger begriff, als Nachfahre von Jack Keruacs ‚Unterwegs'-Generation: „Die einzig wirklichen Menschen sind für mich die Verrückten, die verrückt danach sind zu leben, verrückt danach zu sprechen, verrückt danach, erlöst zu werden ..." (Jack Keruac). Jedenfalls erzählt *Tom Waits* vom armseligen, einsamen Leben draußen am Rand der Nacht und vom ungestillten Lebenshunger; seine fast sakralen Balladen und seine Intensität am Mikrofon gehen mit enormer Stilisierung und dem ironisch überhöhten Einsatz von Pathosfloskeln einher; sein kompositorisches Talent überzeugte etliche Kollegen: *Patti Smith* und *Bruce Springsteen*, *Rod Stewart* und die kurzfristig erfolgreiche Neue Deutsche Welle-Band *Interzone* nahmen *Waits*-Songs ins Programm, bei den *Stones* durfte der schräge Romantiker auf der LP ‚Dirty Work' mitsingen, bei *Roy Orbison* Klavier spielen, schließlich gar zusammen mit *Bette Midler* ein herzzereißendes Duett anstimmen: ‚Never talk to Strangers' (1980), ein nächtlicher Dialog am Bartresen, bei dem die beiden Stimmen eine Weile umeinander kreisen, bevor sie sich treffen und verschlingen – *das* Duett der Popgeschichte schlechthin.

Irish Blues aus drei Jahrzehnten

Auftritt *Van Morrison* beim Jazz- und Popfestival in Montreux 1986: Der kleine, untersetzte, gänzlich unerotische Mann aus

Belfast bewegte sich kaum in seinen gebügelten Jeans mit Schlag und Pullover, verschluckte die Texte und sang trotzdem einen Hit nach dem anderen herunter: ,Too hungry for your Love' aus dem Film ,Ein Offizier und Gentleman' oder ,Cleaning Windows'. Dieser Unscheinbare auf der Bühne bestand nur aus Stimme, sang inspiriert vom Soul eines *Ray Charles*, gerierte sich als Grenzgänger, der sich seiner Bindung an keltische Mythen und religiöse Phantasmagorien nicht schämte. Irland, gab er zu, gebe ihm Stoff für seine Songs: Religiosität und Pathos mündeten deshalb auch mal in ein solch verquastes Album wie ,Inarticulate Speech of the Heart' (1983), das der Belfast-Cowboy dem Chef der heftig kritisierten Scientology-Sekte, Ron Hubbard, widmete, um sich wenig später mit einem dezenten, aber straffen Rocksong ,Real real gone' (1989) wieder zurückzumelden.

Auf ,Too long in Exile' (1995) läßt er neben seinen neuen Songs noch einmal seine Frühzeit Revue passieren. ,Gloria', den frühen Hit, den er mit seiner Ex-Band *Them* in den Sechzigern aufgenommen hatte, präsentiert er drei Jahrzehnte später zusammen mit *John Lee Hooker* fast so leichtfüßig wie seine Hommage an *Sonny Boy Williamson* in einer Version von ,Good Morning little Schoolgirl'. Eine Platte voller Melancholie und Weisheit, konventionell instrumentiert mit Orgel und Bläsern und einer Prise Jazz. *Van Morrison* kann intensiven Blues oder elegische Balladen gleichermaßen unverfälscht singen – der beste Pop für verregnete Sonntage oder träge Autofahrten:

> „Sam Cooke is on the Radio
> And the Night is filled with Space
> And your Fingertips touch my Face
> You're a Friend of mine
> And I'm really gone."
> (*Van Morrison*, ,Real real gone')

7. Fröhlicher Lärm aus düsterer Zeit:
Punk und New Wave

Sex Pistols, The Clash, Patti Smith, Sid Vicious

> „The Wind howles through the emply Blocks
> Looking for a Home
> But I run through the empty Stone
> Because I'm alone" (*The Clash*, 1977/78)

„Punk. Das ist unser leben, der haß gegen die vernichtung der städte, gegen die beschissenen möglichkeiten, in diesem lande was zu machen ... aber ich sehe im rock/punk meine musik. punk ist nicht gleich punk, das ist klar. auf hakenkreuzplatten wie die von sid vicious hab ich keinen bock" schrieb ein Punk in der alternativen Freiburger Stadtzeitung 1980, als auch im deutschen studentischen Umfeld der Universitätsstädte die ersten schrill-bunten Gestalten mit abgewetzten Jeans und spitzen, gezuckerten Frisuren gesichtet wurden. Die ersten Punkschuppen öffneten ihre Tore, um der angesagten Rockmode und ihren äußerlich abgewrackten Fans eine neue Heimat zu bieten. Bier wurde ausnahmslos in Flaschen konsumiert, die neuen Tempel waren düster und kalt, sie hießen in London ‚Roxy' oder ‚Crawdaddy' (gerade dort, im Umfeld der frühen *Stones*, hatte sich Weihnachten 1976 die Punkszene breitgemacht), in Manchester ‚Electric Circus', in der Bundesrepublik ‚Cräsch', ‚Suburbia' oder ‚Spex'.

Wieder mal wurde ein neuer Stil aus Großbritannien importiert, der britische Rock'n'Roll brannte die nächste, wilde Stufe ab. Schlechter, anarchischer, dreckiger Gitarrenrock mit revolutionären Nachrichten wie ‚Anarchy in the U.K.' wurde im Verbundsystem mit allerhand Müll-Accessoires auf dem Kontinent als neue Weltanschauung begierig aufgenommen. Punk war nicht nur eine Mode, sondern *die* musikalische Revolte gegen den manierierten Pop der Siebziger; außerdem rechneten die respektlosen Dilettanten aus den Vorstädten mit ihren musikalischen Vätern ab: *Stones*, *Kinks* und *Led Zeppelin*; die beinharten Rockzaren sollten demontiert werden. Schnell und laut mußte es zugehen, aggressiv und deftig; Bier mußte fließen, denn die jungen Leute glaubten nicht ohne guten Grund, sie hätten nichts zu verlieren. ‚No Future‘ wurde zum geflügelten Wort, ‚No Fun‘ zum Credo eines neuen Outcast-Bewußtseins der jungen Arbeitslosen und Streuner, die in den düsteren Industriequartieren Londons, Liverpools oder Birminghams unterwegs waren, um ihre Langeweile zu bekämpfen. Allenfalls beimEinwerfen der Scheiben der einen oder anderen abgewrackten Industriehalle spürten sie noch einen gewissen Nervenkitzel. Punk schrie die seelische Not heraus, die aus gesellschaftlicher Nutzlosigkeit erwachsen war. Punk hatte von Anfang an eine aggressive politische Ausrichtung, kein Wunder also, daß sich erfolgreiche Punkbands in England zur Initiative ‚Rock against Racism‘ zusammenschlossen, nicht zuletzt um einen Übervater wie *Eric Clapton* zu bekämpfen, der dem rechten Politiker Enoch Powell beigepflichtet hatte, als der die Parole ausgab: „England muß weiß bleiben".

Trotz aller multi-kultureller Verrenkungen blieb Punk allerdings eine weiße Musik-Subkultur – selbst wenn sich einige Gruppen mit schwarzen Musikern zusammentaten, um Punk mit Reggae zu fusionieren. Auch die Allianz mit „linken" Skins – die es in Großbritannien, anders als in deutschen Landen, immer gab – dauerte nicht allzu lange. Immerhin, die kurzlebige Fusion brachte unbeschwerte „Oi!-Music" hervor: Punk traf Reggae und Ska, aktivierte verschüttete Latino-Kulturen, sollte zum Tanzen animieren und, vor allem, Dampf ablassen.

Geniale Dilettanten

Punk revitalisierte neben der politischen Anarcho-Attitüde noch eine ganz andere Botschaft: Jeder konnte etwas werden, selbst der letzte Anfänger durfte wieder – wie zwanzig Jahre zuvor – zur Gitarre greifen und eine Band ins Leben rufen. Denn die wichtigen Impulse kamen jetzt nicht mehr aus den Studios, sondern von der Straße, Punkschuppen boomten mit Live-Musik und aggressivem Pogo-Dancing. Wie in der Anfangsphase des Beat in Liverpool bildeten Fans und Bands kurzfristig eine Einheit: Wenn die *Adverts* ihrem Publikum eröffneten, sie könnten schon drei Akkorde, dann war das schlicht und ergreifend die Wahrheit. Punk kokettierte zu dieser Zeit nicht, sondern bot in einer unbeweglich gewordenen Musikszene neue Nahrung für einen alten Traum; Fanzines, Heftchen im Kartoffeldruck, lagen in den Musikalienhandlungen aus und verbreiteten nützliche Spielanleitungen: primitive Griffbilder, A-Dur, E-Dur, G-Dur – fertig sei der erste Song. Das war Balsam für das geschundene Selbstwertgefühl der Jugendlichen. Punk figurierte aber nicht nur als Zukunftsentwurf, sondern auch als gewaltiges Ventil. Noch einmal die Post abgehen lassen, bevor die Welt zugrunde geht, so lautete die simple Botschaft derer, die nichts zu verlieren hatten. In den Punkschuppen spritzten die Bierfontänen, und die Pogo-Tänzer rempelten einander um die Wette an. Punk konnte jeder sein, der noch solchen Elan in sich spürte und bereit war, sich von seiner Hippie-Mähne zu trennen. Im städtischen Milieu der Bundesrepublik rekrutierten sich die Punks aus Studenten, Oberschülern und verkappten Alt-Revolutionären, die die Studentenrevolte verpaßt hatten und zwischen der Anti-Atom-Bewegung und den Hausbesetzern ihren Ort suchten.

Anarchie und Häuserkampf

Eng verknüpft war der BRD-Punk mit den aufrührerischen Aktivitäten der Hausbesetzer, die sich Ende der Siebziger, Anfang der Achtziger das eine oder andere innerstädtische Spekulationsobjekt vorübergehend unter den Nagel rissen. Das sonst eher beschauliche, verschlafene Schwarzwaldstädtchen Freiburg, die „Perle am Oberrhein" (Slogan der Fremdenverkehrswerbung), eine traditionsbewußte, sozialdemokratisch verwaltete Universitätsstadt mit über 30 000 Studenten unter rund 200 000 Einwohnern, avancierte alsbald zur „Metropole des Häuserkampfes" (Staatssekretär Ruder im Südwestfunk) und des Punk; zwischen schattigen Schwarzwaldhöhen und sonnigen Weinbergen, fühlte sich die deutsche Fraktion der Bewegung besonders wohl. Im Umfeld einiger besetzter Häuserzeilen in der City blühten Punkbands auf. Die *Soldiers of Fortune* ordneten sich in die Tradition der *Who* ein, drei der fünf Musikanten stammten aus England, lebten im besetzten Kleinindustrie-Komplex „Schwarzwaldhof", hatten aber, wie sie mir erzählten, „keinen Bock auf Sicherheitsnadeln, Verkleidungen und gefärbte Haarsträhnen"; ihnen ging es um die Modernisierung des Rock'n'Roll.

Punk anno 1980 live im Freiburger Keller ‚Cräsch' erklang zwischen Scherben und Müll: ekstatische Entladungen zu hektisch schreiendem Gitarrenrock, zu schrillen Sounds und quietschenden Riffs. Hitze und Schweiß, enormes Tempo und klirrender Sound. Ebenso laut wie überraschend friedfertig. Denn Punk erschütterte zwar die Öffentlichkeit, konnte aber die Popkritiker nicht davon abhalten, sich im modischen Genuß subkulturellen Schmuddels zu suhlen und wohlzufühlen. Drei grelle Neonröhren an der Decke, plakettenglitzernde Gestalten, sägende Gitarren und warmes Bier genügten mir beispielsweise damals schon, um für die ‚Badische Zeitung' einen hymnischen Text über das *Magdeburger Vibrations Ensemble* zu verfertigen. Die Atmosphäre übertönte die musikalische Qualität bei weitem. Alte Hasen wie US-Kritiker

Greil Marcus („Mistery Train') und Kollege John Peel, Disc-jockey bei der ‚BBC' und bei Radio Bremen, gerieten ins Schwärmen: „Es war einfach herrlich, in einem bereits fortge-schrittenen Alter die Sorte Gefühl wiederzuentdecken, das ich als Junge hatte, als ich *Little Richard* und *Elvis* hörte. Es war aufregend, aber auch irgendwie beängstigend ... man dachte: Passiert das wirklich? Man ging zu den Gigs und hatte das Gefühl, an etwas teilzunehmen, das von einem anderen Plane-ten stammte, es kam einem so erstaunlich vor, daß es über-haupt stattfand" notierte *Peel* nach einem Besuch im Punk-Eldorado.

Ekstase und Bier

Die frischgefönte Freiburger Künstlerszene, die sonst gerne ganz in Schwarz beim Chianti in der Discothek ‚Callas' Plati-tüden austauschte, verirrte sich zusehends zum alternativen Saturdaynight-Fever ins ‚Cräsch' im Autonomen Zentrum, denn dort wurde in den trüben Katakomben bei Flaschenbier eine besonders faszinierende Ungemütlichkeit zelebriert: Der Geruch der Avantgarde wehte durchs Gemäuer. Selbst wenn das angereiste Publikum häufig nicht verstand, um was es ei-gentlich ging, sonnten sich alle im grandiosen Gefühl, einem epochalen Ereignis beizuwohnen. Punk bedeutete Aufruhr und Chaos, die *Sex Pistols* hatten die Queen beschimpft, den Antichrist beschworen und Anarchie ausgerufen. Diese neuen Pop-Ikonen sahen schrill und seltsam unnahbar aus und voll-führten Veitstänze – es war Kino und Zoo zugleich, dargebo-ten an jedem Samstagabend auf wenigen Quadratmetern. Das fesselte vor allem deshalb, weil es so war, wie wir es uns früher immer im ‚Cavernclub' oder im ‚Marquee' vorgestellt hatten.

Solche momentanen Flips sind heutzutage, wo der Punk nicht mehr existiert, höchstens noch bei jenen Nachzüglern zu erleben, die die Punk-Ekstase aufgriffen und weitererzählten, als Ska, als Wave, als Grunge, manchmal auch als Techno. Ein Auftritt der Ska-Band *Bad Manners* im Dubliner ‚Rock-

Garden' ließ mich dieses Eingesaugtwerden in einen Hexenkessel noch einmal erleben. Während die Iren bei gerade mal zwölf Grad im Hemd draußen vor den Pubs ihr Guiness inhalierten, herrschte drinnen eine Atmosphäre, die den Pop zeit seines Lebens begleitet hat: Hitze, Spaß und latente Gewalttätigkeit. Die Musik war schnell, abgehackt und laut, mündete bald in schweißtreibendes Hüpfen, in Rempeln, Gepöbel und war von kompromißlosem Saufen begleitet. Der kahlköpfige Sänger der *Bad Manners, Buster Bloodvessel,* holte irgendwann einen Wassereimer, um den Inhalt ins Publikum zu schütten – es tat auch not, denn die Fans, zu denen ich mich plötzlich rechnete, forderten die Dusche. Nach *Tina Turner* im Bremer Weserstadion und *Marvin Gaye* in Montreux war dies das letzte Popkonzert, auf dem ich mir vorstellen konnte, über die Stränge zu schlagen. Ich hatte meinen Verstand verabschiedet, beobachtete mich nicht, wie ich herumhüpfte, Fremde umarmte, mich treiben ließ und so viel Cider trank, wie ich bekommen konnte.

Ska und New Wave profitierten vom Punk: *Elvis Costello* und die *Specials, Siouxie & the Banshees,* Bob Geldofs *Boomtown Rats* und sogar die frühen *Police* verwandelten Punk in einen neuen Stil, formierten die New Wave – die Ohren der Plattenmanager waren nach der Punk-Explosion für differenziertere Songs, die mehr als drei Akkorde aufwiesen, sehr weit offen. Auch schräge Figuren wie die US-Rauhbeine *Tom Waits* und *Iggy Pop* wurden als verkappte Punks gehandelt – *Iggy Pop* hatte sich schon bei einer Performance des Jahres 1970 mit einer Glasscheibe die Brust aufgeritzt und konnte jetzt im Schatten des neuen Garagensounds kurz nach oben segeln.

Auch US-Underground-Poetin *Patti Smith*, die mit straffen Rocksongs wie ‚Because the Night' (1978) und sanften Balladen wie ‚Frederick' beim ARD-Rockpalast für Stimmung sorgte, wurde als Punk-Heroine gehandelt. Merkwürdig war es aber schon, ihr 1995 bei der umstrittenen Berliner „Friedensuniversität" neben der Grünen Jutta Ditfurth, dem TV-Journalisten Dieter Kronzucker, dem Künstler Jochen Gerz und dem Ex-US-Verteidigungsminister Robert McNamara wiederzubegegnen. In der ehrenwerten Gesellschaft von Bundestagspräsidentin Rita Süssmuth und dem Tibetaner Dalai Lama, dem Schlager-Rocker Peter Maffay und der Erzählerin Luise Rinser durfte die Rocklady einen Vortrag halten. „People have the Power" hatte sie einst mit viel Kraft geschrien, 15 Jahre später warb sie für die spirituelle Friedensbewegung. Kommt vor.

Mord und Totschlag

Im 16. Jahrhundert, so das zuverlässige ‚Oxford Dictionary', bedeutete Punk „verwahrloster Mensch"; Punk konnte aber auch „Hure" oder „Irre" heißen, war in jedem Fall mit Verdorbenheit und Wertlosigkeit verknüpft. Später war Punk Slangwort für schimmeliges Brot oder – im Jargon der amerikanischen Knackies – für Männer, die ihren Körper feilboten. Heute ist Punk in der deutschen Alltagssprache ein Synonym für Ärger, Trouble oder gar Beziehungsknatsch: das zweite Wort der Popkultur nach dem Blues, das einen extremen Bedeutungswandel hinter sich hat.

Gideon Sams, ein Punk aus London, schrieb die Erfahrungen auf, die er 1976 bei einem Auftritt der *Clash* im „Roxy" sammelte: „Der Song war in wenigen Minuten vorbei, und die Band spuckte das Publikum an. Die Menge, die in den Club reingepreßt war, schlug mit den Fäusten in die Luft. Der nächste Song war ‚1977'. Die Leute, die an der Rampe standen, sprangen fast 'nen Meter in die Höhe. Einige Punks waren so aus dem Häuschen, daß sie einander auf die Füße traten. Einer fiel hin, andere auf ihn drauf, und schließlich war vor der Bühne ein richtiger Haufen. *Clash*-Gitarrist *Joe Strummer* schnappte sich ein Glas Bier und schüttete es in die Menge."

The Clash, neben den *Sex Pistols* die Provos des Punk, die in ihren Texten London brennen ließen (1979) und in ‚White Riot' nach dem Aufruhr riefen, stammten trotz ihres wüsten Images aus der bürgerlichen Mittelschicht – drei der vier Musiker hatten die Kunstschule besucht, Gitarrist *Strummer* schwärmte für *Gene Vincent* und *Chuck Berry*, war in einem

Diplomatenhaushalt aufgewachsen. Punk als Spielerei der Mittelstandskids? „No more Heroes" als Attitüde?

Offenbar, denn selbst die provokanten *Sex Pistols* versteckten ihre bürgerlichen Biographien. *Johnny Rotten* hieß eigentlich John Joseph Lydon und *Sid Vicious* hatte in seinem Paß bloß John Beverley stehen. Doch trotz des Hangs zur Selbststilisierung schlummerte im Punk eine ganz unstilisierte Revolte: Während einige Plattenfirmen bereits auf den neuen Trend setzten, wurde die Pressung von ‚God save the Queen' (1977) wegen politischer Unpäßlichkeit gestoppt, wurde ‚Anarchy in the U.K.' im Königreich eingestampft – für die wenigen Exemplare, die dem Reißwolf entkamen, werden heute Liebhaberpreise bezahlt.

Punk bezog eine seltsame Position zwischen Spaß und Ernst, zwischen authentischer Rebellen-Musik und modischer Attitüde; die neuen Musikanten – so verschlampt sie auch auf der Bühne herumtobten – versteckten sich hinter Künstlernamen, als dürfe doch alles nicht richtig wahr sein. Aber jederzeit konnte aus dem Spiel blutiger Ernst werden, das Klischee des Unflätigen, Brutalen, Häßlichen, Anarchischen fand seine realen Opfer: Der heroinsüchtige *Sex Pistols* Baßmann *Sid Vicious* wurde beschuldigt, im New Yorker Chelsea Hotel seine Freundin Nancy umgebracht zu haben. Auch das war Punk: Mord und Gewalt.

Sid Vicious' eigenes Ende inspirierte den Berliner Schauspieler Ben Becker im Sommer '95 zu dessen erstem Theaterstück, ‚Sid und Nancy', das nicht im ‚Berliner Ensemble', sondern in der Szene-Kneipe ‚Ex & Pop' seine Premiere erlebte. *Alexander Hacke* von der deutschen Trash-Band *Einstürzende Neubauten* mimte den bösen Sid, Beckers Schwester gab eine passable Nancy ab. Zwar hatte der Nachwuchspunk die Wirklichkeit dramatisch zurechtgebogen und den vermeintlichen Mord zur tragischen Fehlgeburt umgesponnen, aber das Publikum in der Schöneberger Bar – mit bröckelnden Fassaden voller Einschußlöcher genau der richtige Ort – goutierte das Spektakel. Das Bühnenbild war einfach herzustellen: Ein schäbiges Hotelzimmer.

Das wirkliche ‚Chelsea' in der 23. Straße New Yorks war übrigens längst ein magischer Platz der Popkultur: William S. Burroughs, Alan Ginsberg und Arthur Miller waren dort abgestiegen; Jack Kerouac hatte dort auf vierzig Metern Telexpapier eine wichtige Passage seines Klassikers ‚On the Road' getippt; Dylan Thomas hatte sich 1953 im Zimmer 206 „mit Methode aus dem Leben" getrunken. *Bob Dylan* atmete hier die Aura seines späteren Namensgebers, *Leonard Cohen* schrieb für *Janis Joplin* vor Ort den Text zu ‚Chelsea Hotel'. Ob *Sid Vicious* nun Nancy wirklich umgebracht hat, wird ungeklärt bleiben: Er kann keine Auskunft mehr geben; 1979, gerade 21 Jahre alt, setzte er sich den goldenen Schuß.

Seine kurze Punk-Revolte hatte im übrigen einen sehr biographischen Hintergrund: In den Sechzigern wurde er von seiner Mutter zu allen Hippie-Treffs in Europa mitgeschleppt, fortan haßte der Autodidakt am Baß, der kaum mehr als einige Töne zupfen konnte und nicht wegen seiner musikalischen Kompetenz, sondern wegen seines freakigen Auftretens in die Band geholt worden war, alle Langhaarigen und deren Musik. *Sid Vicious*, der Mann mit dem Rattenimage, der als Haß- und Identifikationsfigur fungierte, mochte die Rock-Klassiker ebensowenig wie *Johnny Rotten*, der ‚Johnny B. Goode' oder ‚Substitute' bei den Auftritten der Band regelmäßig hinrichtete, statt sie punky zu zersägen. Die Gründerzeit des Rock – da war sich das Trio einig – wollte man hinter sich lassen. Lieber ein Gig gespickt mit Abbrüchen und Satzfetzen, mit sägenden Gitarren und polternden Beats, als wirkliche, ausgefeilte Songs – wie sie immerhin *The Clash* und *The Jam* zustande brachten – „echten" Rebellen kam es nicht auf Ästhetik an. Doch selbst die *Sex Pistols* konnten sich nicht von den Gepflogenheiten des Popbusiness fernhalten, nachdem sie unter die rigide Knute ihres Managers *Malcolm McLaren* geraten waren, eines ehrgeizigen Boutiquenbesitzers an der Londoner Kings Road, der Punkmode verramschte und um die Zukunft seines Ladens besorgt war. Vorher hatte er Teddy-Boy-Mode im Sortiment, dann Rockerzubehör, zu Punkzeiten Leder, Punk- und Sexaccesoires: Halsbänder, zerfetzte T-Shirts, Armreifen. Kolportiert wird die Geschichte, daß er bei der Schweden-Tour der Briten ungnädig wurde, als die Band im Hotelzimmer brav Reggae-Platten anhörte statt das Mobiliar zu zertrümmern – wie es sich für richtige Punks gehört hätte.

Johnny Rotten brachte seine Punk-Biographie – etwas dramatisch und natürlich stilisiert – auf den Punkt: „Früher bin ich ‚rumgelaufen und hab' ohne jeden Grund Leute vermöbelt, weil ich so sauer war. Nichts mehr da, wofür man leben konnte. Ich hab' das ganz praktisch betrachtet, es war nichts da. Die Musik um mich rum hat mich total angekotzt. Als die Band mich aufgenommen hat, hab' ich nicht mal richtig reden können, ich war echt abgefuckt, auf alles sauer. Darum haben wir die Gruppe aufgemacht. Wenn Du kräftig tanzt, dann bist Du so müde, daß Du nicht mehr losziehst und jemand den Schädel einschlägst. Die Schlägereien fangen an, wenn die Typen sauer oder deprimiert sind oder sich selbst hassen. Darum ist London so ein heißes Pflaster", gestand der Sänger dem Komitee ‚Rock against Racism' (zitiert nach ‚Ästhetik und Kommunikation' 31/1977).

Und noch einer ließ sich bezaubern, von dem man das nicht mehr unbedingt erwartet hätte. Den abgeklärten US-Kritiker Greil Marcus (‚Mystery Train') infizierte der Punk-Virus dermaßen, daß er sein kluges Buch über kulturelle Avantgarden des 20. Jahrhunderts mit dem letzten Konzert der *Sex Pistols* am 14. Januar 1978 in San Francisco beginnen läßt: „Als ich während des Auftritts der *Sex Pistols* durch die Gänge des ‚Winterland' ging, verspürte ich ein Selbstvertrauen und eine Lust, die mir völlig neu waren. Zweiunddreißig Jahre hatten mich nicht gelehrt, was ich an diesem Abend lernte: Wenn man dich schubst, schubs zurück; wenn ein Schubs deine Existenz negiert, negiere den Schubs. Ich empfand zu nichts Distanz, kein Überlegenheitsgefühl. Außerdem empfand ich eine verrückte Bösartigkeit, den Wunsch, andere Leute zu Boden zu schlagen ... Als ich Johnny Rotten auf der Bühne gesehen hatte, war ich sicher, daß ich nie wieder etwas Vergleichbares erleben würde, und ich habe bis heute recht behalten."

Punk brachte ein depressiv-energisches, von der Trash-Kultur politisiertes Lebensgefühl zum Ausdruck, das so manchen Oldie noch einmal pushte. Nur langsam geriet Punk in den Vermarktungsstrudel, so daß sich selbst biedere Gymnasiasten oder Finanzbeamtinnen bunte Strähnen ins Haar färben lassen konnten. Dann aber ging es schnell, gab es plötzlich Lederjacken mit provokantem Besatz in jeder Boutique, zerrissene Unterhemden lagen sogar bei Karstadt. Bunte Frisuren und Sicherheitsnadeln, Halsbänder und aufgerissene Jeans kamen bei Versace unter Vertrag. Das „Establishment" war einfach mit nichts mehr zu schockieren.

Obwohl Punk aus der Asche zu kommen schien, stellte sich rasch heraus, daß die Musik der *Clash* – oder etwa auch der *Stranglers* mit ihrer Mischung von Pessimismus und Romantik – ohne Rückgriffe auf den britischen Urbeat der *Troggs* und der *Kinks* oder der ungehobelten amerikanischen Garagenbands wie *Captain Beefheart*, *MC 5* oder *Velvet Underground* nicht auskamen. Der ungehobelte Sound, die wenig professionelle Aufnahmetechnik und das Glaubensbekenntnis zum puren, schmutzigen Rock – trotzdem war selbst der wildeste Punk nicht ganz ohne Anlehnung an Traditionen zu denken. Die drei Akkorde öffneten zwar anfangs ein Universum, aber das Spektrum blieb begrenzt, so daß sich die kreativeren Köpfe doch in der Popgeschichte umschauten.

Gerne wird behauptet, die Popkritiker hätten gegen den neuen Dilettantismus polemisiert und, ähnlich wie bei den *Beatles* oder *Elvis,* von einfallslosem Lärm, Brutalität und Primitivität gesprochen. Das Gegenteil war der Fall: 1980 war alles anders als 1965, Punk begeisterte von ‚Sounds' bis zur ‚FAZ': Eine neue Generation von Popkritikern – aufgewachsen mit Beat, Pop & Soul – attestierte dem Punk revolutionäres Feuer. Zudem galt Punk als politisch korrekt. Selbst wenn ein Punk-Konzert lärmig und schräg war und nicht einmal der berühmte Funke übersprang, standen am nächsten Tag Lobeshymnen in der Zeitung. Aus Angst, dem konservativen Lager zugerechnet zu werden, schrieben wir Punk schön. Dasselbe Schicksal ereilte die New-Wave- und Punk-Echos in Deutschland, als Alternativ-Labels und in deren Schlepptau mutige Abteilungen der großen Plattenfirmen ins Geschäft einstiegen, um die Neue Deutsche Welle auszurufen. Eine Falle schnappte zu: Pop-Journalismus wie Plattenmanagement konnten Punk und Wave gar nicht mehr wirklich kritisieren – für die aufstrebenden deutschen Bands um 1980 war das ein Segen: *PVC* oder die *Straßenjungs*, die Frauencombo *Hans-a-Plast*, *Abwärts* oder *S.Y.P.H.* wurden nicht aus der Distanz beobachtet, sondern bloß noch promotet – selbst wenn nichts als absolutes Chaos geboten wurde. Die Popkritik kapitulierte.

Im Nachhall der Punks und Waver wurde der Markt übersät mit Popmusik, die sich nicht mehr klassifizieren ließ. *Ideal* und *Die Ärzte* konnte man mögen oder nicht; aber plötzlich hatten es die Popjournalisten auch mit Schlagern von *Nena* zu tun und mit wahren Gewittern, die die *Einstürzenden Neubauten* lostraten – und waren entsprechend ratlos. *Heinz Rudolf Kunze* und *Nina Hagen* bildeten ein Paar in den Schlagerparaden, die *Spliff-Radio-Show* konkurrierte mit den *Abstürzenden Brieftauben*, britischer Punk schaffte es nicht mehr ins deutsche Radio; dafür drohten der ‚Skandal im Sperrbezirk‘ und ‚99 Luftballons‘ zu Dauerbrennern zu werden.

Dieses Mal also verschliefen die deutschen Musiker und Produzenten die Chance nicht, beim Finale dabeizusein. Von Anfang an gingen sie in die vollen. Punk- und New Wave-Echos durften sich sogar mit dem Kulturgut der deutschen Liedermacher und alten Politrocker (Aus *Lokomotive Kreuzberg* wurde die *Nina Hagen Band*) vermischen, der Markt war offen. Die Radiostationen spielten einen Neue-Deutsche-Welle Titel pro Stunde, der fröhliche Lärm aus düsterer Zeit verhalf dem deutschen Schlager zum unerwartet großen Sprung nach vorn.

8. My Baby Baby Balla Balla: Neue Deutsche Welle

*Nina Hagen, Heinz-Rudolf Kunze, Nena, Falco, BAP,
Puhdys, Udo Lindenberg, Helge Schneider*

„Da-Da-Da
ich lieb dich nicht
du liebst mich nicht"
(*Trio*)

Was für eine Begeisterung beflügelte Anfang der Achtziger die Redaktionskonferenzen des öffentlich-rechtlichen Kult-Pop-radios ‚SWF 3' (Südwestfunk), als die ersten Erzeugnisse der Neuen-Deutschen-Welle angespült wurden. Ein Aufatmen drängte die Musikredakteure, die sich – wenn sie nicht gerade auf der betulichen Melodien- und Schlagerwelle Dienst taten – schon fast geschämt hatten, wenn sie mal einen Titel mit deutschem Text ins Programm bugsierten. Der englischsprachige Pop hatte seit den Sechzigern den deutschen Schlager restlos aus den Programmen verdrängt; nun stürzten sich die Musik-macher auf *Nena* und *Joachim Witt*, auf *Extrabreit* und *Hubert K.* Im Laufprogramm war deutsches Liedgut geradezu tabu gewesen, es gebe dem Wellenprofil – so die ‚SWF 3'-Programm-Philosophen – einen zu vaterländischen, spießigen Charakter. Schnelle Info- und Ulk-Sendungen benötigten neutralen Pop, eine schluchzende *Erika Pluhar* oder ein sül-zender *Udo Jürgens* kamen auf den Index. Dann lieber Main-stream, ein wenig Soul und Rock'n'Roll, die unerläßlichen Oldies und die gefälligen Hits aus den anglo-amerikanischen Charts, damit ließen sich – das hatte die Medienforschung be-stätigt – spielend Millionen erreichen. Denn Pop war längst zum Standard geworden und deshalb eigentlich schon wieder konservativ. Doch wer wollte das schon wahrhaben, wenn ganze Generationen von DJs und Radiohörern damit „jung und rebellisch" bleiben wollten?

Frohsinn und Tanzmusik

Die neudeutschen Interpreten waren ebenfalls jung und ziemlich fröhlich, ihr Pop war schnell, ein wenig naiv und hatte anscheinend genau das richtige Rezept, um den Muff der deutschen Schlagerszene wegzufegen. Die „Neue Deutsche Welle" (NDW) brachte nach und nach herrlichen Nonsens und interessante Ausflüge ins Experimentelle hervor, klang aber mit dem neuen, kieksigen Gesangsstil, den Computerdrums und den punkigen Bässen zunächst vor allem frisch. Zudem schien ein Konsens zu bestehen, daß *Nena* & Co als neue Identifikationsfiguren für die Zielgruppe der Hörer zwischen 15 und 35 in Frage kamen; die Plattenfirmen taten ein übriges, indem sie das Etikett ‚NDW' hemmungslos streuten – ob es nun paßte oder nicht.

Daß dabei Punk und New Wave aus Großbritannien Pate standen, daraus machte niemand ein Hehl. Man hatte – die Popindustrie und ihre willfährigen Vermarkter – mit der NDW zumindest im deutschsprachigen Raum plötzlich eine Menge neuer Gesichter und damit verknüpfter neuer Stimmen: *Trio* und *Extrabreit*, *Frl. Menke* und *Falco* brachen in die Radioprogramme und Hitparaden ein wie eine Offenbarung, nahmen letztlich jedoch nur die Bastionen der spießigen, angestammten Schlagerkultur. 1984 war Dieter Thomas Hecks ZDF-Hitparade besetzt von ‚Nur geträumt' und ‚Sternenhimmeln', so daß dem routinierten Schlagermoderator die ehrenvolle Aufgabe blieb, künftig entweder relativ unkonventionelle Gestalten anzusagen oder aber zu warten, bis das alles vorbei war. *Markus* verdrängte mit ‚Ich geb' Gas' den abgehalfterten *Jürgen Marcus*, die *Erste Allgemeine Verunsicherung* ließ *Chris Roberts* links liegen. Mittlerweile macht *Nena* Werbung für Schokolade und moderiert eine Jugendsendung, und *Stephan Remmler* (Ex-*Trio*) darf in der großen Samstagabend-Unterhaltungsshow im Ersten auftreten.

Abb. 15: „Ich steh' auf Berlin..." – Ideal und andere freche Frischlinge
verhalfen der Plattenindustrie zum großen Geld. In drei Jahren emanzipierte sich die westdeutsche Rockszene.

Lausbubenrock und Niedermacher

Nina Hagen erschien 1980 mit Irokesenschnitt, Lederjacke und Punkbuttons; die schrille Rockröhre aus dem *Wolf Biermann*-Clan hatte sich im Gegensatz zu vielen Newcomern routinierte Profis für ihre Band gesucht, mit denen sie den *Tubes*-Titel ‚White Punks on Dope‘ (‚Ich glotz TV‘) (1978) glänzend adaptierte und eindeutschte. *Rio Reiser*, der sich später zum ‚König von Deutschland‘ krönen ließ, nachdem er bei der Berliner Politcombo *Ton-Steine-Scherben* verquälte Hausbesetzer-Prosa intoniert hatte, bekam eine zweite Chance.

Die NDW, ein Begriff, den Alfred Hilsberg, Alternativ-Produzent und Hamburger Musikjournalist, aus dem französischen Filmstil ‚Nouvelle Vague‘ und der britischen New Wave zusammengebastelt haben will, verströmte die Unbekümmertheit und Fröhlichkeit von Comicfiguren. Computerbeats, ein wenig elektronisches Casio-Geklicker, Punktempo und zickige Arrangements reichten schon, um einen neuen Schlagertypus zu positionieren. Dabei ging es – und das faszinierte Radioredakteure wie Musikkritiker – frech und ironisch zu. Die neue Musik aus Deutschland fußte erkennbar auf der britischen Punkbewegung, sie schleppte aber jede Menge deutsches Schlagergut mit sich herum. *Joachim Witt* hatte sich die Haare punky nach hinten geschäumt und ließ so seinen ‚Goldenen Reiter‘ aufmarschieren – keinen interessierte mehr, daß der Song schon sechs Jahre alt war und aus der Zeit stammte, als *Witt* noch als Gitarrist bei *Duesenberg* aktiv war. *Andreas Dorau & die Marinas* sangen so falsch, daß es schon wieder komisch war, die *Spider Murphy Gang* schwärmte in bayrischem Lausbubenrock von ‚Rosie‘ und dem ‚Skandal im Sperrbezirk‘. Das war eigentlich ziemlich spießiger Pennäler-Rock'n'Roll im leichten Punkschritt, nichts weiter.

Die hübsche *Nena* hüpfte nicht ohne Sexappeal über die Bühne, sang sich mit Mädchenstimmchen in die Herzen und avancierte zum Teenie-Idol – ein Fräuleinwunder der Achtziger. Ihre ’99 Luftballons‘ (1983) formulierten den Generationenwechsel: ‚Nur geträumt‘ gesungen von *Gitte* – undenkbar. „Niedermacher“ *Heinz-Rudolf Kunze* – studierter Germanist mit schwerblütigen Texten und dazu passendem Lehrerexamen – verkleidete sich als *Elvis Costello* und verwandelte seine hochdramatischen Lieder, die bis dahin zwischen *Chopin* und *Randy Newman* herumgetrödelt hatten, in flotte Rocksongs. „Mein Lebensmittel ist der schwere Mut“ hatte der Ex-Referendar 1983 geklagt, zwei Jahre später stürmte er schon wesentlich lockerer mit ‚Dein ist mein ganzes Herz‘ die Hitparade. *Klaus Lage*, der Mann mit dem Sozialarbeiter-Image, war da noch als zotteliger Folkbarde unterwegs – und völlig erfolglos. Als er wiederkehrte, trug er zwar immer noch den studentischen Vollbart, blickte aber auf randvolle Hallen: Sein Hit ‚Tausendmal berührt, und tausendmal ist nichts passiert‘ war in jedem Ohr. Er wurde zu einer Art *Bob Seger* der Bundesrepublik – und adaptierte neben *Udo Lindenberg* dessen Musik fürs heimische Publikum.

Natürlich wurden auch jede Menge mittelmäßiger Produkte auf den Markt geworfen: *Geier Sturzflug* lieferte müden Ska, *Markus* oder *Hubert K.* kamen über Oberschülerliedchen nie hinaus und hielten auch nicht lange durch. Es fanden sich aber auch Juwelen: der ostfriesische Minimalismus von *Trio*, die mit ‚Da – da – da‘ die Gunst des offenen Marktes zu einem wirklich dadaistischen Werk nutzten oder der Nonsens von *Foyer des Arts*, hinter dem das schlüpfrige Radiogespenst *Max Goldt* steckte, das immer noch für die eine oder andere Provokation gut ist. Bei *DÖF* (*Deutsch-Österreichische Freundschaft*) trafen *Tauchen/Prokopetz Ideals* Frau Humpe; das schwarz gewandte Duo *DAF* (*Deutsch-Amerikanische Freundschaft*) blieb dagegen umstritten, weil es Mussolini tanzen ließ – in ihren dunklen Rockrhythmen wurde Neofaschistisches gewittert, und das war verboten. Herausragend war die Berliner Combo *Ideal* mit dem jazzerfahrenen Oldie *Eff Jott Krüger* an der Gitarre und *Annette Humpe* an Schweineorgel und Mikrofon: Die kühlen Berlin-Beats ‚Deine blauen Augen‘ und ‚Ich steh’ auf Berlin‘ wurden 1980 fetzige Partyrenner. *Annette Humpe* ließ in Interviews gern süße Dekadence durchschimmern: „Ich habe Lust, zweideutig zu sein, das ist etwas anderes als unklar. Das ist eine Ambivalenz für mich. Ich habe auch mal Lust zu schwelgen, ich habe mal Lust, für 200 Mark essen zu gehen und ich hab mal Lust, einen Tausender auf den Kopf zu hauen, nur so aus Scheiß" – verriet sie der ‚taz' 1981. Das konnte nicht gutgehen: Heute produziert sie *Bamby*, den zuckersüßen Schlager-Techno ihres Schwesterchens *Inga*, die zwischendurch bei den *Neonbabies* aktiv war.

Die Geschichte von *Ideal* zeigt die Wendung: Die Alternativ-Labels wie No Fun, Ata Tak oder Zick-Zack hatten die ersten deutschen Post-Punks und New Waver entdeckt, um sie bald an die großen Konzerne zu verlieren. 1980 lehnte der Plattenriese WEA noch die frischgepreßte LP von *Ideal* ab, eineinhalb Jahre später kaufte sie die Band nach Scharmützeln mit dem Avantgardisten *Klaus Schulze* für 300 000 Mark zurück. Auch *Spliff*, 1980 aus *Nina Hagens* Begleitband hervorgegangen, erfand mit der ‚Spliff-Radio Show', zu der sie den alten Berliner DJ Rick Delisle angeheuert hatten, eine neue Form der Pop-Performance mit Dramaturgie, Funk und großer Professionalität. Aber je professioneller um so weniger anarchisch. Unter dem Etikett „Neue Musik aus Deutschland" wurden Mogelpackungen verschoben: Die *Spider Murphy Gang* wurde als Rockabilly-Gruppe ebenso unter NDW geführt wie *Jutta Weinhold*, die *Breslau*-Sängerin, die im Heavy-Outfit mit Patronengurt auftrat – jeder gab plötzlich Gas und wollte Spaß, nicht zuletzt die Plattenfirmen.

Dialektpoesie und Weltuntergangslyrik

Die NDW machte vieles möglich – selbst unverständliche Dialektpoesie war plötzlich kein Hindernis mehr auf dem Markt. *Falco* rappte auf Wienerisch (‚Alles klar, Herr Kommissar?'), *Reiser* berlinerte, *Zeltinger* bot *Lou Reeds* ‚Walk on the Wild Side' auf Kölsch. *Wolfgang Niedecken* von *BAP* gerierte sich als Kumpel, überdies als friedensbewegter Atomgegner und Rock-gegen-Rechts-Initiator für die politisierte Jugend.

BAPs Auftritte fußten auf einer Verbrüderung mit den Fans, am liebsten spielten die Kölner in ländlichen Sporthallen – und dort gehörten sie auch hin. Der Roadie durfte im Zugaben-block auch mal auf die Bühne, *Niedecken* ließ populäre Polit-Parolen vom Stapel – die Fans beteten jede Zeile nach. Und wenn *Klaus „Major" Heuser* die ersten Akkorde anschlug, brauchte *Niedecken* seine Hymne ‚Verdammp lang her' kaum noch selbst zu singen, die Gemeinde tat es allein. Liedermacher *Wolf Biermann* mochte die „gute Fee aus der Bierdose" (so schimpfte er 1984 im ‚Spiegel') überhaupt nicht: Der böse Wolf ließ weder am Text („Weltuntergangslyrik in der Sprache des katholischen Kaffs am Rhein") noch an der Musik ein gutes Haar: „Die harmonische Grammatik kommt mit den ewigen 3 $\frac{1}{2}$ Harmonien aus, mit denen der ewige Gitarrenanfänger durchs Leben kommt." Wenn er *BAP* auch noch live gesehen hätte – der ‚Spiegel'-Text fußte auf einer Plattenrezension der LP ‚Zwische Salzgebäck und Bier' –, dann hätte ihn der Neid vollends gelb werden lassen. Die NDW politisierte eben an-ders als die alten Haudegen mit DDR- oder APO-Vergangen-heit – und sie nahmen ihnen das Publikum.

Im Windschatten der bizarren Deutschen mit den bunten Brillen, der *Kunzes* und *Humpes*, *Nenas* und *Niedeckens* durfte auch Altrocker *Udo Lindenberg* mit Hilfe des *Panikor-chesters* (das sich auch Schlager-Rocker *Peter Maffay* gerne auslieh) und Peter Zadeks opulenter Bühnen-Inszenierung zu ‚Dröhnland Sinfonie' wieder ganz vorne mitsegeln. Nach ‚Onkel Pö' kam jetzt sein ‚Sonderzug nach Pankow', eine verballhornte Version des amerikanischen Swing-Klassikers ‚Chattanooga Choo Choo'. 1983 stand der Titel unter den ersten Zehn der Charts. DDR-Staatschef Erich Honecker – von Lindenberg als „Honi" darin direkt adressiert – hegte für den Polit-Rocker aus dem Westen allerdings nicht sonderlich viel Sympathie und ging auf seine Avancen nur sehr verkniffen ein.

„Der Sascha, der ist arbeitslos,
was macht er ohne Arbeit bloß ?
Er schneidet sich die Haare ab
und pinkelt auf ein Judengrab.
Zigeunerschnitzel, das schmeckt gut,
auf Sintis hat er eine Wut.
Er ißt so gern Cevapcici,
Kroaten mochte er noch nie."

Campino sang, umringt von den Bierpunks der *Toten Hosen*, anno 1992 diesen Anti-Song über eine rechtsradikale Karriere. Die *Toten Hosen*, heute ‚reich und sexy‘ – so betitelten sie selbstironisch ihren Sampler 1993 – gingen aus den Punkbands *KFC* und *ZK* hervor und haben seither ihr Image, links und punky, konsumkritisch und unberechenbar zu sein, nicht aufgegeben. Zu einer der frühen *Hosen*-Platten gab es ein Fläschchen Schnaps, dann klagte der Plattenriese EMI gegen das Cover ‚Unter falscher Flagge‘, weil das bedauernswerte EMI-Hündchen als Skelett vor dem Grammophon zu sehen war – und gewann. Live traten die Düsseldorfer gerne mit dem „wahren" *Heino* auf, einem Spaßvogel mit blonder Perücke und Sonnenbrille, der eine Punk-Version des *Heino*-Volkslieds ‚Schwarzbraun ist die Haselnuß‘ schmetterte. Dem „wahren" *Heino*, den Berliner Kneipier *Norbert Hähnel*, brachte seine leidenschaftliche Beziehung zu Punk und Popsatire immerhin zwanzig Tage ins Gefängnis, denn dem echten *Heino* war es vor seinem McDonalds-Spot überhaupt nicht recht, daß ein schräger Vogel aus deutschem Volksgut deutschen Punk strickte. Mit seiner Haft mußte das *Heino*-Double ein Ordnungsgeld von 10 000 Mark absitzen. *Hähnel* kandidierte übrigens beim letzten Berliner Wahlkampf für die Phantasiepartei KPD/RZ (‚Kreuzberger Patriotische Demokraten/Realistisches Zentrum‘) und versprach, sich für „Rauchverbot in Einbahnstraßen" und ein „Zuzugsverbot für Schwaben nach Kreuzberg" einzusetzen ...

Deutsch-Punk plus Ironie und Witz – kein schlechtes Konzept. 1995 gingen die *Toten Hosen* zusammen mit den finnischen Kollegen der *Leningrad Cowboys*, die durch den Filmemacher Aki Kaurismäki zu Ruhm gekommen waren, auf Tour. Aber nicht als Rocker, sondern als Eishockeyspieler: Zusammen mit der Düsseldorfer EG traten sie aus Spaß gegen die Finnen an – ein seltener Moment, in dem Pop und Sport sich berührten. Aber zum Bier-Punk paßte diese Fraternisierung schon wieder.

Rock von rechts und links

Rock von rechts war en vogue, als die *BAP*-Fans 1980 auf Friedenswogen gegen den Nato-Doppelbeschluß rebellierten, heute ist Polit-Rock Schnee von gestern – bis auf rührende Benefiz-Open-Air-Festivals, bei denen dann lang Vergessene wie *Wolf Maahn*, *Abwärts* oder *Inga Rumpf* auftreten. Umso bedauerlicher, daß häufiger von den *Böhsen Onkelz*, die nationalistische Texte zu punkigen Rhythmen gröhlen, die Rede war. Obwohl ihre Musik sich von Punk nicht unterschied, wurde die LP ‚Der nette Mann‘ wegen der Texte indiziert. Rechts-Punk aus Deutschland eckte politisch an. Bei *Störkraft*, einer rechtsradikalen Band aus dem Skinhead-Milieu, wurde der Verfassungschutz aktiv. Marschmusik und Sauflieder im Punktempo, verknüpft mit halbgeheimen Auftritten, veranlaßte die Behörde, Auftritte der Band auf Video aufzunehmen und sogar verdeckte Ermittler in die Szene einzuschleusen. Aber das wurde selbst den Musikern zu viel, zumal die Fans nach den rechtsradikalen Mordanschlägen von Hoyerswerda und Mölln 1992 und den Protesten gegen ausländerfeindliche Barbarei wegschmolzen. Klaus Theweleit, Freiburger Psychohistoriker mit besonderem Augenmerk auf die Befindlichkeiten des rechten Mannes (‚Männerphantasien‘, 1977) bemerkte: „In vielen New Wave-Musiken ab Ende der Siebziger, in etlichen Punksachen, im schlechten Hip-Hop, in vielem Technogehämmer oder diesem Holzhackerwumm, der auf den Tanzböden unter dem Namen „Memphis" läuft, höre ich ein aufgepapptes und im Tempo etwas angezogenes Bierzelt. Ich höre ohne Schwierigkeiten ein gebrülltes Rosamunde." (‚taz', 22. 1. 1994)

Im klassischen Kulturbetrieb wurden die Neue-Deutsche-Welle-Helden am erfolgreichsten, die es am wildesten trieben. *Blixa Bargelds* avantgardistischer Entwurf einer ironischen Stahlgewitter-Poesie machte die Kritiker ratlos – die *Einstürzenden Neubauten* schafften es mit Krach, Lyrik, Geschrei, Hörspielschnipseln, Industrielärm, Flüstern, Getöse und wüsten Gitarrensoli bis in die Musentempel einiger Stadttheater. Die Berliner meinten es durchaus ernst mit ihrem modernistischen Trash und malträtierten dazu das Schlagwerk, bis die Ohren zuklappten, sie verfügten aber auch über soviel Spielfreude, den US-Schnulzier *Lee Hazlewood* durch den Häcksler zu jagen. *Bargelds* Gesänge vom Untergang – letztlich inspiriert von *Lou Reed*, *Nick Cave* und *John Cale* – konnten zwar live keinen so recht mitreißen, schafften es aber 1986 als Geheimtip bis in die Radio Bremen-Sendung ‚Journal am Morgen' – ein Magazin mit Themen aus Kultur, Politik und Gesellschaft. Bei Peter Zadeks Jugenddrama ‚Andi' im Hamburger Schauspielhaus durften sie die Klänge des Industriezeitalters ebenfalls präsentieren – allerdings wurden vor den Aufführungen Handzettel verteilt: „Warnung vor Hörschäden!"

Was bleibt? Die Neue Deutsche Welle hatte zwar das Tabu gebrochen, Pop müsse englisch gesungen sein, aber letztlich war sie doch kein großer Durchbruch. Provokation war Trumpf, Poesie Mangelware. Bandnamen wurden aus reiner Lust am Unsinn erfunden: *Kaltwetterfront*, *Mittagspause*, *Nick Fish & the Johnnys*, *PVC*, *Lila Lutscha*, *Rheingold*, *Nichts*, *Wahn & Sinn*, *Palais Schaumburg*, *Nachdenkliche Wehrpflichtige*, *Männer in nassen Kleidern*, *Auswurf*, *Katapult*, *Wirtschaftswunder*, aber kaum eine Gruppe hat die neudeutsche Geschichte bis in die Neunziger weitererzählt, große Genies brachte die Epoche nicht hervor, allenfalls Schlagersänger. Während die britischen Initiatoren der New Wave, *Bob Geldof* oder *Sting*, *Elvis Costello* oder die *Bad Manners*, enorme Sprünge und Fusionen absolvierten und manchmal zu Weltstars wurden, verlosch die NDW, ohne Lücken zu hinterlassen. Oder lebt sie etwa im Deutsch-Rap gerade wieder auf?

Schallplattenunterhalter und Jodellizenzen

Die DDR-Popszene wurde im Westen schlichtweg nicht zur Kenntnis genommen. Kaum jemand ahnte, daß die *Maffay*-Schmonzette ‚Über sieben Brücken mußt Du geh'n‘ von *Karat* stammte, niemand interessierte sich für *Silly* oder *City*. Bekannt waren nur die Klischees: DDR-Kulturpolitik haßte Westpop von anfang an und gängelte ihre Musiker – daran dürfte wohl auch viel gestimmt haben, wenn man an das 11. Plenum des ZK der SED zurückdenkt, auf dem Genosse Ulbricht als echter kalter Krieger verlauten ließ: „Ich bin der Meinung, mit der Monotonie des yeah, yeah, yeah und wie das alles heißt, sollte man doch Schluß machen. Ist es denn wirklich so, daß wir jeden Dreck, der vom Westen kommt, kopieren müssen?" Das war reine Ideologie. Der Klassenfeind hörte eben trotz Spitzelberichten und Stasi-Protokollen nicht auf, seine gierigen Finger nach der sozialistischen Jugend auszustrecken. Aber am Pop kam auch die Partei nicht vorbei. Erstaunlicherweise polemisierten West- wie Ostmedien in den frühen Sechzigern mit den gleichen Stereotypen gegen Gammler, Beat und Demoralisierung; aber nach dem berühmten Deutschlandtreffen 1964 – dem legendären Datum, nach dem sich heute noch das Jugendradio ‚DT 64‘ nennt – gab es auch drüben Beatbands und Discotheken. Und ab und zu passierte auf dem Leipziger Leuschnerplatz sogar etwas ähnliches wie 1962 am Münchner Wedekindbrunnen: Teenagerkultur plus Pop, Bier und Polizeieinsatz. Der Unterschied bestand darin, daß der DDR-Pop als sozialistische Unterhaltungskunst fest in Händen des DDR-Radios war. Nicht private oder internationale Plattenfirmen produzierten in eigener Regie Beat-Unrat oder politisch korrekten, liedhaften Pop, sondern Texte und Stiltreue des Nachwuchses wurden vom Rundfunk peinlich genau kontrolliert.

Trotzdem kleideten sich die *Lunics* 1964 wie die *Beatles* und erstritten in der DDR-Nischenkultur ebenso ihren Platz wie *Pankow, Transit, Engerling, Stern Meißen, Reform*, das *Diana Show-Quartett* oder *Karat*. Kontakte zwischen Ost und West gab es allerdings nur selten. Das sollte sich erst im Zug der Neuen (West-)Deutschen Welle ändern – das politisch unverdächtige *Trio*-Lied ‚Da da da‘ wurde sogar vom DDR-Label ‚Amiga‘ aufgelegt und avancierte zum sozialistischen Gassenhauer. DDR-Rock: „Inspiriert von außen, beflügelt von unten, dirigiert von oben" – faßte DDR-Musikkenner Olaf Leitner das Dilemma zusammen.

Der Hunger nach Antrieben von außen, nach Westpop, war enorm, sogar die westdeutschen Musiker, die den Osten meist belächelten, spürten ihn bei ihren Auftritten jenseits des Eisernen Vorhangs: *Peter Maffay*, die *Toten Hosen, BAP, Udo Lindenbergs* Briefwechsel und Tauschgeschenke mit Erich Honecker (‚Betrifft Jodellizenz in der DDR‘ oder „Tausche Lederjacke gegen Schalmai") schaffte es fast in die Geschichtsbücher. Erst nach der Maueröffnung sollte sich vieles ändern, die DDR-Band *Silly* mit ihrer auffälligen Sängerin *Tamara Danz* durfte Zwischenmusiken in der Berliner Talkshow abliefern, die *Puhdys*, die ab 1969 *Led Zeppelin, Deep Purple* und *Uriah Heep* kopiert hatten, fanden auch in den Neunzigern noch ihr Ost-Publikum, die *Prinzen* (‚Alles nur geklaut‘, ‚Schwein sein‘), ehemalige Sangesbrüder im Dresdner Kreuzchor und bei den Leipziger Thomanern, dann als *Herzbuben* unterwegs, eroberten mit ihrer harmonischen Vielstimmigkeit die gesamtdeutschen Hitlisten und rangieren heute direkt neben den modernen Schlagern der *Münchner Freiheit* oder *Purple Schulz*. Deutsche Sangeskultur wandelte den Schlager radikal um, der neuzeitliche Männergesangsverein ersetzte billige Arrangements und dünne Stimmchen durch Polyphonie und Popsound. Die DDR-Bürokratie konnte die Früchte ihrer „Singebewegung" allerdings da nicht mehr ernten.

Kräftig gesungen wurde auch im Westen, heute räumt *Pur* mit gefühligen Alben wie ‚Seiltänzertraum‘ und ‚Abenteuerland‘ ab; eine Pop-Band aus der schwäbischen Provinz, die für

Abb. 16: „Rette mich durch den Sturm ..." – aus dem ‚Boot' ins Scheinwerferlicht. Von der ‚Frühlingssinfonie' zum Auftritt bei MTV. Bochum – London. Unverständlich für Germanisten, verehrt von Millionen. Herbert Grönemeyer nuschelte sich mit ‚Was soll das' oder ‚Männer' in die Hitparaden.

die *Beatles, Cat Stevens* und *Phil Collins* schwärmte, traf das Kitschbedürfnis der Landjugend noch besser als Neo-Symbolist *Herbert Grönemeyer* mit ‚Land unter': „Mach die Feuer an, damit ich Dich finden kann, steig' zu mir an Bord, übernehm' die Wacht, bring' mich durch die Nacht. Rette mich durch den Sturm. Faß' mich ganz fest an, daß ich mich halten kann, bring' mich zum Ende, laß' mich nicht wieder los."

Purs Pop kreist zielgenau um den Kern deutscher Schlagergefühle und bietet Errettungswünsche („Halt' mich fest, damit

von mir mehr übrig bleibt als dieser kleine Rest"), Absturzge-
fahren (‚Seiltänzertraum') und Politikkitsch („Ich find auf
meinem Globus so viel Flächen ohne Brot/und ehemals bunte
Teile färbt ein Blutstrom tödlich rot") – 1991 erhielt die Band
den ‚Preis der deutschen Schallplattenkritik', ‚Seiltänzertraum'
wurde über 1,5 Millionen mal verkauft, ‚Abenteuerland' folgt
dieser Bilanz.

Helge Schneider und die Doofen

Daß 1995 *Die Doofen*, das Blödel-Projekt des RTL-Ulk-
Reporters *Wigald Boning* (Erkennungszeichen: Klobürste als
Mikrofon) mit *Ollie Dittrich,* mächtig absahnten und sogar auf
dem Münchner Oktoberfest mit ihrem Doof-Hit ‚Mief' die
Bierseeligen zum Schunkeln animierte, verblüffte viele. Während der Berchtesgadener Arzt *Georg Ringsgwandl* mit seiner
anarchistischen, urbayrischen ‚Trulla Trulla'-Show nach bescheidenen Erfolgen wieder ins Abseits geriet, durften die
Doofen mit ‚Liedern, die die Welt nicht braucht' bei den schönen Hardrock-Jungs von *Bon Jovi* im Vorprogramm auftreten.
Die norddeutschen Blödel-Kleinkünstler übertrafen mit ihren
Nonsens-Versen sogar noch ihre Vorfahren *Karl Dall* (*Insterburg & Co*) und *Mike Krüger*, zumal sie die private Medienmaschine nutzen konnten.
  Bereits anfang der Siebziger war eine erste Welle von Blö-
delbarden durch die Republik gerauscht und hatte das kalauer-
bereite Publikum kalt erwischt – damals lachte man ja wirklich
über den Vers: „Ich liebte ein Mädchen aus Mainz, das war gar
keins". Heute veralbert *Stefan Raab* auf dem TV-Popkanal
‚Viva' ‚Böörti Böörti Vogts', den ungeliebten Trainer der deutschen Fußballnationalmannschaft.
  Während solche neuen Doofies kaum die Instrumente kennen, geschweige denn beherrschen, auf denen sie herumflöten,
glänzt Popclown *Helge Schneider* als versierter Multi-Instru-
mentalist. Der Mann aus dem Ruhrgebiet erzählt in bester Jürgen von Manger-Linie zwar Unsinn pur, aber er kennt immer-

hin die Pop- und Jazzgeschichte, wollte früher einmal *Jimi Hendrix* nacheifern und verehrte das Art-Rock-Quintett *King Crimson*. Daß ausgerechnet sein Minimalwerk ‚Katzeklo‘ ein Erfolg wurde, liegt am improvisierten, authentischen Stil und *Schneiders* kompromißlos unangepaßter Gestalt. Selbst wenn er bei seinen Live-Auftritten dem Publikum den Rücken zudrehte und in *Miles Davis*-Manier Trompete blies, glaubten die Fans noch an einen Witz. Merke: Wer doof tut, dem glaubt man alles andere nicht. Schade. ‚Draußen in der Natur, braucht man kein Abitur‘ singen die *Doofen* und rufen den alten *Insterburg*-Hit ‚Ich hab kein Abitur, ich hab nur Mittlere Reife ...‘ wieder ins Gedächtnis. Was anno 1970 pure, unanstrengende Lust am Kneipenunsinn bedeutete – kann heute täglich auf ‚Viva‘ oder ‚RTL‘ besichtigt werden. Die deutsche Tradition des Stammtisch-Kalauers, die bis in die Fünfziger zurückreicht, garantiert schalen „Frohsinn“. Naja, wer’s mag.

Und was macht der heimliche Karl Valentin der Neunziger, *Helge Schneider*, wenn er nicht gerade auf Sylt zum Pressetermin einlädt, um seine neue CD ‚Es rappelt im Karton‘ zu promoten? Der Jazzfan wechselte 1995 ins literarische Genre und warf einen Kriminalroman unter dem Titel ‚Das scharlachrote Kampfhuhn‘ auf den Markt, über den er sagte: „Es macht mir Spaß zu sehen, daß so ein Scheiß-Buch tatsächlich im Laden steht.“

9. Multi-Kulti-Parties: Samba, Ska, Reggae, „Weltmusik"

Bob Marley, Sting, Peter Gabriel, Talking Heads, Brian Eno

> „Madness, madness
> I call it gladness.
> But if it is madness, man I know
> I'm filled with gladness"
> (*Prince Buster*)

Eine erste Verschmelzung der Kulturen, die später unter der Rubrik „Weltmusik" geführt wurde, vollzog sich in den Sechzigern in der Karibik. New Orleans Rhythm & Blues und westindischer Calypso wurden zu Reggae verschmolzen – zu jener träge schleppenden Musik, die den Pop dann nachhaltig beeinflußte. Reggae – eine durchaus rebellische Musikkultur – vermittelte den westlichen Popkonsumenten allerdings vorwiegend Sonnenschein und Lebensfreude, Frieden und Liebe. Immerhin, die einfachen Strukturen und griffigen Melodien gefielen – so daß *Bob Marley*, der 1981 im Alter von 36 Jahren starb, einen regelrechten Reggae-Boom hervorzaubern konnte – er selbst, *Jimmy Cliff* und *Peter Tosh* wurden rasch zu Idolen des Pop-Reggae. Die Männer mit den Rastalocken und den bunten Hemden wurden allerdings einigermaßen falsch verstanden.

Aufgrund der christlichen Tradition der Reggae-Helden, die in ihrer Musik zum Ausdruck kommt, hörten sich ihre Hits wie etwa ‚No Woman, no Cry' oder ‚You could be loved' fast wie Gospel- oder Kirchenlieder an, wären da nicht auch Kuhglocken, dumpf trampelnde Rhythmen, die Hammondorgel und dazwischenquakende Gitarren gewesen. Diese Musik umgab zwar noch der Nimbus der sanften Revolution, sie tat aber niemandem mehr richtig weh. ‚No Woman, no Cry' wurde der Hit einsamer Männer und Frauen, die keinen Gedanken mehr an die Ideen des jamaikanischen Nationalhelden Marcus Garvey verschwendeten, der in den dreißiger Jahren einen schwarzen Separatismus gepredigt und von der Rückkehr ins gelobte Land, nach Afrika, geträumt hatte.

Diese tiefreligiöse Überzeugung der Rasta-Troika *Marley-Cliff-Tosh* geriet mitsamt ihrem politischen Credo schnell in Vergessenheit; der Reggae wurde auf seine Grundbestandteile reduziert und durfte viele weiße Musiker bis heute inspirieren: *Eric Claptons* Version von ‚I shot the Sheriff' befreite 1974 *Marleys* Original von seiner rhythmischen Nervosität, verwandelte es in puren Pop – und erzielte damit einen Welthit. *Paul Simon* zitierte Reggaemuster, lange bevor er in ‚Rhythm of the Saints' urafrikanische Mythen entdeckte; *Police* und später *Sting* gewannen für ihren Rockpop mit Reggae-Einschüben karibische Leichtigkeit, *Robert Palmer* musizierte mit der Reggaeband *UB 40* und kam mit ‚I'll be your Baby tonight' unter die ersten Zehn; *Manfred Mann* schrieb *Marleys* samtenen ‚Redemption-Song' zu einem straffen europäischen Rockstück um. Und so weiter!

Karneval in der Karibik

Die radikale karibische Protestkultur – die frühen Texte handelten vom Aufstand gegen die Weißen und besangen das Elend der Jugendgangs in Kingston – wurde zwar für politisch engagierte Weltbürger zur Chiffre für Revolte, aber musikalisch wurde Reggae auf den Beat reduziert – die rhythmische Vertracktheit faszinierte *Paul McCartney* oder *Taj Mahal* stärker als die revolutionären Aussagen. Reggae durfte nicht mehr sein als eine lässige, südlich klingende Variante im Repertoire.

Obwohl Reggae seinerseits auch bald das Instrumentarium des Rock nutzte, blieb er träge und gelassen. Weil er Friedensbotschaften und politisch akzeptable Parolen enthielt (‚Stand up for your Rights!' oder ‚Legalize it!'), fand er sich im Programm jeder Studentenparty. Alt-Hippies, Grüne und Freunde des Hanf konnten sich sogar mit seinen Texten ohne weiteres anfreunden. Daß sowohl *Bob Marley* als auch *Peter Tosh* in ihrer Heimat beinahe Opfer politisch motivierter Gewalttaten geworden wären und daß *Marley* ins Exil nach Miami/Florida ging, schreckte die Fans zwar kurz auf, bewegte aber nichts. Hartnäckig wollte man Reggae auf seine Sonnenseite reduzieren; seine für europäische Gemüter tabuisierte bzw. schlicht unverständliche Schattenseite – im radikaleren „Raggamuffin" werden frauenfeindliche und militante Parolen zu Gehör gebracht – blieb ausgeklammert.

Erst in den Neunzigern änderte sich das, als alle Stile entpolitisiert am digitalen Mischpult zur Disposition standen. Im Dub-Reggae, so hört man heute, lebe trotzdem der „Rhythmus des Widerstands" wieder auf und schwappe sogar über die nach Großbritannien ausgewanderten Musiker bis nach Europa. Die ultimativ tiefen Frequenzen der Bässe lassen dem Zuhörer allerdings kaum eine Chance – auch nicht für „Widerstand". *Cutty Ranks*, Musiker aus Kingston, der heute in London lebt, verbreitet in seinem Dub-Mix Chaos und Hektik, erzählt von Gewalt und Sex statt von Sonne und Liebe. Er rappt dazu im jamaikanischen Patois und begreift sich wie die Punks oder die Fans schmutziger Grunge-Musik als Revoluzzer. Seine Musik, so reklamiert der junge Mann für sich, käme schließlich aus dem Ghetto; Raggamuffin zu sein, heiße, „nichts zu haben und daraus etwas zu machen". Seine erste Single war nichts weiter als eine Aufzählung bekannter Waffenmarken; in bester Tradition von ‚I shot the Sheriff' nannte er seine Performance die ‚Gunmen Party'.

Selbst wenn die neuen Mixturen Minderheitenmusik für den Tanzboden sein sollten, ist im Reggae dennoch derzeit eine im Pop äußerst seltene Rückverwandlung eines Stils in Vorbereitung. Die Exegeten des New-Reggae besinnen sich auf ihre ursprüngliche, radikale Tradition und drehen die Uhr ins Jahr 1964 zurück, als die Musik von *Bob Marley & The Wailers* im Kingstoner Vorort Shantytown noch für Aufruhr und Verwirrung sorgte.

Besonders in Großbritannien wurde im Zuge der New-Wave-Euphorie, die einen neuen Stilmix aus Punk, Ska und Reggae hervorbrachte, der karibische Rhythmus wiederbelebt. Zahlreiche Einwanderer gründeten schwarze Reggaebands; die junge, aus der Karibik stammende Musikerin *Joan Armatrading* mischte in den Siebzigern die Klänge ihrer Kindheit mit britischem Popgut – und auch der Phantasie dieser Neuen Welle stand diese Facette der Weltmusik zur Verfügung. Die *Bad Manners* machten den *zweiten* karibischen Tanzbeat, den fast vergessenen, ultraschnellen Ska, gesellschaftsfähig, um bei ihren Shows schweißtreibendes Tempo zu erzeugen. Nachdem sie die Popgeschichte durchforstet hatten, zogen sie *Millies* naiven Erfolgsschlager ‚My Boy Lollipop' (1964) durch den Kakao und spielten ihn als hitzige Punk-Version. Aus Ska wurde europäische Spaßmusik.

Die Gruppe *Madness* benannte sich nach einem Lied des Ska-Helden *Prince Buster*, die *Specials* eiferten ulkigeren Spielformen nach. Die witzigen Songs, die sich an den fünfziger Jahren orientierten (‚Driving in my Car' oder ‚A Message to you Rudy') brachten das Publikum mit ihrem enormen Ska-Schub und ihrem britischen Humor zum Lachen und zum Hüpfen. Die Spaßvögel traten in grob karierten, weiten Anzügen und bunten Hemden auf, verbargen ihre Augen hinter den Brillen ihrer Väter und kreierten eine neue Mode: Die Roaring Fifties kehrten mit Trevira-Hose, Peter-Frankenfeld-Sacko und Schmetterlingsbrille als verballhorntes Zitat zurück. Die innovativste Band dieser Welle war neben *Bob Geldofs Boomtown Rats* (‚I don't like Mondays') *Police*, die Gruppe um den späteren Superstar *Sting*. Auch sie nutzten die aus dem schwerfälligen Reggae-Taumel entliehenen und anverwandelten Gegenrhythmen, die das Trio mit jazzigem Baß, schroffer Rock-Gitarre und *Stings* rauchigem Tenor in modernen, hitzigen Pop verwandelte. *Sting*, der eigenem Bekunden nach Rock-Rebellen haßt, verlieh dem Produkt *Police* zwar ein modisches

Bad-Boy-Image (struppiges, für einen Werbespot blondgefärbtes Haar, düstere Blicke), aber die Musik war leicht, reggaehaft schwebend, zusammengehalten durch spärliche, aber geschickte Instrumentierung. *Police* heizte nicht bedingungslos ein, sondern kombinierte die Trägheit des Reggae mit Pop-Singsang. Nach dem Verlöschen der ersten Hitze von ‚Regatta De Blanc‘ (1979) und ‚Ghost in the Machine‘ (1981) beschritt ihr musikalischer Kopf allerdings Solopfade, die ihn zum Melancholiker werden ließen – Reggae tauchte bei ihm dann nur noch als Marginalie auf. Seine Stärke spielte der bald auch im Kino (im Science-Fiction-Film ‚Der Wüstenplanet‘ oder im Krimi ‚Stormy Monday‘) zu bewundernde Ex-Pädagoge in straffen Rockbeats wie ‚If you love somebody, set them Free‘ oder in seinen Balladen – in ‚Fields of Gold‘ oder ‚Let your Soul be your Pilot‘ aus. Auch Hits aus Brecht/*Weills* ‚Dreigroschenoper‘ im Hamburger Schauspielhaus oder ein Duett mit dem italienischen Opernstar *Pavarotti* (‚It's probably me‘) waren drin.

Zwischen New York und Jamaika

Selbst wenn das Anverwandeln fremder Musikkulturen in zyklischen Wellen für Spannung auf dem Popmarkt sorgt, beweist es neben Rastlosigkeit und Phantasie der Musiker vor allem immer auch eins: die Unersättlichkeit der Produzenten. Der konsequenten Entkernung weltkultureller Eigenheiten steht im Zeitalter der globalen Vernetzung ja auch nichts mehr im Weg. Neue Fusionen werden in diversen Studios rund um den Globus gestiftet und schaffen auch wirklich neue Hörerlebnisse. 1980, während *Police* in Europa neue Maßstäbe setzte, öffnete Ethno-Pop aus Amerika einen weiteren Horizont. Aus New York kam die Kunde von der Verknüpfung von Pop, Funk und sogar z.T. von moslemischen Gesängen – eine kraftvoll und gleichzeitig zerbrechlich wirkende Tanzmusik ließ aufhorchen, eine schräg gemixte Fusion aus ethnischen Litaneien und westlichem Metropolen-Sound: Die *Talking*

Heads, deren Protagonisten sich auf der Rhode Island School of Arts kennengelernt hatten, überraschten mit kühlem, intensivem Funk-Pop. *David Byrnes* kraftvolle, pathetische Klagen lagen über schwarzen Funkbeats, den Hintergrund bildeten minimalistische Klangpartikel. Trotz aller Nervosität und Unruhe, trotz Polyrhythmik und Klangvielfalt handelte es sich um pure Tanzmusik: ‚Once in a Lifetime‘, ‚Crosseyed and Painless‘ oder ‚Psycho Killer‘ versetzten in Euphorie, der fatalistische Klang war purer Zeitgeist. Jonathan Demme, Filmregisseur mit Horrorambitionen, der dann auch mit dem FBI-Thriller ‚Das Schweigen der Lämmer‘ einen Welterfolg erzielte, setzte die Avantgarde-Truppe nach Aufnahmen im Londoner Pentages Theater mit ‚Stop! Making Sense‘ (1984) ins rechte Licht – suggestiv, fast apokalyptisch, ein Anderthalb-Stunden Clip, der sogar ein kleiner Kinoerfolg wurde.

Talking Heads faszinierten mit seriellem Minimalismus; ihre Musik segelte zwischen Ethno-Kitsch (Urwaldgeräusche, Möwengezirpe …) und kalter Avantgarde entlang, – und trotz dieses steifen Konzepts rissen ihre afrikanischen Rhythmen 1981 das Publikum beim Montreux-Festival von den Sitzen – wir mußten aufspringen und die Arme in die Luft werfen. Das war das Innovativste, was die frühen Achtziger zu bieten hatten.

Der kometenhafte Aufstieg der Schlauköpfe aus New York war allerdings bald zu Ende: Während die Hits der Band noch in den Charts auftauchten, schienen die Akteure schon wieder von Langeweile geplagt zu sein: Die Bassistin *Tina Weymouth* gründete die witzige Girlie-Combo *Tom Tom Club*, *David Byrne* unterlegte zusammen mit *Brian Eno* Muezzin-Gesänge mit düsteren Computerbeats und entwarf in ‚Life in the Bush of Ghosts‘ spirituellen Weltpop; später dann zapfte er wie *Peter Gabriel* auch Samba, Tango und algerischen Rai an und meldete sich mit dem zündenden Discobeat ‚Blind‘ zurück – Funk pur ohne Ethno-Einschlag.

Poptüftler *Brian Eno*, der einst bei der Glitter-Pop-Band *Roxy Music* um den dandyhaft blasierten Sänger *Brian Ferry* aktiv war, hatte sich nach seinem Ausstieg 1973 mit dem Pop-

Evangelisten *John Cale* verbündet und Schnipsel aus den avantgardistischen Strömungen der Sechziger durch den Computer gejagt. Der Brite, der sich als Wahlheimat New York ausgesucht hatte, wurde immer mehr zum Klangkünstler, zum versierten Collagisten verschiedener Kulturen. Die Kritiker merkten zwar an, daß nun auch – in guter kapitalistischer Manier – die Dritte Welt musikalisch schamlos ausgeplündert werde, aber das Projekt „Weltmusik" zeigt immer auch die ehrliche Sehnsucht der Musiker nach neuen Klängen und Rhythmen. Schon die Klassiker der Jahrhundertwende und des frühen 20. Jahrhunderts (*Claude Debussy, Darius Milhaud*) hatten diesen Weg beschritten, ebenso einige Jazzsolisten: *Charlie Parker* verflocht 1955 wie später *Chick Corea* so manches Südamerikanische in seine Stücke; *Miles Davis* improvisierte über die spanischen Suiten von *Isaac Albéniz* (1860 – 1909); übersättigt von den Klängen des Abendlandes und der Popwelt begaben sich Musiker immer wieder in die Südsee oder nach Afrika. *Sun Ra* und *Charles Mingus, John Coltrane* und *Jan Garbarek* hatten dort schon kräftig gewildert, jetzt erlag der Pop den Verlockungen der Exotik. Oder lag der Fall etwa ganz anders – und Pop war mittlerweile so mächtig geworden, daß er sich hemmungslos einfach alles Fremde einverleibte?

Die Geschichte dieser Fusionen ist jedenfalls lang und reicht weit zurück. *Ginger Baker* lernte bei den Sprechtrommlern in Westafrika, die deutschen *Pink Floyd*-Epigonen *Amon Düül* tauchten in die italienische Gregorianik ab, *The Flock* kreuzten Flamenco mit Free Jazz und Pop mit Zigeunermusik, *Santana* und *Osibisa* kreierten den Latin Rock, Professor *Ravi Shankars* indisches Sitargezirpe inspirierte schon den *Beatles*-Gitarristen *George Harrison*, die *Stones, Jefferson Airplane* und sogar die *Yardbirds*.

Der holländische Jazzpianist *Jasper van't Hof* tourte mit seinem Ethno-Projekt *Pili Pili*, das mit Hilfe schwarzer Sängerinnen archaische Gesänge aus Benin und Togo mit Jazzharmonien zu kreuzen versuchte. Einmal mehr entstand dabei Tanzmusik, die von vertrackten afrikanischen Rhythmen getragen wurde. Ob da der ‚Temple of Love‘, den die *Sisters of Mercy* – eigentlich eine ziemlich straighte Gothic-Band – 1992 zusammen mit der israelischen Sängerin *Ofra Haza* errichteten, angesichts solcher experimenteller Vielfalt nicht schon wieder zum weltmusikalischen Mainstream gerechnet werden muß?

Von Sufi bis Klezmer

Gegenwärtig ist Weltmusik eine Rubrik, mit der niemand – weder Musikredakteure im Radio noch Roots-Night-Veranstalter im örtlichen Kulturzentrum – so recht glücklich sind. Denn „Weltmusik" bedeutet alles und auch wieder nichts. Nur in Hörfunkprogrammen für sogenannte qualifizierte Minderheiten bekommt „Weltmusik" einen Sendeplatz; während die Radiosendungen quer durch Europa mit Pop ohne Ecken und Kanten bestückt werden, landen Sufi-Gesänge aus Pakistan, *Mory Kante* aus Guinea oder *Ofra Haza* im bildungsbürgerlichen Reservat. Für Trommel-Klänge aus Obervolta oder den Frauenchor aus Bulgarien muß man ziemlich lange Wellenreiten. Die vergessene Folklore aus Kurdistan oder Sardinien, Ägypten oder Mali kommt in die Laufprogramme der Servicewellen einfach nicht hinein. Trotzdem boomt es mit schöner Regelmäßigkeit alle paar Jahre an irgendeinem entlegenen Rand der Musik, ist ein neuer Weltmusik-Stil entdeckt: *Astor Piazollas* Tango etwa trieb vor zehn Jahren die pop- und jazzmüden Intellektuellen in die Tangokurse auf der Suche nach der kochenden Leidenschaft zwischen Mann und Frau; Klezmermusik aus Israel findet derzeit in den Jazzversionen von *Giora Feidman* oder den *Klezmatics* einige Fans; die früheren *Led Zeppelin*-Helden *Page & Plant* überraschen mit neuen Einspielungen, an denen arabische und türkische Musiker mitwirken. Beim Massenpublikum überleben vor allem aber geschmeidige Popversionen: *Youssou N'Dours* schmalzige ‚Seven Seconds‘ mit Discomädel *Neneh Cherry*, oder die romantischen Songs von Ex-*Genesis*-Frontmann *Peter Gabriel* (‚Don't give up‘) hielten sich wenigstens ein paar Monate.

10. Glamour und Glitter: Androgynes Poptheater

David Bowie, Queen, Madonna

„David Bowie ist der erste Rockstar,
der aus seiner Karriere eine Kunst gemacht hat –
und nicht umgekehrt"
(*Heinz Rudolf Kunze* über *David Bowie*)

Pate des in den Neunzigern unglaublich erfolgreichen *Madonna*-Verwandlungskults war *David Bowie*, der schon 1969 mit seiner Kostümschau begann, als er auf seiner Space-Rockplatte ‚Space Oddity' in die Rolle des ‚Major Tom' schlüpfte. Diese Version des Science-Fiction-Pop erzählte er in ‚Ziggy Stardust' (1972) zwar noch weiter, aber dabei stürzte ihn die maßlose Identifizierung mit seinen Figuren in ein Dilemma. Er wußte, gestand er 1995 dem ‚Spiegel', manchmal nicht mehr, ob er nun *Bowie* oder Ziggy Stardust gewesen sei. Nach Punkeskapaden und einer sehr ernstgemeinten ‚Peter und der Wolf'-Version kehrte er mit ‚Let's dance' (1983) und ‚China Girl' in den Achtzigern in die Radiocharts und die Discowelt zurück. Dabei war es dem blonden, femininen Briten sogar gelungen, *Mick Jagger* zum Duett zu überreden. Im Video ‚Dancing in the Streets' hüpften die beiden gemeinsam herum, um im Rahmen der „Live-Aid"-Aktion Geld gegen den Hunger in der Welt einzuspielen. Nachdem *Bowie* auch als Brechts Baal auf der Bühne gestanden hatte, fungierte der Verwandlungskünstler als Pop-Geschäftsmann im Hintergrund, um sich dann mit der verquasten Gothic-Rockoper „Outside" wieder in Erinnerung zu bringen. Doch das 95er-Werk, das von der Legende ‚Spacy Oddity' zehren wollte und extraterrestrische Visionen für das 21. Jahrhundert zu formulieren suchte, wirkte bemüht und aufgeblasen. Ritualmord und abgeschnittene Finger, Blut und Apokalypse, viel Moll und viel Wehmut. Die monotonen Songs und *Bowies* Gejammer ließen „das ungewisse Abenteuer zwischen Furcht und Hoffnung" (Werbetext) trotz Meister-Arrangeur *Brian Eno* und dessen Gespür für *Talking-Heads*-Klänge und Popmelodien wie ‚I'm deranged' zum Flop werden.

Androgyne und Zwitter

Bowie, einst Werbetexter und Kabarettist, liebte Gewänder und Tüll, Verwandlung und Chiffon. Er hatte früh begriffen, daß Pop neben dem immer gleichen Auftreten – wie es die *Stones* oder die *Kinks, The Who* oder *Led Zeppelin* vorexerzierten – auch Verkleidungen und Rollenwechsel gut vertragen konnte. Geschminkt, grell ausstaffiert und glitzernd trat er als androgynes Wesen auf die Bühne. Der Mann aus Brixton bei London entwickelte wie *Queen*-Chef *Freddie Mercury* oder Disco-Queen *Grace Jones* eine enorme Lust am Rollenwechsel, am wechselweisen Mann- wie Frausein, am bizarren Wandern zwischen den Geschlechterrollen und den damit verknüpften Klischees. Mit visionären Songs, die von Stanley Kubricks Kultfilm ‚Clockwerk Orange' und von Folkvater *Bob Dylan* beeinflußt waren, setzte er dem Pop eine operettenhafte Maske auf. Da er *Andy Warhol* verehrte und sich dem elegant-dekadenten Kosmos des Avantgarde-Pops zurechnete, bestand „La Bowie", wie ihn die Presse spöttisch nannte, als hübscher, fremdartiger Transvestit mit kühler Ausstrahlung. Der narzißtische, launische Musiker, der kräftig kokste und sich offen zu seiner Bisexualität bekannte, liebäugelte mit dem Film, agierte als Schauspieler in Nicolas Roegs ‚Der Mann, der vom Himmel fiel' (1978) oder David Hemmings ‚Just a Gigolo' (1978), später auch in ‚Absolute Beginners' (1986). Immer träumte er von der *Bowie*-Multimedia-Show, einem Ensemble aus Platte, Film und Rock-Musical – aber allmählich begann der Stern des Außerirdischen zu sinken, denn die Glitter-Ära neigte sich ihrem Ende zu: Den Übergang zu den Neunzigern schaffte er nicht mehr. *Madonna* und *Queen* hatten die TV-Kanäle längst fest im Griff.

Als Produzent betätigte sich *Bowie* u.a. bei ‚Lust for Life‘ (1977), dem bis heute legendären Prä-Punk-Album seines Freundes *Iggy Pop*, um anschließend mit den britischen Avant-gardisten *Brian Eno* und *Robert Fripp* zusammenzuarbeiten. In wen wird sich das Chamäleon *David Bowie* im Jahr 2000 verwandelt haben? „Wer weiß, vielleicht werden wir Bowie eines Tages bei dem Beethoven-Interpreten und Freejazzer Friedrich Gulda wiedertreffen“, fragte sich 1977 eine der wenigen weiblichen Musikkritikerinnen, die Popjournalistin Ingeborg Schober, nach dem Genuß des melodisch und klang-lich gleichermaßen schrägen Albums ‚Heroes‘ – aber das ist lange her. *Bowies* Verkleidungen faszinieren längst nicht mehr, seine Strahlkraft ist erloschen, selbst wenn er sich für seine neue Tour die Industrie-Avantgarde-Band *Nine Inch Nails* als Vorgruppe eingekauft hat. Daß er 1980 in der Schweiz mit dem zweiten Operettenfreund, *Freddie Mercury*, zusammen ins Studio ging, konnte daran auch nichts mehr ändern: *David Bowie* hatte sich als Pop-Unternehmer und Schauspieler etabliert, war aber als Idol aus der Zeit gefallen. Für die große Leidenschaft, nach der die Fans schreien, waren seine letzten Projekte einfach auch zu kühl und zu versponnen gewesen. Trotzdem bleibt mir ein Satz aus dem ‚Spiegel‘-Interview vom Herbst 1995 haften: „Großer Rock und große Angst gehören zusammen“ – ein wirklich tragisches Bekenntnis, je länger ich darüber nachdenke.

> „Ich werde kein Star
> und ich will es auch gar nicht werden.
> Nein, ich werde eine Legende“
> (*Freddie Mercury*)

Die steile Karriere der Pop-Operetten-Band *Queen* endete im November 1991 mit dem Aids-Tod ihres Chefs, *Freddie Mercury*. Vor seiner Villa im Londoner Edel-Stadtteil Kensing-ton versammelten sich lange vor dem posthumen „Made in

Heaven" trauernde Fans, die einen Song aus der letzten – der besten! – Queen-Platten intonierten: ‚The Show must go on', ein Finale, das Mercury noch mit unbändiger Kraft hinausposaunt hatte. ‚Innuendo' (1991) markierte kurz vor dem Ende den ultimativen Höhepunkt der Popoperette. Mercury, der als Grafik- und Designstudent für Jimi Hendrix geschwärmt hatte und ihn an guten Tagen im Vorlesungssaal imitierte, begriff Pop als Märchenshow und Performance, und noch Jahre nach seinem Tod genügt Werbefotografen ein nackter Männeroberkörper und eine gerade mal sichtbare schwarze Lederhose, um mit dieser Mercury-Chiffre eine neue Armbanduhr in Chrom, Silber oder Gold anzupreisen. Sie trägt natürlich die Bezeichnung „Queen" und ist für Männer, aber auch für Frauen gedacht.

Zu allem Glitter gehörte eine Musik, die über sämtliche stilistischen Facetten und Varianten des Rock verfügen konnte. Queen überzog die Siebziger mit einer pathetischen, postmodernen Mischung aus Latino-Sequenzen, farbenfrohem Hard-Rock und mitunter totalitär in Szene gesetzten Videos wie ‚Radio Ga Ga' oder ‚We are the Champions'. Besonderen Erfolg hatte die Band mit ihrer heroischen Show in Südamerika, in Rio de Janeiro oder Sao Paulo.

Als die britische Studentengruppe 1970 anfing, orientierte sie sich anfangs zwar an den erfolgreichen Mitgliedern der Hard & Heavy-Fraktion – Led Zeppelin und Uriah Heep – rührte aber einen extravaganten, stilistisch wilden Cocktail an. Da konnte mal ein einfaches, kleines Rock'n'Roll-Stückchen wie ‚Crazy little Thing called Love' vorkommen, aber auch ein hochkomplexes Operettenwerk wie ‚Bohemien Rhapsody' oder ‚Innuendo' – alles war möglich, es klang immer nach Queen. Mercury, der anfangs wie der süße Transvestit aus dem verstrapsten Kultfilm ‚Die Rocky-Horror-Picture-Show' (1976) auftrat, entwarf als eitler Frontmann das komplette Outfit der Band. Und frönte darin seiner Lust an der Verkleidung, an Kimonos oder Engelsgewändern, an schwarzem Leder oder glitzernden Schärpen. Auf der Bühne verließ er sich auf die spielerische Perfektion seiner Begleiter und ging in einer mal

Abb. 17: „Maskenball" – Freddie Mercury gefiel sich als Ballett-häschen oder als mexikanischer Gaucho, als Ledermann oder Opern-star.

kühlen, mal rasanten, an *Liza Minnelli* orientierten Show auf. Die Umhänge hatte er dann abgestreift, um in hautenger Lederhose und im Unterhemd seinen homoerotischen Phantasien freien Lauf zu lassen. Seltsamerweise sang er – ähnlich wie *Bowie* – ohne Bluestimbre, ohne Kratzigkeit, ohne Modulation, immer geschliffen und sauber, fast gekünstelt wie ein Chorknabe – ja, gerade das wurde zum Markenzeichen von *Queen.* Trotz Heroismus und Pathos brachte die Band, die auch Fans im Prolo- und Rotlichtmilieu hatte, auch einige deftige Rock-Hits hervor: ‚We are the Champions' läuft als Hymne gern im Fußballstadion, mit ‚We will rock you' wird so manches sommerliche Open-Air-Spektakel angezählt. Neben dickflüssigen Heldenepen hatte die *Queen*-Fabrik auch für alles Skurrile made in Britain eine Ader: Im Fahrrad-Lobgesang ‚Bicycle' hört man eine fast experimentelle Suite für Popgruppe, Fahrradklingel und Chor – doch da es zwischendrin auch dramaturgische Pausen gab (Radioredakteure würden „Löcher" dazu sagen), wurde der Ohrwurm nur auf besonderen Wunsch oder als Akzent zum Thema ‚Wie sicher sind Mountain-Bikes‘ ins Radio-Programm genommen.

Tunte und Macho

Mercury, 1946 auf Sansibar geboren, trat mal als Tunte, mal als Ledermann oder auch als Typ vom Schlage Burt Reynolds ins Rampenlicht. Er genoß die Bühnenpräsenz und die Macht optischer Körperreize, so daß er auch einer der Vorreiter des Popvideos wurde. In ihrem Video zu ‚I wanna break free‘ trat die Band zunächst auf wie aus der britischen Ausgabe der ‚Lindenstraße‘ (der ‚Coronation-Street‘) entlaufen. In anderen Clips erschien *Mercury*, der gegen Ende seines Lebens tatsächlich wie eine hagere Frau aussah, gerne als Frau, trug Minirock und riesige Brüste oder hüpfte als Balletthäschen im Trikot herum. Sein Multimedia-Entwurf verfing: Der Film zu ‚Radio Ga Ga‘ wirkte 1983 durch die eingearbeiteten Ausschnitte aus Fritz Langs Schwarzweiß-Klassiker ‚Metropolis‘ bedrückend totalitär, bei ‚Innuendo‘ kamen Trickfilmfiguren zum Einsatz – der exzessive Machotyp war zu diesem Zeitpunkt allerdings schon von seiner Krankheit gezeichnet. Von seinem nahenden Ende mit Mitte Vierzig wußte er, sein Abschiedswerk blieb trotzdem ein Opus ohne Wehmut.

Mercurys Verdienst ist es, mit furioser Musik den Glitter- und Glamour-Pop der Siebziger bis in die Neunziger weitergetrieben zu haben. Er begriff Pop nicht als deftig lautes Ur-Ereignis in alter Blueslinie, sondern als ausgefeilte Kunstmusik, in der alle Stile vorkommen durften und in der trotzdem eine individuelle Note allerorten erkennbar bleiben mußte. Damit nicht genug, versuchte *Mercury* seinen Pop-Parties und -Galas noch ein Adelsprädikat aufzudrücken; sein gemeinsamer Auftritt mit der spanischen Operndiva *Montserrat Caballé* sollte ihm diese Befriedigung verschaffen: Der exzentrische Multimillionär hatte damit die Eintrittskarte für die Welt der Oper erworben und durfte mit Madame bei der Olympia-Gala 1988 vor 150 000 Zuschauern den Titelsong schmettern. Allerdings nur im Playback, denn vor Aufregung oder Angst litt der Star ausgerechnet an diesem Tag unter einer Halsentzündung – er hätte den Sprung ins ernste Fach eigentlich verdient gehabt.

„Evita" und „Bad Girl"

> „Greta Garbo und Monroe
> Dietrich und DiMaggio
> they had Style
> they had Grace.
> Rita Hayworth
> gave good Face."
> (*Madonna*)

Madonna Louise Ciccione hat die Popwelt keineswegs durch ihre mit blassem Stimmchen vorgetragenen Discohits wie ‚Like a Prayer' oder das leicht schräge ‚Material Girl' (1985) aufgewühlt, sondern durch ihre hemmungslose Verkleidungsshow, ihr chamäleonhaftes Umgeschminke, ihr geschicktes Jonglieren mit immer neuen Klischees und ihre kalkulierte Unbekümmertheit. Dem harmlosen Geträller der Anfangszeit sollten zwar durchaus ausgereiftere Songs folgen, in denen sie stärker zu ihrer Stimme fand oder, wie in ‚Justify my Love', schlüpfrige Sprechgesänge anstimmte, aber die Musik blieb selbst dann noch Nebensache. *Madonnas* Terrain ist die Show, der Tanz, das Verkleiden – und das Plündern der Popgeschichte. Mal trat sie als Lolita auf, mal als Marylin Monroe, mal als dessous-bewehrter Vamp, mal als Girlie mit Kruzifix und nacktem Bauchnabel, mal als Dame im Marlene Dietrich-Look und im strengen Stresemann-Anzug. Mal lag sie als Greta Garbo hingegossen auf einer Chaiselongue, mal posierte sie im kleinen Schwarzen von Yves Saint-Laurent auf der Bartheke von ‚Small's K.O', einem Prominentenlokal in Los Angeles: *Madonna*-Sound bildet eine Chiffre für schwülstige Erotik – klar, daß ein ambitioniertes Sex-Magazin auf einem deutschen Privatkanal mit *Madonna*-Klängen seinen nächtlichen Reigen eröffnet.

Auf ‚Who's that Girl‘ (1987) sieht man sie mit zerzaustem Bubikopf und mit Lausbubenmütze, auf dem Cover von ‚La Isla Bonita‘, einem spanisch angehauchten Synthiebeat, zeigt sie uns mit knallroten Lippen und schwarzem Hut die kalte Schulter, auf ‚Justify my Love‘ begegnet sie uns mit Zigarette, Lederweste und Schlägerkäppi. Zu minimalen Akkorden säuselt sie Liebesschwüre, atmet, stöhnt, zieht Luft durch die Zähne: ‚Wanting, Needing, Waiting for your Love.‘ Auf ‚Hanky Panky‘ ist sie plötzlich zum Lockenvamp im *Jean-Harlowe*-Stil gestylt. Musikalisch tut sich da zunächst viel weniger: Verschleppte Schlagzeugrhythmen, dünne Synthesizerlinien beherrschen die Kompositionen ihres Teams, bestehend aus *Lenny Kravitz, Steve Bray, Patrick Leonard* und *Madonna* selbst. Einzig ihr lasziges Erzählen, der Ausflug in die 30er Jahre mit *Stephen Sondheims* Musicalmelodie ‚More‘ oder ihr bekanntes ‚Like A Virgin‘ als langsamer Walzer ausgerechnet in der ‚Girlie Show‘ ragen aus der Disco- und Phillyoberfläche ein wenig heraus. Trotzdem wollen selbst verkniffene Intellektuelle *Madonnas* mittlerweile durchtrainierten Body in Bewegung sehen; ein Weltstar muß eben mehrere Generationen verklammern können – und sei es durch die selten endende Lust auf Lust.

So fungiert die schöne Ikone postmoderner Videokultur als Hexerin, die die Popgeschichte in rasantem Tempo neu aufbraut und sich dabei auf gar nichts festlegt – morgen schon kann sie sich als eine ganz andere stilisieren. Dadurch schafft sie wechselnde Identifikationsräume für Jung und Alt. 1985 schockte sie mit einer Tanzshow die amerikanische Öffentlichkeit und stieg zu einer „Venus der Ätherwellen“ auf, notierte die Kulturforscherin Camille Paglia, die am Philadelphia College lehrt und in *Madonna* die unterschiedlichsten ‚Masken der Sexualität‘ ausmachte: Dabei konnte das talentierte Glamour-Girl gerade mal ein bißchen auf der Gitarre und dem Klavier spielen, hatte ein paar Gogo-Schritte in petto, trommelte ein wenig auf dem Schlagzeug, schrieb den einen oder anderen Song … alles in allem eine glänzende Ausbildung für das Unterhaltungsbusiness. Ihr Name wurde Programm:

Abb. 18: „Waiting for your Love ..." – Madonna vollzog radikale Image-wechsel. Nachdem ‚Erotica' abgedreht war, stürzte sie sich in ein Polit-Abenteuer, das erheblich mehr Zucht erforderte: sie mimte die argentinische Präsidentengattin Evita Peron – und präsentierte sich verrucht, aber zugeknöpft.

Madonna, die Unbefleckte, die Unberührte wurde kalkulierter – und perfiderweise als Pornoqueen und Sex-Prinzessin bekannt. Es genügte längst nicht mehr, eine „normale" Choreo-graphie einzustudieren, da hatten *Michael Jackson* und *Prince* schon Maßstäbe gesetzt. *Madonna* war die weiße Frau, die erotisch provozierte, ihr Image als „bad Girl" kam ihr dabei zustatten, weil ihr erstes kulturelles Erzeugnis bekanntlich der Soft-Porno-Streifen ‚A Certain Sacrifice' war. Dieser schräge Trip, eine religiöse Chiffre mit Sex zu konterkarieren, putschte die Fans auf; *Madonna* zeigte Bauchnabel und behängte sich mit Kreuzen und Kruzifixen – schon war sie zum Gesprächsthema avanciert. Klar, daß sie in Amerika mit ihrem Porno-Appeal Feministinnen ebenso wie konservative Moralapostel brüskierte. Während sie schon bald als facettenreiches Vamp-Dame-Hure-Girl herumgeistern und alle Schubladen weiblicher Erotik ziehen konnte, war es für ihre Fans mitunter doch arg viel, was die vermeintliche Inkarnation autonomer Pop-Weiblichkeit an traditionellen Frauenbildern nachinszenierte: In ihrem 95er-Video ‚Take a Bow' wird ein spanischer Macho in Reinkultur vorgeführt, der die alte Sehnsucht nach dem „richtigen Kerl" schwer in Wallung versetzt – ein schöner Stierkämpfer, begleitet von lasziven Rhythmen und *Madonnas* schwülem Gesang. Reine Gewalt- und Sex-Phantasie, oder sehnt sich *Madonna* danach, auch einmal in die Rolle des Groupies schlüpfen zu können, das sich seinem Idol mit Haut und Haar ausliefert? MTV verlieh ihr 1995 dafür den Preis für den besten weiblichen Videoakt; geschlagen geben mußte sich *Madonna* allerdings in Sachen Tanzvideo – da heimste Kollege *Michael Jackson* den Preis ein.

Zu ihrem angestammten Image des „Bad Girl" paßte stets auch, daß Pepsi Cola ‚Like a Virgin' gesponsert hatte, um sich dann rasch zurückzuziehen, als sich der Heilige Vater von diesem anrüchigen Werk, bei dem *Madonna* in eindeutigen Posen auf dem Boden herumkroch, brüskiert fühlte. Die Pop-Branche reagierte entsprechend: MTV setzte seinerzeit ‚Justify my Love' auf den Index. Aber solche Tabuverletzungen nutzten der Popdiva weit mehr als daß sie ihr schadeten. Daß sie sich in *Michael Jackson*- oder *Jim Morrison*-Manier ab und zu zwischen die Beine griff, war dabei nur eine Marginalie. Rockpoetin *Patti Smith* – zu ihren besten Zeiten ebenfalls eine Frau mit enormer erotischer Ausstrahlung auf der Bühne, die davon schwärmte, bei einem satten Gig dem Orgasmus nahe zu sein, hatte keine Chance gegen *Madonna*: Die spielte das präorgiastische Gefühl nur – und schlug damit Millionen in ihren Bann.

Doch auf der anderen Seite ist *Signora Ciccione* dabei, Opfer ihrer eigenen Erotik-Klischees zu werden, ihre Message – Pop gleich Erotik – ist drauf und dran, sie selber zu verschlingen: Ein *Madonna*-Video ohne Sex, Versprechen, Begehren – ist das überhaupt noch denkbar?

In mittlerweile 30 Musik-Videos hat sie sich hinter allen nur denkbaren Frauenbildern versteckt: mal als Sklavin in dicken Ketten, mal als zigarrenschmauchender Vamp, mal als erotische Verführerin, mal als futuristisch kostümierte Space-Lady aus dem „Krieg der Sterne" ... Strapse und Dessous, Lack, Leder, Peitsche, abgerissene Hot-Pants, Netzstrümpfe, Frack mit Zylinder, Haut und Haar, alles war schon im Angebot. Was kann da noch kommen?

Nun, es sind bislang von ihr ja nicht nur zehn Alben und vierzig Singles erschienen, sie hat auch in gut einem Dutzend Filmen zwischen ‚Susan, verzweifelt gesucht' (1985) und dem glänzenden Warren Beatty-Opus ‚Dick Tracy' mitgespielt. Bewundern kann man sie überdies auch in diversen Hochglanz-Bildbänden. Sie wurde von Helmut Newton abgelichtet, von Paul Gaultier in Glitzerklamotten gesteckt und von Versace auf ‚Grace Kelly' getrimmt. Gegenwärtig ist sie für einen neuen Film in die Rolle der „Evita" (Peron) geschlüpft ... Und zum zweiten: was kommt danach? Nach gescheiterten Liebesbeziehungen mit Sean Penn, Warren Beatty und Willem Dafoe sagt sie: „Wenn ich 50 bin, sieht man mich nicht mehr auf MTV. Dann habe ich drei Kinder und die sind dann Zentrum meines Lebens." Wird dieses Märchen im Jahr 2008 wahr werden?

11. Emanzipation der Discjockeys und Plünderung der Popkultur: Rap, Hip Hop, House und Techno

Ice-T, Public Enemy, Adeva, Die Fantastischen Vier, Marusha, Sven Väth

> „Rap is about Survival,
> Economics and Keeping
> our People moving an."
> (*Afrika Bambaataa* 1982)

„Black & Decker Sound", entfuhr es Musikprofessor *Hans-Christian Schmidt* im Radio-Bremen-Studio, als ich ihn vor zehn Jahren zu den neuen, merkwürdigen Klängen im Äther befragte. Die Schlagbohrmaschine mußte als Metapher für die schwarze Musik aus den USA herhalten: Abgerissene, verstotterte Sprachfetzen, Klangsplitter aus rückwärtslaufenden Plattenspielern, vorwärtstreibende Rhythmen und aggressive Texte machten den Wissenschaftler ratlos. Dazu traten noch – aber das sah er ja zum Glück nicht – kahlköpfige DJs in seltsamen Klamotten auf, die düstere Underground- und Straßenkampfstimmung um sich verbreiteten. Rap, der hymnische schwarze Sprechgesang von Bands wie *Run DMC* oder *Grandmaster Flash* hatte jene europäischen Radioprogramme erreicht, die sich einen modisch-progressiven Anstrich gaben. Die leitenden Musikredakteure, die an dieser Rap-Infiltration beteiligt waren, hatten Pop mit der Muttermilch eingesogen und wußten, was jetzt zu tun war – der aktuelle Trend durfte auf keinen Fall den Piratensendern überlassen werden. Also wurde auch öffentlich-rechtlich gerapt und gehiphopt.

Das zu ködernde junge Publikum hatte sich freilich in immer mehr Unterszenen aufgespalten, so daß um jede Szene in einer speziell auf sie zugeschnittenen Sendung gekämpft werden mußte: Sogar Hardrockfans, die sonst allenfalls bei ‚AFN‘ ein bißchen was geboten bekamen, erhielten ihre zielgruppenorientierte Sendung – wenn auch erst nach 22 Uhr. Rap, Hip Hop und House waren dagegen vergleichsweise kompatibel, trotz allen Rebellentums; außerdem hatte die US-Modebranche den neuen Look aus Großstadt-Survival-Kleidung schnell bis zur Exportreife kultiviert und als Streetball-Ghetto-Lebensgefühl zugerichtet. ‚Adidas‘ sei Dank.

Im übrigen ließ sich aus den vielen Spielarten schwarzer Musik auch mit musikalischen Mitteln eine Einheit schaffen: 1989 versammelte Musiker und Michael Jackson-Produzent *Quincy Jones*, der schon Jazzgrößen wie den Bandleader und Vibraphonisten *Lionel Hampton* und den pausbäckigen Trompeter *Dizzy Gillespie* begleitet hatte, die Soul und Hip Hop-Szene, um eine Platte zu produzieren, die in ihrer Verquirlung von Pop und Hip Hop vieles ausprobierte, was im House-Beat dann stilbildend werden sollte: ‚Back on the Block‘. Auf dieser Platte mischten nicht nur die Rapper der ersten Stunde wie *Big Daddy Cane* oder *Ice T.* mit, sondern auch die Creme des Soul und Jazz, *Miles Davis* und *Ray Charles, Chaka Khan* und *Dionne Warwick.* Garniert wurde das generationenverbindende Elaborat von den inspirierten Ausflügen der Jazz-Instrumentalisten *George Duke* und *James Moody.* Ein Feuerwerk der Rhythmen und Melodien, ein Medley aus bekannten Stimmen und zündenden Arrangements.

Die Liste der Mitwirkenden liest sich wie ein ‚Who’s Who‘ der schwarzen Musikkultur. *Quincy Jones* spürte schon, daß die Discjockeys die bewährten Jazzstandards wiederentdecken und im Computerrausch verballhornen würden, also versuchte er, die Musiker dagegen leibhaftig anspielen zu lassen. Natürlich sampelte *Jones* auch die Grand Dame des Swing, *Ella Fitzgerald*, inklusive Applaus in dieses Ensemble, aber das meiste war authentisch. *Barry White* sang schmierig wie eh und je, *Herbie Hancock* bearbeitete das Fender Rhodes E-Piano, *George Benson* ließ seine weiche Soulgitarre hineinticken – ein Reigen aus ungewohnten Rap-Rezitativen und altbekanntem Jazz, der heute in den Bars die Hintergrundmusik beisteuert – nichts war mehr heilig.

Im Handumdrehen wurde die neue amerikanische Black Music zum Zeitgeistaccessoire, und die schwarzen Ghettoboys nahmen die Hitparaden im Sturm, egal ob sie vorher als Plattenaufleger für *Kurtis Blow* gejobbt hatten oder gerade einen *Aerosmith*-Titel von 1977 wie ‚Walk this Way‘ am Computer ausgebeint hatten. Die Popindustrie gierte nach neuen Moden und neuen stilistischen Finessen für eine launische Hörerschaft. Nach Breakdance schwappte erneut ein amerikanisches Kulturmuster in die Alte Welt; in wenigen Jahren wurde aus der rebellischen Subkultur der Rapper in New York oder Los Angeles ein globales Multi-Kulti-Fest aus Soul, Reggae, Techno und Minimal-Music. Zum ersten Mal in der Popgeschichte waren nun auch die Discjockeys nicht mehr nur gesichtslose Plattenaufleger im Hintergrund, sondern avancierten via handwerklichem Geschick („Scratching“, das rhythmische Manipulieren am Plattenspieler oder „Pitching“, das Verstellen der Geschwindigkeit) zu Stars von eigenem Rang, die eine eigene Musik aus den Konserven synthetisierten.

Das war Mitte der Achtziger Jahre ein gewaltiger Einschnitt. Einige Firmen und Musiker mögen bei diesem Revival schwarzer Musik durchaus glänzende Geschäfte gemacht haben, das Bild des emanzipierten, jungen Schwarzen aber sollte trügerisch bleiben. Denn die meisten Ghettokids blieben dort, wo sie vorher auch schon waren. Nur das Abziehbild des Rappers in Sweatshirt, Basketballstiefeln und Käppi ging wirklich um die Welt. Nicht zu vergleichen waren die Resultate dieses Aufstands mit der Eroberung der Radio- und Filmkanäle durch den Soul der Sechziger oder durch *Jimi Hendrix'* Feuerwerk in Woodstock: Es gab zwar keine technischen Grenzen und keine musikalischen Tabus mehr, das Lebensgefühl der Vorsänger mag mit dem der Fans ein paar Stunden oder auch nur Minuten lang identisch gewesen sein, wenn geschickte Discjockeys leibhaftigen Musikanten die Bühne streitig machten, aber diesem Popmix fehlte tragisches Personal: Starfiguren mit Schicksalen; Idole als Traumfiguren, an die sich

Sehnsüchte knüpfen ließen – diesen Part sollten *Michael Jackson, Prince* und *Adeva* übernehmen, die Rap-Elemente sofort aufgriffen und weichspülten.

Gabber, Trance, Jungle

Beim ‚Soundclash 95' rund um den Bremer Schlachthof, einem alternativen Kulturzentrum, das sich Kunstausstellungen und Weltmusik-Konzerten verschrieben hat, stellten sich diverse „Soundsysteme" vor, um das momentan herrschende stilistische Chaos zum Klingen zu bringen. Ein redliches Bemühen, das die DJs mit viel Anlage (CD-Player, Mixer, Recorder, Plattenspieler, Zweimeter-Boxen) und viel Mineralwasser nach Kräften umzusetzen versuchten. Basierend auf dem Notting Hill Carnival in London, bei dem die westindischen Einwanderer Jahr für Jahr ihre Ska-, Calypso- und Reggaewurzeln ins Gedächtnis rufen, standen Space, Trance, Reggae, Jungle, Minimalmusic, Acid, Techno, aber auch Hip Hop und Disco zur Auswahl. Die Aushängeschilder der Discowelle der Siebziger, die australischen *Bee Gees*, durften mit ihren jubilierenden Kastratengesängen à la ‚Ha – ha – ha – ha staying alive' bei *N-Trance* – als Konserve – mitsingen; in dumpfem Elektro-Reggae verpackt trällerte Discoqueen *Donna Summer* einige Sekunden lang ihren alten Hit ‚On the Radio'. Der Mix-Phantasie – dem „Toasten", dem Überbraten von Soul- und Reggae-Mustern mit elektronischen Sounds oder Schnipseln aus bewährten Hits –, waren keine Grenzen gesetzt: Mitten im Reggaebeat tauchte das abgestaubte Popliedchen ‚I wanna be your Number One' auf, mitten im Trancegewitter Partikel aus der Techno-Nummer ‚Speed up till Exstasy'. In jedem Digital-Mix gab es Zitate aus dem Schatzkästlein des Popkenners zu entdecken, und alles war dabei beliebig kopier- und verschiebbar. Selbst wenn diese Kulturen – Reggae und Soul – sonst wenig miteinander zu tun haben wollen, auf dem Computerterminal unterscheidet die Popkultur nicht so akribisch, der Ethno-Supermarkt lädt zum Zugreifen ein.

Beim Versuch, zeitgenössische Tanzmusik zu mixen, ist fast alles erlaubt, postmoderne Wirrnisse eingeschlossen, die manchmal sogar in spannende Entdeckungsreisen einmünden. Der DJ begreift sich als Komponist, als „Selector", der auswählt, verstrickt, arrangiert oder verknappt – ohne Rücksicht auf Verluste. HipHop trifft Disco – und da darf dann auch mal eine längst Vergessene ein paar Takte mitsingen. Oder Hip-Hop trifft auf die radikale Reggae-Variante Raggamuffin, in der gewalttätige, manchmal sogar pornographische Lyrismen fürs Tanzparkett aufbereitet werden. Oder ...

Raggamuffin war zwar auf Jamaika bekannt, den Import nach Europa aber besorgten erst die Discjockeys. Sie lasen die Versatzstücke aus der Karibik in ihre Computer ein und verschliffen die ursprünglich sehr ernstgemeinte Importware zu einer neuen, unerhörten Tanzmusik. Die bewährten Muster tauchten in Bruchstücken wieder auf, getragen von pulsenden Rhythmen – eine Art Klangrecycling –, Elemente aus dem Fundus der Popgeschichte verwachsen mit allen möglichen Fanfaren aus den Musikkulturen der Welt – einzig, um Tanzlaune zu erzeugen. Gesammelt wie im gelben Müllsack, auseinandersortiert, ohne Risiko der Wiederverwertung zugeführt.

„Wenn Du Jungle hörst, hörst Du die alten Sachen durch. Reggae heißt auch Drum'n'Bass, und ohne Drum'n'Bass würde das zwar noch wie Musik klingen, aber es wäre kein Reggae mehr. Und wenn du den Jungle von heute hörst, gibt es auch viel von diesem Old Time Style. Wenn du richtig zuhörst, erkennst du viel von den alten Sachen", meint der Bremer Dub-, Gabber- und Trance-Mixer *Machofke*. Über Latino-Rhythmen läßt er schwirrende Vögel kreisen, in schwere Baßlinien schießen Geräusche und Parolen hinein. Tanz-Pop, der kein Ende mehr hat – eine raffinierte Endlosschleife ohne herkömmliche Songstrukturen.

Lee ‚Scratch' Perry erhielt seinen Beinamen durch die Erfindung des Scratchens – durch das mechanische Anhalten und Zurückdrehen der Platte unter dem Tonarm, das die Musik veränderte und karikierte, sie neu rhythmisierte. Seltsamerweise löste er durch diesen Trick die Emanzipation der DJs aus, die gerade gegen den enormen Ausstoß der Popindustrie und deren neueste Erfindung, den Walkman, den kürzeren gezogen hatten. Mr. *Perry* eröffnete seine Show mit einem weltumspannenden: „Good Evening, you People of the Universe. This is Lee Scratch Perry Pipe Cock Jackson. Madder than mad, greater than great, rougher than rough an badder than the baddest" – was gab es mehr zu sagen?

Eine Festplatte weiter agierte die *ultra*-progressive Techno-Abteilung am Regler: ausschließlich Synthetik-Klänge, kein Natur-Reggae – trockener Computerbaß, Minimalmusik ohne Dynamik unter dem kryptischen Motto ‚Insane into Membrane'. Das Publikum soll dazu ja nicht nachdenken, sondern tanzen, raven, grooven – dazu ist jedes Mittel recht. Das, was die Live-Bands in ihren übergroßen Inszenierungen häufig nicht mehr schaffen, kriegen Djs bei jeder Fete nach spätestens zwei Stunden hin. Dieser DJ-Pop muß auch auf keine Urheberrechte mehr Rücksicht nehmen, sondern kann hemmungslos klauen und zerschneiden, häckseln und plündern. Pop gehört dem Sampler, jenem cleveren Computer, der alle Klänge speichert und imitiert, fortschreibt und so oft wiederholt, daß jedem Livemusiker längst die Galle übergehen würde.

Techno ging dabei nicht nur mit dem Jazz, sondern auch mit Reggae einen Flirt ein; extrem beschleunigte HipHop-Beats und gemeine Brüche sorgten im Londoner Jungle-Club für kurze Schübe von Hysterie. Wiederum wurde „Jungle" als Underground und als die Musik der Neunziger etikettiert, Graffiti-Künstler *Goldie*, ein Mann wie Beißer aus *James Bond* mit einem Gebiß aus Goldzähnen, wird als Maestro des Stilmix aus Reggae, Rap und Soul gehandelt, verdient viel Geld damit und gibt seiner ersten Platte ‚Timeless' eine ziemlich bedrohliche Aura mit: „Komm ihr nicht zu nahe, sie tötet deine Seele." Im Berliner ‚Cafe Silberstein', im Hamburger ‚Powerhouse' oder im Frankfurter ‚Jungle' hat sich die Londoner Drohung, mit Starkstrom-Beats das Discofieber anzufachen, bereits laut Respekt verschafft.

Klittern und „Toasten" sind möglicherweise der Endpunkt der langen Geschichte des Zitierens und Wiederholens in mittlerweile vierzig Jahren Popbusiness. Ganz gewiß sind sie der Höhepunkt der Technifizierung. Die Modern-Jazzszene um den Saxophonisten *Branford Marsalis* spürt dieses Dilemma und versucht, das an die DJs verlorene Terrain zurückzuerobern. Funk, HipHop und Jazz werden bei ihm live gespielt und gehen – allerdings mit Hilfe des DJs *Premier*, der 1990 auch beim Soundtrack des Spike Lee-Films ‚Mo better Blues' am Regler saß – eine neue Liaison ein. Der Jazz, dem so viele Zitate entlehnt wurden, wehrt sich mittlerweile gegen das Schlachtfest, bringt seinen eigenen Stilcocktail aus Pop und Jazz auf die Bühne. Plötzlich sind der „Godfather of Soul", *James Brown*, der tote Free-Jazzer *John Coltrane*, Latino-Saxophonist *Stan Getz,* ‚Shaft'-Komponist *Isaac Hayes*, Rock-Jazz-Fusionist *Miles Davis* und die Rap-Vokalisten im Remix wieder zusammen.

Männerbünde und Gangstertum

> „Gangsterism bestimmt den Lauf der Welt.
> Kuweit, Bosnien: das ist purer Gangsterism.
> Das gleiche geschieht in den Städten.
> Die eine Gang klaut ein Auto, der Bestohlene
> ruft eine andere Gang, die Polizei, und die
> versucht, es zurückzuholen.
> Gangsterism liegt in der menschlichen Natur."
> (*Ice-T*)

Der schwarze Bezirk ‚South Central' in Los Angeles und die New Yorker Bronx waren Mitte der Achtziger zu musikalischen Brennpunkten geworden. *Grandmaster Flash* eröffnete die Vermählung von Pop, Funk, Soul und Reggae und griff den Sprechgesang der Vierziger wieder auf – allerdings präsenter, kämpferischer und intensiver. *Run DMC, Eric B.* und *Heavy D.* versampelten das gesamte Soulrepertoire der Siebziger und schlachteten Oldiesendungen im Radio aus. Bei diesen Operationen stießen sie auf *James Brown* und *Curtis Mayfield, Marvin Gaye, Kool & the Gang* und *Aretha Franklin*.

Abb. 19: „Gangsta's Paradise" – als Coolio, Michelle Pfeiffer gegenüber, im Kino geschundene schwarze Lebensgefühle besang, hatte er vergessen, daß er den Song von Stevie Wonder (1973) geklaut hatte.

Nach dem Motown-Soul der Sechziger und dem Soul-Revival der Achtziger stand nun aber ein weiterer Selbstfindungsprozeß schwarzer Kultur an; die jungen Musiker bezogen sich wieder stärker auf radikale Traditionen: auf den 1965 ermordeten schwarzen Muslim Malcolm X, auf den schwarzen Präsidentschaftskandidaten Jesse Jackson oder den politischen Aktivisten Eldridge Cleaver. Hatte *James Brown* noch ‚I'm black and I'm proud' verkündet; so lautete jetzt die Devise ‚I'm black and I'm bad'. Beflügelt vom rebellischen Gangster-Image nutzten militante Musiker Echos der Black-Power-Bewegung, um ideologisch aufzurüsten. Neue Technologien standen zur Verfügung, die Mitreden, Dazwischenplappern, Einmischen ermöglichten. Über einen Beat von der Konserve konnte z.B. *Ice-Cube* ‚Fuck tha Police' oder ‚A Bitch is a Bitch' verkünden – die jungen Dichter, Sänger und Programmierer, die „Lyrical Gangsta", deren gesellschaftliches Selbstwertgefühl schwer angeschlagen war, revanchierten sich, zogen aber auch in ihrer Verunsicherung sehr traditionelle, erzkonservative Vorstellungen aus dem Hut: Staat = repressiv, Mann = Held, Frau = Nutte. Kein Wunder, daß für Frauen in diesen Männerbünden kein Platz war.

Rap-Pionier *Anthony Holloway* bezog sich auf die Lyriktradition des Blues, redete und sang schon 1976 über Geld und Sex, Unterdrückung und Größenwahn – er nahm sich dabei so rührend aus wie der Bluesbarde *Muddy Waters*, wenn der sich im Rentenalter noch als ‚Hoochie Coochie Man' anpries. Für solche satirischen Anwandlungen war im 90er-Jahre-Rap kein Raum mehr. Radikalität, Rabaukentum und schwarzer Machismo waren Trumpf.

Erzähler mit schnellem Mundwerk gesellten sich zu den fixen Mixern am Plattentisch, ein unwiederholbares Live-Produkt ohne Band wurde improvisiert, zehn Jahre nach Woodstock erschien der erste Rap auf Platte. Live konnten die schwarzen Radikalen gemeinsam mit ihrem Publikum Tabus brechen, die Identität zwischen Pop-Helden und Fans wurde wieder hergestellt – und solange keine Radiostation aufzeichnete, konnte ohne Ende geschimpft und gezotet werden. Schon *Holloway* gab zu Protokoll: „Wenn ich das alles sagen würde auf meinen Platten, was ich sagen möchte, würde ich eingelocht."

Public Enemy, eine Rap-Band mit unversteckten Agit-Pop-Ambitionen, entwarf seit den späten Achtzigern auf Bühne und CD ein apokalyptisches Hörspiel-Szenario aus Gewalt und Lärm: Stimmengewirr, Sirenen, Industriegeräusche, Originaltöne aus dem Archiv – Elemente, die dazu dienten, ein strapaziertes, urbanes Lebensgefühl auszudrücken. Doch ihren extremen Outcast-Status und ihre ordinären Politparolen konnte der Popbetrieb schon bald nicht mehr verkraften. Die Texte wurden in der Folge genau unter die Lupe genommen, die Band aufgrund ihrer rassistischen und antisemitischen Äußerungen bald als kriminelle gebrandmarkt – es passierte Ähnliches wie einst bei *Jim Morrison* oder den *Stones,* sexuelle

Anmache und politisch aggressive Texte wurden zum Tabu, nur waren die Opfer dieses Mal Schwarze.

Zischen und Schwirren eröffnete viele HipHop-Shows, Radionachrichten, Originaltonschnipsel aller Art begleiteten den Ghetto-Groove. Musik, die mitunter nervte, aber schon nach drei Minuten so viel Kraft verströmte, daß einem angst und bange werden konnte. Heroische Machogesänge, einpeitschende Appelle zum Mitbrüllen: ‚What Kind of Power you got?‘ Dann wurde mitunter sogar ‚Hitlers Day‘ besungen, die US-Nationalhymne verwurstet (*Hendrix* läßt noch einmal grüßen!), der ‚Motherfucker‘ losgelassen – ein Wort, das den Song schon fast automatisch auf dem Index landen ließ. *Public Enemy* bildete einen Totenschädel mit Kopfhörer und einer Pistole an der Schläfe, auf dem Cover ab – ein Neo-Black-Power-Szenario, das fast von einer weißen Heavy-Metal-Band stammen könnte!

1993 wurde – wieder einmal – über die Verknüpfung von Pop und Gewalt nachgedacht. Nicht wegen eines neu aufgeflammten Waldbühne-Krawalls, sondern wegen Mord und Mordversuch: Die Rapper *Flavor Flav* von *Public Enemy* und *Snoop Doggy Dogg* wurden unter Mordanklage gestellt – *Snoop* wurde zwar freigesprochen, aber die ehemaligen Dropouts hatten ihr kriminelles Image nicht nur auf dem CD-Cover stilisiert, sondern es auch in die Wirklichkeit umgesetzt.

Ice-T nannte sein Album ‚Body Count‘ (Leichenzählung) und gab in ‚Cop Killer‘ implizit Polizisten zum Abschuß frei. Dazu befragt, verteidigte sich der Rapper, seine soziale Herkunft ermögliche ihm nicht, über Sonne, Strand und Surfen zu singen. *Elvis*-Fan Bill Clinton, US-Präsident und Hobby-Saxophonist, konnte dem nichts abgewinnen und warnte eindringlich davor – obwohl Rap bereits zehn Prozent des US-Musik-Umsatzes ausmachte! Die besonders in den USA und Deutschland bestehenden Tabuzonen der „Political Correctness" – Rassismus und Antisemitismus werden streng geächtet – täuschen darüber hinweg, daß bei vielen subkulturellen Musikrichtungen umgelenkte Wut und Haß gegen die Gesellschaft Impulsgeber sind und Unmutsbekundungen in Erlösungsphantasien einmünden. Das ist auch im Rap bzw. HipHop nicht anders. Plattenfirmen und Radiostationen markieren dann immer schnell die Grenze dessen, was erlaubt ist oder nicht. Musiker, die sich auf den ermordeten Ideologen der afro-amerikanischen Einigkeit, Malcolm X, berufen, sind politisch gefährlich. Schon wenn von weltweiter Rapper & Breaker-Solidarität die Rede ist, schrillen die Alarmglocken – am besten heftete man der ganzen Bewegung einen kriminellen Nimbus an, um die Jugend fernzuhalten. HipHop, heißt es dann, bedeutet Subversion und liefert die Begleitmusik für Rassenunruhen – „Songs mit dem Finger am Abzug" titelte besorgt die Hamburger ,Welt' am 15. 7. 1992. Gerade weil HipHop *auch mal* Angst und Schrecken verbreitet, zieht er auch Alt-Revoluzzer und linke Bohemiens in Europa an: Eine Art Punk kehrte wieder – zehn Jahre später.

Bacardi-Rave

Aber auch das gewöhnliche Disco-Publikum kann sich in House- und HipHop-Musik hineinfallen lassen und findet sich in Popgewässern wieder, wo minimale Teilchen aus bekannten Songs hochtreiben. Es droht kein Kater, es wartet ein Genuß ohne Botschaften, ohne den Impetus der Revolte. ,Fantastic Voyage' oder ,Forward Motion' heißen die Einladungen zum HipHop-Beat, die – eingestimmt von Rap-Gesängen – in trägem Rhythmus zum Groove aufrufen. Zwischendurch kleine Melodien, großvolumige Bässe, kleine Brücken, trampelndes, dominantes Schlagzeug, die Trompete von *Miles Davis*, das Saxophon von *John Coltrane*, die Stimme von *Ella Fitzgerald*. Ein bißchen Wiedererkennungseffekt darf sein!

Rozallas ,Everybody Free' gleicht einem Bekenntnis, ein wolliger Disco-Rhythmus lullt ein, Techno- und Fairlighteinsprengsel stören nicht. *Adevas* ,Respect' ist ein schwebend luftiger Discobeat, ein Dancefloor-Rap voller weicher Orgelakkorde, der zwar auf gegen den Strich gebürsteten Harmonien fußt, aber im Grunde ein Tanzbeat bleibt – und dabei schlappe neun Minuten dauern kann. Der Anfang von *Shamens* ‚Phorever People‘ könnte von *Sade* stammen, bevor dann die heftigen Rap-Rufe einsetzen. Häufig stimmt die Ouvertüre trügerisch auf trancehafte Atmosphäre ein, bevor der Beat der Neunziger hineinknattert. Songs für den Tanzboden mit Pausen und Verschleppungen, manches wird zwar wie ‚Respect‘ verwandelt, aber es könnte (fast auch) von *Aretha Franklin* gesungen werden, wäre da nicht der trockene Computerbeat. House greift als gefälligere Gespielin des HipHop die Erotik des Souls auf, führt aber gleichzeitig weg in die kalten Rhythmuslandschaften der Computer.

Die bescheidenen deutschen Rap-Versuche von *Falco* (‚Der Kommissar‘ 1982) und den *Fantastischen Vier* (‚Sie ist weg‘, 1995) kommen ohne alle Politik aus – solcher Rap ist Spaß im Gassenhauer-Format (‚Die da‘) und sonst gar nichts, da nützte auch die peinliche Schwarz-Rot-Gold Banderole des ersten deutschen Rap-Samplers nichts, dem auf reichlich simple Art und Weise ein wenig „kritisches Bewußtsein" umgehängt wurde. Im deutschen House-Projekt *Whirlpool* besannen sich ein Ex-Musikredakteur, ein Software-Spezialist und ein Discjockey auf die düsteren Litaneien des *John Cale*, auf den fröhlichen Surf-Beat der *Beach Boys* und die countrygefärbten Songs von *Joni Mitchell*: „Wir haben natürlich die Geschichte der Popmusik in unseren Köpfen", reklamierte die Crew fast entschuldigend. Das Computer-Schaltpult machte es möglich, 40 Jahre Popkultur nicht nur nachzuempfinden, zu zitieren oder instrumentell zu verwandeln, sondern zuzugreifen wie im Supermarkt. Wo einst *Kraftwerk* Pionierarbeit geleistet hatte, entstanden nun Werke ohne Ende, laszive Schleifen, die der Bewegungslust der modernen Discokids gerade recht kamen. Pausen waren abgeschafft, das Trance-Gewitter donnerte bis zum Morgengrauen.

Daß gerade Deutschland ein günstiges Pflaster für HipHop und House wurde, mag nicht nur daran liegen, daß diese Musik exotisch klingt und der edle Rhythmus regiert, sondern daran, daß der angebliche Lebensstil im schwarzen Ghetto (immer auf dem Sprung mit Basketball und ‚Nike‘, Mountain-

Bike und Kapuzenpulli, dazu noch eine Prise Revolte ...) eine Generation von Oberschülern fesselte: Bei Bacardi-Cola läßt sich vortrefflich über die Zukunft und den Untergang der Welt philosophieren. Angezogen wurde aber ebenso die müde Intellektuellenszene, die sich Samstagnacht zum Ausgehen schminkt. Für die 40jährigen Rockfans formuliert House – wie schon Punk – ein pfiffiges Tanzangebot, denn auch sie, die Hunderte von Kilometern zu *Stones-* oder *James-Brown-*Konzerten fahren, entdecken in der neuen Tanzmusik Splitter ihrer Vergangenheit. So kommt auch die erste Popgeneration noch einmal auf ihre Kosten, z.B. bei *Ini Kamozes* von *Wilson Pickett* inspiriertem ‚Hotstepper‘, der es mit der hübschen Textzeile „I'm the lyrical Gangsta“ ganz nach oben in die deutschen Hitlisten schaffte: gut genug für Literaten wie für Anarchisten.

Rainald Goetz und Luis Trenker

> „Wer reden will, ist verloren.
> Wer 'rumknutschten will,
> bleibt allein. Wer eine Frau
> fürs Leben sucht, kann sofort Schluß
> machen mit seinem Leben.“
> (Raver Walther Freiherr über eine
> Techno-Nacht 1995, zitiert nach ‚Spiegel‘ 27/1995)

Ultraschnelle Computerbeats, zu denen die Körper nicht mehr mitmachen können, obwohl doch punktierte Marschrhythmen das Gerüst bilden, entsetzen Popfans wie mich, die sich in die falsche Discothek verirrt haben. Die deutschen Minimal-Musiker von *Kraftwerk* hatten schon vor zwanzig Jahren ein Faible fürs Kühle der Computerbeats, sangen ‚Ich bin ein Musikant/mit dem Taschenrechner in der Hand‘, aber so hatten wir uns die technische Poprevolution doch nie vorgestellt. Während House wenigstens noch erotischen Duft verströmt und auf Rhythmen basiert, die wie ‚Trouble is‘ problemlos

Abb. 20: „I am the Scatman" – Techno spülte auch Scatman John, einen Popveteranen mit ultraschnellem Mundwerk nach oben, denn Techno war für alle da – von sechs bis sechzig.

tanzbar bleiben, wirkt Techno, die ultimative Popmusik aus dem Computerlabor, seelenlos und streng, ultrahocherhitzt und dabei eiskalt. Nichts für Menschen aus den Sixties und Seventies. Nicht mehr tanzen, sondern zappeln, heißt die Devise. Folgt man den Tempi zwischen 124 oder 132 Beats pro Minute, bleibt einem die Luft weg. Technoüberwältigt mit heftigen Gräben und Schnitten, mit Klangorgien aus dem Fairlight-Computer und mit flatternden Keyboards ('Rave Nation'), die durch exakte Synthetik in Marsch gesetzt werden.

Trotzdem zieht Techno alte Bekannte in seinen Bann, die im Elektrobeat sogar subkulturelle Momente, positives Denken und ein neues Glücksgefühl zu entdecken hoffen: „Bei einer Techno-Party in Berlin habe ich plötzlich erkannt, daß ich mal irgendwo war, wo der Herzschlag ganz nah war, wo ich die Stimme der Mutter auf eine ganz bestimmte andere Art gehört habe", gestand schon der mittlerweile ergraute Romancier und Mediziner *Rainald Goetz* ('Irre'), der sich als junger Wilder einst beim Klagenfurter Literaturwettbewerb mit einer Rasierklinge die Stirn aufgeritzt hatte, um einen Skandal zu provozieren. Nach mehreren Romanen und Theaterstücken lebt dieses Enfant terrible der Literaturszene, der seinen Roman ‚Kontrolliert‘ über den deutschen Herbst 1977 mit einem ‚Fight for your Rights‘ enden ließ, mittlerweile als selbsternannter Raver in München, produziert Techno-Klangreisen und gewinnt dieser Musik durchaus Revolutionäres ab: „Uns die Technologie! Raus aus dem Knast von Rationalität und kapitalistischem Markt!" Der Zusammenhang zur Beat-Generation und zum greisen Untergrund-Poeten *William S. Burroughs* sei endlich wieder hergestellt. Eine Kopfgeburt? Techno als pränatale Musiktherapie und gleichzeitig als elektronische Kampfansage dürfte mehrere Stufen zu hoch bewertet sein, denn über solch einen intellektuellen Hintergrund verfügt kaum ein Fan.

Herkömmliche Melodien sind dem einpeitschenden Rhythmus, den kein lebendiger Drummer spielen könnte, zum Opfer gefallen – so ist es nur konsequent, daß sich Techno-Tüftler nach vokalen Einsprengeln sehnen, die Gags und Schlagzeilen versprechen. Gnadenlos wird Kinderstar *Heintjes* Herzwärmer ‚Mama‘ (1967) ins Techno-Gebrodel eingebettet, muß Comic-Ente Donald Duck neben Luis Trenker schnattern, der seinerzeit im Fernsehen der Sechziger zünftige Berggeschichten erzählte: „Rechts a Blitz, krach ! Links a Blitz, krach! Das muß man miterlebt hoam, sag' i" – ob der alte Luis, der 1990 im biblischen Alter von 97 Jahren starb, mit den Blitzen die Strobolights der Technodiscos gemeint hat?

Die Techno-Fraktion sucht Gags, um ihrem letztlich öden Einheizergeschäft wenigstens ein paar Momente des Schmunzelns abzuringen. Warum nicht zugreifen auf Abstrusitäten, die zu ihrer Zeit ernst gemeint waren und heute nur noch komisch wirken? Der rauhbeinige Hamburger Lokalmatador Hans Albers (‚Auf der Reeperbahn nachts um halb eins ...‘) kehrte neben dem Schweizer Unikum Peter Steiner (78) wieder, der – aus einem Werbespot für Minzbonbons entsprungen – zum Pop-Opa aufstieg und mittlerweile als Gaglieferant durch die Discotheken bummelt. Der skurrile Kauz aus San Bernardino geriet unverhofft in den Sog der Techno-Mode, die Fans hielten ihn offenbar für den wahren Ötzi, für eine reale Witzfigur aus einer anderen Epoche. Ob dem alten Mann, der das Bonmot „Ischd cool Man" beisteuerte, seine neue Karriere in Landdiscos zupaß kommt?

Keine Rolle spielt bei diesen neo-dadaistischen Mixturen, daß sowohl Luis Trenker als auch Hans Albers einmal ins kulturpolitische Raster der nationalsozialistischen Propaganda paßten. Egal – Hauptsache lustig. Es verwundert auch kaum, daß das neue Kultgetränk der deutschen Technofans neben modernen Dosen-Energiedrinks ein sattsam bekannter Kräuterschnaps geworden ist. Aber Stop – vielleicht ist alles gar nicht so ernst. Es gibt schließlich auch eine Technovariante, bei der menschliche Stimmen singen und die es sogar in die Popkanäle Viva und MTV schafft: *Scooter, Mark Oh'* und *Marusha* kleiden ihre hochbeschleunigten Lieder halbherzig ins moderne Rhythmusgewand und kreieren den radiotauglichen „Chart-Techno"; die *Schlümpfe* und *Bamby* singen naive Kinderliedchen für die Kid-Party. Versionen des Bi-ba-Butzemanns und des Baby-Liedchens ‚Alle meine Entchen' sollen im Techno-Gewand die ganz kleinen, künftigen Konsumenten anfixen – Techno ist ab sechs freigegeben.

Wer kommt als nächstes – schließlich hat *Nina Hagen* schon *Zarah Leander* glänzend verpoppt und haben schon die Punks ‚My Way' von *Frank Sinatra* geschmettert? Komiker Heinz Erhardt wäre im Duett mit Paul Kuhn noch frei mit ‚Charming Boy' aus dem Film ‚Drillinge an Bord' oder Heinz Rühmann mit ‚Jawoll, jawoll, jawoll' (aus ‚Die Drei von der Tankstelle').

‚Low Spirit' heißt prompt ein Dance-Label, das trendige Produkte zwischen dem neudeutschen Blödsinn der *Doofen* und der Techno-Partykultur vermarktet. Selbst wenn Bremer Techno-DJs über die Szene schimpfen, sind die Fans auf der Suche nach der ultimativen Party, ob sie nun im erotisierten House-Stil oder bei den Technofreaks stattfindet. Seit sich klare Zuordnungen aufgelöst haben, sortiert sich das Publikum pausenlos neu, die kleinen Kulturen sind dynamisch und wandern zwischen den Szenen hin und her. Wenn es beim ‚Gabber‘ – der Heavy-Metal-Variante des Techno – nicht läuft, schlendert man zum ‚Römer‘, wo eine Trance-Party zur Versenkung einläd oder ins ‚Unit‘, wo der Jungle-Beat lauert. Ein einziger ultimativer Stil existiert nicht mehr, alles tönt gleichzeitig und nebeneinander. Das provoziert die Discjockeys zu immer waghalsigeren Experimenten – wenn’s nicht ankommt, müssen die Plattenaufleger sich eine neue Variante ausdenken: *Heinos* ‚Schwarzbraun ist die Haselnuß‘ als Heavy-Metal-Techno, vielleicht auch *Tom Waits* oder der alte *Peter Igelhoff*-Schlager ‚In meiner Badewanne bin ich Kapitän‘ – der Phantasie sind keine Grenzen gesetzt.

„Techno-Leute kriegen Augenschmerzen, wenn sie einen sehen, der ein Instrument spielt“, formuliert der Bremer DJ Georg die Abkehr von der Live-Musik, die es natürlich nach wie vor – und sogar ausgesprochen erfolgreich – gibt. „Auf Dauer sind zwei Plattenspieler und ein Mischpult aufregender als fünf Gitarrensaiten“, meinte *Neil Tennant* von den *Pet Shop Boys* und widerspach einem Rauhbein der Siebziger, *Lou Reed*, der seinerzeit genau das Gegenteil von sich gab. Zwei Gitarren, Baß und Schlagzeug – das sei (fast) das Aufregendste auf der Welt. Momentan streiten sich Stile, aber Techno bleibt das radikalste Phänomen der Neunziger.

Nach wie vor geht es dabei um Lebensgefühle, um eine imaginäre Heimat und um Entgrenzung, das hat sich seit dem Rock’n’Roll nicht geändert.

Ohne herkömmliche Stars, die erotische Erfüllung und romantische Sehnsüchte versprechen, erleben die heutigen Kids jedoch eine seltsam leblose und gleichzeitig emanzipierte Form des Pop, bei der Schwärmereien nicht mehr vorgesehen sind. Statt dessen: Körperbeschallung, Austanzen bis nichts mehr geht und der Morgen graut. Am liebsten versammelt sich die Gemeinde deshalb in schalldichten Kellern, in eigens von der Kultur- und Polizeibehörde präparierten Tunnels oder im Massenflimmern der ‚Love-Parades‘ in Berlin oder München. Auflösung, Gefühl und Verschmelzungsphantasien – mitunter auch den Umschlag in Panik – kennt jeder von Open-Air-Konzerten im Fußballstadion, doch gegenwärtig – unter den neuen Techno-Sounds, mutiert die Musik selbst zur Sportveranstaltung. *Sven Väth*, Frankfurter Kraut-Techno-Popper, der schnell den Bauch einzieht, wenn er fotografiert wird, und sich nebenbei im Wahlkampf für die SPD einspannen läßt, begreift seine Show als sportliches Großereignis und legt seine Samples vorsichtshalber mit Sauerstoffmaske auf: „Botschaften, gesteht er, gibt es bei uns nicht, nur eine gute Zeit."

Das aggressive Dröhnen von 120 bis 150 Schlägen pro Minute verlangt nach kurzen Röcken, Unterhemden, Bustiers, Tops – und nach viel Flüssigkeit. So lebt in dieser kühlen Musik neben *Frank Sinatras* ‚Somewhere over the Rainbow' und der angesagten Designerkluft immerhin ein bißchen soziales Leben weiter: Der Wunsch nach Identität. Da darf es auch einmal ein ‚Air-Rave' im Flugzeug über den Wolken sein oder das Sommercamp ‚Raver Beach' in Kroatien oder an der Ostsee. In der Küche des ehemaligen Münchner Flughafens Riem, im ‚Ultraschall', raven jedes Wochenende 1 000 Technofans, zur ‚Love Parade' strömten 200 000 Raver nach Berlin – ebenso viele zog es zu den Chaostagen nach Hannover – nur ging es da 1995 ganz anders zu. Undenkbar die trostlose Szenerie, als 1989 lediglich 150 Leutchen mit ihrem Sound-Bollerwagen unter dem Motto „Friede, Freude, Eierkuchen" durch Berlin zottelten, um die erste Techno-Raver-Party zu feiern.

Techno als Pop des Maschinenzeitalters hat sich mittlerweile bis in die oberen Etagen des Kulturbetriebs hochgearbeitet. ‚RAM – Realität, Anspruch, Medium, – Medienkunst der 90er' war eine Bremer Kunstausstellung überschrieben, die sich 1995 künstlerischen Multimedia-Experimenten widmete. Die geschalteten Radiospots basierten auf Techno-Musik, die Künstler hatten die neue Jugendkultur in ihr kreatives Netz verwoben. Industrielle Rhythmen symbolisieren nicht mehr den Tanzschweiß der Kids, sondern vertonen – zumindest im Kopf der Künstler – die avantgardistische Kälte der Industriegesellschaft und bilden die ideale Begleitmusik für Videoinstallationen und andere mediale Extravaganzen. Zur Kunstbiennale wurden Berliner Techno-Mixer nach Venedig eingeladen. Eine 120 Dezibel-Dauerperformance wurde als Modell künstlerischer Repräsentation und Unterhaltung eingekauft – Techno beschallte Tintoretto und Tizian.

12. Zurück zu den Wurzeln und zum Gefühl: Grunge

Neil Young, Pearl Jam, Nirvana

> „I hate Mom
> I hate Dad
> Dad hates Mom
> Mom hates Dad
> It simply makes you
> want to be sad."
> (*Kurt Cobain*)

Zwischen Rap, Tanzlust und Technofieber der frühen Neunziger tauchte ein fast vergessener Recke aus Woodstock-Zeiten wieder auf, stöpselte die Gitarre ein und entlockte ihr recht zerrige Klänge. Der verirrte Hippie *Neil Young*, der schon beim legendären Abschiedskonzert für *Bob Dylans* ehemalige Begleitcombo *The Band* neben *Eric Clapton*, *Joni Mitchell* und *Dr. John* dabei war, spielte 1990 zusammen mit seiner Band *Crazy Horse* ungewohnt punky und versuchte so offenbar, das Feuer alter Zeiten neu zu entfachen. Jedenfalls drehte der frühere Folk- und Countrybarde mächtig auf. Mit seinen langen Koteletten und der strähnigen Mähne war er mittlerweile zwar schon ein grauer Wolf, aber ansonsten der Gleiche wie Ende der Sechziger, als er mit *Buffalo Springfield* und dem Folkquartett *Crosby, Stills, Nash & Young* unterwegs gewesen war. Unbefangen und struppig, seltsam unaufgeregt, inszenierte Mr. *Young* seine Wiedergeburt. Der ruppige Romantiker mit dem Heulton in der Stimme avancierte mit fast fünfzig Jahren zur neuen Kultfigur des Pop. Der Ex-Junkie hatte die ganze Popgeschichte miterlebt und appellierte nun, derb und in aller Herzlichkeit, an elementare Gefühle. Meist benutzte er nur drei spärliche Akkorde, um das Feuer zu entfachen, holte dabei aber aus der Gitarre das Letzte heraus. Der Pop-Rentner rührte zwei Generationen: Die Alt-Hippies besaßen wieder einen, der vor Energie nur so strotzte und einer längst verflossenen Ära neue Kraft abgewann. Töchter und Söhne aber freundeten sich mit diesem Fossil wegen seiner tragischen Aura an. Und auch, weil *Young* von den Grunge-Musikern der *Nirvana*-Szene als Pate verehrt wurde!

Wiedergänger mit Charisma

Bevor *Young* – wie sein Kumpan *Stephen Stills* meinte – ein zweiter *Bob Dylan* werden wollte, hatte er von einem Leben als Farmer geträumt, aber dann war ihm der Pop mächtig in die Glieder gefahren. *Elvis*, *Chuck Berry*, *die Chantals*, *Roy Orbison* – jene Muisk, die kanadische Radios ausstrahlten, ließ ihn seinen Lebensplan überdenken.

In leidenschaftlicher Besessenheit brachte er sich das Gitarrespielen bei und kreierte 1964 parallel zu *Bob Dylan* eine Art Folkrock, der nicht ausschloß, daß schräge Versionen von ‚Oh Susannah‘ oder ‚Oh my Darling Clementine‘ angestimmt wurden. *Young*, der als junger Mann oft kränkelte und unter epileptischen Anfällen litt, der kokain- und heroinsüchtig wurde, war mit der Country- und Folkecke jedoch nie zufrieden, sie schien ihn im Grunde zu langweilen. In Woodstock war das Folk-Quartett *Crosby, Stills, Nash & Young* dann zwar auf der Höhe des Erfolgs, zerfiel aber bald wieder. Die Vier spielten live so miserabel, daß für den berühmten Film, der doch 1969 Live-Erlebnisse versprach, diese Songs im Studio nachsynchronisiert werden mußten.

Fortan wandelte *Neil Young* auf Solopfaden. 1972 wurde seine Ballade ‚Heart of Gold‘ ein Welterfolg, der sentimentale Schwoof tröstete alle verliebten Teenager, die sich in trister Stimmung herumdrückten. Gegen Ende der Siebziger lieferte er zusammen mit seiner Hausband *Crazy Horse* eine vitale Hommage an den Punk und an *Sid Vicious*: ‚Rock’n’Roll can never die!‘. Vergessen ist dagegen, daß der kauzige Barde in den Siebzigern auch eine Science Fiction-Rockoper über die drohende Macht der Computer komponierte. Schließlich aber zog er sich auf seine Ranch bei San Francisco zurück, um in den Neunzigern als Rock'n'Roll-Outcast und Umgetriebener die Generationen wieder zusammenzuführen.

Höchste Lautstärke und bedingungsloser Verzerrer-Einsatz bestimmten die Konzerte in Deutschland, als der neugekürte „Godfather of Grunge" zusammen mit *Pearl Jam* in der Berliner Waldbühne konzertierte. Seine CD ‚Mirror Ball' durchzieht trotz all der geraden, straffen Beats, die auf schweren, schwirrenden Gitarrentönen fußen, genau jenes melancholische Gefühl, das auch den *Nirvana*-Chef *Kurt Cobain* zu Lebzeiten umflorte und verklärte: „Hey ho, away we go, we're on the Road to never".

‚Act of Love' beginnt mit einer langen, schweren Ouvertüre, die mit ihren parallelen und nur leicht versetzten Gitarrenriffs durchaus noch von den *Stones* stammen könnte. Es wird ordentlich hingelangt, immerzu quiekt oder koppelt irgendwas – und *Youngs* Jammerton gibt den Songs trotz aller Härte einen Beigeschmack von Bitterkeit und Abschied. In ‚Down Town' leistet sich der Mann in Jeans und Holzfällerhemd sogar einen wehmütigen Rückblick: Jimi (*Hendrix*?) spielt da im Hinterzimmer, *Led Zeppelin* auf der Bühne, es soll eine nette Party werden, singt er – und das beschwingt ihn ein Lied lang richtig. Der struppige Grübler, der von sich sagt, er habe keine Zeit für Perfektion, denn er sei nur mit Leidenschaften und Gefühlen befaßt, markierte mit diesem Album den Gegenpol zum Elektropop ohne Stars und er kratzte gleichzeitig an den allzuglatten Popentwürfen von *Cher* und den *Pet Shop Boys*, von HipHop oder Disco. *Neil Young* bedient ein Lebensgefühl, das schon von *Tom Waits* angekündigt und von Jim Jarmusch in Bildern umgesetzt worden war. Der Soundtrack zu ‚Dead Man', den schrillen Spätwestern in der Hauptrolle, führte diese Strömungen 1995 zusammen.

Neil Young fesselt letztlich als Person mehr denn als Musiker. Ein Mann mit Geschichte tritt auf. Kein ewig juveniler Held wie *Mick Jagger*, sondern ein Getriebener, ein aus jahrelanger Verbannung zurückgekehrter Kaspar Hauser, der auf ein tragisches Leben zurückblickt. *Neil Young* beglaubigt auf der Bühne, daß Pop von Menschen komponiert und gespielt wird. Und das gibt es heute gar nicht mehr so oft.

Aggression und Weltschmerz

Was *Neil Young* für schaulustige Teenager und abgeklärte Althippies symbolisierte, brachte *Kurt Cobain* mit *Nirvana* auf den Punkt: Hatten sich die ersten Grunge-Gruppen wie *Mudhoney* in *Jimi Hendrix'* Heimatstadt Seattle noch auf *Iggy Pops* Band der 70er-Jahre-Band, die *Stooges,* besonnen bzw. *Neil Young* als verkanntes Vorbild entdeckt und die Verzerrer wieder zum Einsatz gebracht, so erreichte *Cobains* wütendes Anschreien gegen die Erwachsenenwelt eine Authentizität ähnlich derjenigen von *Jim Morrison* anno 1970. *Nirvanas* Erfolgs-CD ‚Nevermind' vermischte gewaltige Ouvertüren mit elegischen Melodien – schwirrende Gitarren mit Phasingeffekt kreuzten gegen Punkgehämmer und treibenden Hardrock. Darüber lag *Cobains* schöne Stimme mit allem Zorn und Weltschmerz: ‚Smells Like Teen Spirit', ein wirklich ausarrangiertes Stück – dampfig, tanzbar, dynamisch, mit originellen Akkordfolgen und einem heroischen Refrain – erklomm die Hitlisten: aggressiver, härter, ultimativer, aber durchaus in der Tradition der morbid-wütenden *Doors.*

Cobain wurde 1967, mitten in der Flower-Power-Ära, in einer Holzfällerstadt des amerikanischen Nordwestens, geboren. Der Sohn eines Automechanikers besuchte die High School, brach ab und schloß sich nacheinander mehreren Rockbands an: Garagenbeat, Punk, Hardrock. *Nirvanas* erstes Album wurde beim Independent-Label ‚Sub Pop' veröffentlicht, 1990 kam die Band dann bei ‚Geffen-Records' unter Vertrag. *Nirvanas* Nachricht: Verweigerung, Verneinung, Widerstand, Provokation. Die Musik: melodiöser, aber schwermütiger Hardrock, auf Punk getrimmt. Krachende Verstärker, Lärm, Brüche, Tempo – und vor allem Emotionalität und Gefühl.

Kurt Cobain benannte die Wüste in vielen Teenagerherzen, besang gemeinsame Verlorenheiten: „I hate Dad, I hate Mom."

Sein Kollege *Eddie Vedder*, Chef von *Pearl Jam*, die *Neil Young* auf seiner Europatournee begleiteten, sagte: „Ich lasse mich einfach gehen. Wenn ich meine Emotionen auf der Bühne ungehemmt ausleben kann, fühle ich mich wie Supermann. Die besten Shows sind immer diejenigen, an die ich mich überhaupt nicht mehr erinnern kann." Wie schon *Cobain* machte auch *Vedder* die Erfahrung, daß eine junge Generation wieder an neue Helden auf der Bühne glaubte und mit ihnen litt und hoffte. *Prince* oder *Madonna* waren vergleichsweise stark und weit weg, *Eddie Vedder* und *Kurt Cobain* hingegen konnte man schreiben und bekam anfangs sogar eine Antwort. *Vedder*, der früher gerne am Strand von San Diego gesurft war, trat mit seiner langen Lockenmähne und dem trotzigen Gesichtsausdruck als sympathischer Junge von nebenan auf. Er predigte Fitness statt Drogen, verweigerte sich den üblichen lebenshungrigen Rock'n'Roll-Klischees: Einer der Stars des Grunge wollte kein Star sein.

Cobain faßte seine Künstlerexistenz ganz anders auf; bei ihm schwang sowohl mehr Leidenschaft als auch mehr Depression mit. Nicht nur der Bandname *Nirvana* illustrierte das erdabgewandte Lebensmotto, auch über seiner Biographie liegen Schatten. Trotz des Riesenerfolges der Band bei den amerikanischen Teenagern, die sich von der Mixtur aus Traurigkeit und Wut angezogen fühlten, trotz des luxuriösen Landsitzes und der Ferien auf Hawaii bekam *Cobain* keinen Boden unter die Füße. Auf der Höhe des Erfolgs geriet der irritierte Narziß in düstere Verstimmung: „Ich werde keine verdammte Musik mehr machen. Ich werde nicht mehr da sein, um zu sehen, wie es vorbeigeht." Die Wut dieses sensiblen Helden war und blieb ziellos, die Gewalt, die in dem jungen Desperado lauerte, richtete sich letztlich gegen ihn selbst. Fast jeder Tag mündete in dem Satz: „Ich werde mich umbringen." Seine Lebensgefährtin *Courtney Love*, die heute mit ihrer eigenen Band *Hole* Erfolg hat, beschrieb dieses Schwanken zwischen Lethargie und Aggression; immer wieder aufs Neue mußte sich der lebensmüde zornige Millionär beweisen, daß er für die Nachwelt wichtig sein würde – wie ein tief verletzter Adoleszent mußte er mit dem letzten Schritt drohen. Dazu dann Drogen- und Tablettensucht. *Cobain* erwartete die Rettung von seiner Umgebung, in der er aber durch Ausbruchsversuche und seine Selbstmorddrohungen permanent Unruhe erzeugte. Er hantierte mit Revolvern oder Gewehren herum, verbarrikadierte sich im Zimmer, soff, randalierte, bis die Polizei erschien. Auf der Kühlerhaube eines US-Straßenkreuzers ließ er sich mit seiner Band für ein Rock-Magazin entsprechend ablichten: *Cobain* hielt sich die Mündung einer Maschinenpistole in den Mund. Dieses Rendevouz mit dem Tod sollte drei Wochen später tatsächlich Wirklichkeit werden. Ein tragisches Schicksal mehr neben den Ikonen der Jahre um 1970.

Grunge und Generation X

Cobains geradezu theatralischer Tod im Gartenhaus wurde von der Medienmaschine gnadenlos ausgenutzt. Durch seine wiederkehrenden Drohungen („I hate myself and I want to die") waren alle Beteiligten bestens vorbereitet, sein letzter Zusammenbruch lag erst einige Monate zurück. Eine postmortale Kampagne lief an, die in der Popgeschichte bislang einmalig ist: MTV strahlte eine *Nirvana*-Sondersendung nach der anderen aus, der „unplugged"-Auftritt *Cobains* in Jeans und Strickjacke flimmerte ununterbrochen über den Schirm. Ja, MTV blies die Tragödie des Teenageridols sogar zum Fanal der sogenannten „Generation X" auf. *Cobain* sollte zur tragisch gescheiterten Leitfigur eines kollektiven, angeschlagenen *Nirvana*-Lebensgefühls stilisiert werden. Obwohl z.B. nach dem Mord an *John Lennon* am 8. Dezember 1980 weitaus mehr trauernde Fans um das New Yorker Dakota-Building herumgestanden hatten, um ihr Beileid zu bekunden, wurde *Cobain* von den Pop-Medien zum rebellischen Mythos schlechthin verklärt. Die „Geschichten für eine immer schneller werdende Kultur", die der kanadische Romancier *Douglas Coupland* in

Abb. 21: „How deep is your Love" – die glänzend vermarkteten Tee-
nie-Idole („Promises") stilisierten Robbies banalen Ausstieg zur ge-
samteuropäischen Katastrophe. Medienwirksam zogen sie fürs ZDF,
für Thomas Gottschalks „Wetten, daß", noch einmal ihre weißen Anzüge an und trällerten ihr letztes Liedchen, das sie den Bee Gees geklaut hatten. Glücklicherweise blieb die Selbstmord-Hotline der Plattenfirma kalt.

seinem Buch „Generation X" entworfen hatte und die nun
herangezogen wurden, um zu beweisen, daß es eine einheitli-
che Jugendkultur mit identischen Gefühlslagen gab, definierten
den vagen Rahmen für solche Projektionen. Die Generation
der Außenseiter und Grunge-People, die unter ihren 68er Eltern gelitten hatte, die gegen die Wohlstandsgesellschaft rebel-
liert und *Nirvana* verehrt hatte, gab und gibt es aber nicht so,
wie sie die mediale Maschine geschwind herbeidichtete.

Die *Cobain*-Kampagne hatte deshalb nichts, aber auch gar
nichts mehr mit *Nirvanas* Musik zu tun – vielmehr sollte nach
Jim Morrison und *James Dean* mal wieder ein neuer amerikanischer Mythos geboren werden.

Als die britischen Teenager-Idole *Take That* zwei Jahre spä-
ter vor der Presse zunächst lapidar den Ausstieg von *Robbie
Williams*, dann zeitgleich mit der Veröffentlichung ihres letzten
Titels ‚How deep is your Love' ihre Trennung bekanntgaben,

wollte die Plattenfirma RCA eine ähnliche Tragödie heraufbe-
schwören: Selbstmord-Hotline und Trauerarbeit im Internet –
auch hier passierte so gut wie nichts. Das läßt hoffen.

Outro: 2008 – ein Gebutstagsreigen

Im Jahr 2008 werden bei drei Megastars unserer Tage – bei *Madonna, Prince* und *Michael Jackson* – die Champagnerkorken knallen oder die Coladosen zischen. Alle drei feiern dann ihren fünfzigsten Geburtstag. *Jagger*, der graue Panther, wird dann gerade gemeinsam mit seinem alten Kameraden *Paul McCartney* 65jährig in Rente gehen. *Joe Cocker* wäre 64, *Marianne Faithfull* 62, *Annie Lennox* auch schon 54. Sogar der Obermacho *Axl Rose* wird ein Herr in den besten Jahren sein, und *Gabriele Kerner* alias *Nena* wird als medienerfahrene Endvierzigerin die ‚ZDF-Hitparade' moderieren ...

Die Poplandschaft wird sich bis dahin immer wieder runderneuert, nicht aber revolutioniert haben. Neben den täglich frischen Erzeugnissen wird Pop dann die ständig wachsende Endmoräne uralter Poperzeugnisse aus einem guten halben Jahrhundert vor sich herschieben. Und dabei dokumentieren, daß alles gleichzeitig und nebeneinander existieren kann, ohne sich gegenseitig die Luft zu nehmen: Punk und Soul, Rap und Blues – alle Stile werden ihre spezifischen Szenen und Plattenläden, Discos und Auftrittsorte haben. Und der Wunsch nach Stars und Mythen, nach Idolen und tragischen Figuren, nach Herzklopfen und tauben Ohren, nach Erlebnis und Live-Genuß wird aus jeder Krise der Pop-Industrie herausführen: Der Datenhandschuh wird sich als emotional unbefriedigend entpuppen, die virtuelle Achterbahnfahrt wird ihren Reiz eingebüßt haben. Für das Echte gibt es eben keinen Ersatz!

Pop-Kids bleiben wählerisch und konservativ zugleich, an neuen Klängen und Stars haben sie nicht immer Interesse. Sie wollen nicht ständig das Programm wechseln, sondern auch eine Heimat finden: schwärmerischen Halt, vorläufige Identität, vielleicht sogar Geborgenheit, Entspannung. Deshalb gehen wir Fans der Popkultur seit jeher mit unseren Vorlieben

Abb. 22: „Wieder vereint im Pophimmel" – nach „Sweet Dreams (are made of this)" und „We too are one" trennte sich das Eurythmics-Duo Lennox/Stewart im verflixten siebten Jahr. Beide schafften es aber, ihre kühlen Popmärchen auch solistisch weiterzuerzählen: Dave Stewart mit „Lily was here", Annie Lennox mit „No more I love you's" und der Titelmelodie zu Mel Brooks „Dracula"-Parodie.

pfleglich um und bleiben längst vergessenen Idolen auf der Spur. So bleibt denen, die jeweils gerade „alt werden" der Rückbezug auf vertraute Sounds und Namen und darin pulsiert, gewissermaßen implizit, auch jede Melodie und jeder Rhythmus der eigenen Vergangenheit.

Soziale Brennpunkte sind zwar nicht immer die Garanten, aber doch recht häufig die Lieferanten neuer Popkultur. Die Situation in solchen Krisenzentren der Welt wird sich wahrscheinlich verschärfen – und vielleicht wird eine Art von Neo-Ethno-Punk darauf antworten. Vorstadtkids aus Marokko oder Nairobi, aus Detroit oder Paris, könnten Anstöße geben wie einst die schwarzen Rap-Gangs aus Chicago in den Achtzigern. Wer wird dann noch an *Elvis* oder an *Nirvana* denken?

Stones-Gitarrist *Keith Richards* könnte 2008 noch leben, in einem Luxus-Sanatorium auf Hawaii oder auf einem Schlößchen im Burgund – mit einem Wein- und Whiskykeller voller erlesener Kostbarkeiten. *Sting* könnte in einer Weltaktion schwarze Trommler aus den brasilianischen Megalopolen für eine Tropenwald-Initiative aktivieren oder *Tina Turner* könnte mit ihrem Ruanda-Kinderdorf zu einer Talkshow-Nomadin werden.

Joe Cocker initiiert – allerdings schon im Sommer 2007 – zusammen mit *Peter Gabriel* „Tage des Friedens und der Weltmusik" in Woodstock, um dort – am magischen Ort ewiger Jugend, ‚With a little Help from my Friends' im Duett mit *Sinéad O'Connor* zu singen. Dieses ‚Konzert für *Jimi Hendrix* und *Jerry Garcia*' würde weltweit in alle Satellitennetze eingespeist. *Madonna* sagt ab, weil sie mit Fünfzig nicht auf MTV und schon gar nicht mehr öffentlich auftreten will, für die spröde Diva springt *Neil Young*, der 63jährige Unverwundbare, ein. Der verzauberte Alt-Folk stiehlt mit seinem Post-Hippie-Punk *Michael Jackson* die Show, der es doch nicht geschafft hat, eine neue *Jackson-Family* ins Leben zu rufen. *Pete Townshend* bekommt 2008 für ‚Tommy II' in der Filmversion von Steven Spielberg seinen ersten Oscar und *Stevie Wonder* veröffentlicht sein Alterswerk: ‚Songs in the Key of the Past'.

Warten wir's ab. Der Sound von morgen wird sicher nicht schlechter sein als der von gestern, mit dem wir groß wurden. Trotz des elegischen Abgesangs, den Wolf Wondratschek schon 1976 anstimmte:

Schau sie dir an,
die Superstars des Rock'n'Roll,
mit welcher Routine sie aus ihrer Limousine steigen,
auf die Bühne springen,
ihre Lieder runtersingen,
ihre Tricks zeigen
wie man Mikrophone küßt, Feuer frißt und dabei
eines nie vergißt, wie total verrückt das alles ist;
mittags eingeflogen,
abends wird die Show abgezogen, der größte Saal ...
oh Mann, glaubs oder glaubs nicht.
drei Hundertschaften Polizei für einen Gitarristen,
die Zeiten sind vorbei,
das war einmal.

Schau sie dir an,
die Superstars des Rock'n'Roll,
mehr als ne halbe Stunde ist da nicht mehr drin
und das ist auch Routine,
runter von der Bühne,
rein in die Limousine
und abgehts ins nächste Holiday Inn.
„Okay Leute, das wars für heute!
Gute Nacht! Bis zum nächsten mal!"
Und du stehst da und siehst die leeren Stühle
und spürst nichts mehr, nicht mal so etwas
wie Gefühle;
oh Mann, glaubs oder glaubs nicht,
spuck den Kaugummi raus.
die Show ist aus.

(*Okay Leute, das war's,* aus: Wolf Wondratschek: „Die Gedichte ", 1992)

Anhang

Pop im Buch – 56 Lesetips

Abbey, John, u. Ulli Güldner: Michael Jackson. Freiburg 1984.

Augustin, Gerhard: Die Beat-Jahre. München 1987.

Bamberg, Heinz: Beatmusik. Kulturelle Transformation und musikalischer Sound. Pfaffenweiler 1989.

Bangs, Allan: Nightflight. Das Tagebuch eines Dee Jays. Düsseldorf, Wien 1985.

Böhm, Thomas, u. Jürgen Stark: Die großen Stars der Popmusik. Düsseldorf 1988.

Charters, Samuel B.: Die Story vom Blues. München. 1962.

Cohn, Nik: AWopBopaLooBop AlopBamBoom. Pophistory. Reinbek 1975.

Deutscher Werkbund und Württembergischer Kunstverein (Hg.): Schock und Schöpfung – Jugendästhetik im 20. Jahrhundert. Darmstadt/Neuwied 1986.

Diedrichsen, Diedrich: 1500 Schallplatten 1970–1989. Köln 1989.

Frith, Simon: Jugendkultur und Rockmusik. Soziologie der englischen Musikszene. Reinbek 1981.

Gammond, Peter: Popular Music. Oxford, New York 1993.

Gillet, Charlie: The Sound of the City. Die Geschichte der Rockmusik. Frankfurt a. M. 1978 (1970).

Goldman, Albert: John Lennon. Ein Leben. Reinbek 1989.

Greenfield, Bob, u. Bill Graham: „Bill Graham presents" – ein Leben zwischen Rock & Roll. Frankfurt 1996.

Gülden, Jörg, u. Klaus Humann, Carl-Ludwig Reichert, Klaus Frederking (Hrsg.): Rock-Session 1–8. Magazin der Populären Musik. Reinbek 1977–1985.

Herman, Gary: Rock'n'Roll-Babylon. München 1984.

Hertsgaard, Mark: The Beatles. Die Geschichte ihrer Musik. München 1995.

Herzogenrath, Wulf, u. Dorothee Hansen: John Lennon. Zeichnungen – Performance – Film. Bremen 1995.

Hopkins, Jerry, u. Daniel Sugarman: Keiner kommt hier lebend raus. Die Jim Morrison Biographie. München 1980.

Hopkins, Jerry: Jim Morrison. Der König der Eidechsen. München – Paris – London 1993.

Humphries, Patrick: Tom Waits – gestohlene Erinnerungen. Augsburg 1990.

Jacob, Günther: Agit-Pop. Schwarze Musik und weiße Hörer. Berlin, Amsterdam 1994.

Kuhnke, Klaus, u. Manfred Miller, Peter Schulze: Geschichte der Popmusik. Bremen 1976.

Landry, Elliot: Woodstock '69. Drei Tage des Friedens und der Musik. München 1994.

Laufenberg, Frank: Rock- und Poplexikon. 2 Bände. Düsseldorf 1994.

Leitner, Olaf: Rockszene DDR. Aspekte einer Massenkultur im Sozialismus. Reinbek 1983.

Lippegaus, Karl: Die Stille im Kopf. Interviews und Notizen über Musik. Zürich 1987.

Marcus, Greil: Mystery Train. Der Traum von Amerika in Liedern der Rockmusik. Hamburg 1982.

Marcus, Greil: Lipstick Traces. Von Dada bis Punk – Kulturelle Avantgarden und ihre Wege. Hamburg 1992.

McLuhan, Marshall: Die magischen Kanäle. Understanding Media. Dresden, Basel 1994 (erstmals 1968).

Morshäuser, Bodo: Thank you Good Night. Frankfurt a.M. 1985.

Müller, Torsten: Baby please don't go. Blues-Geschichten. Hamburg, Zürich 1993.

Norman, Philip: The Rolling Stones. München 1984.

Paglia, Camille: Madonna – Megastar. München, Düsseldorf 1994.

Palmer, Tony: All you need is Love. Von Blues zu Swing, von Afrika zum Broadway, von Jazz zu Soul und Rock'n'Roll. München, Zürich 1977.

Poschardt, Ulf: DJ-Culture. Hamburg 1995.

Rauhut, Michael: Beat in der Grauzone. DDR-Rock 1964 – 1972. Berlin 1993.

Rombeck, Hans, u. Wolfgang Neumann: Die Beatles. Bergisch-Gladbach 1995.

Salzinger, Helmut: Rock Power oder Wie musikalisch ist die Revolution. Frankfurt a.M. 1972.

Sandford, Christopher: Mick Jagger. Sein Leben und seine Musik. München 1993.

Schelton, Robert: Bob Dylan. Sein Leben und seine Musik. München 1988.

Schmidt-Joos, Siegfried, u. Barry Graves: Rocklexikon. 2 Bände. Reinbek 1988 (1975).

Schober, Ingeborg: Tanz der Lemminge. Amon Düül – eine Musikkommune in der Protestbewegung der 60er Jahre. Reinbek 1979.

Schöler, Franz: Let it Rock. Eine Geschichte der Rockmusik von Chuck Berry und Elvis Presley bis zu den Rolling Stones und den Allman Brothers. München-Wien 1975.

Schuster, Peter: Four Ever. Die Geschichte der Beatles. Stuttgart – Zürich 1991.

Shaw, Arnold: Soul. Von den Anfängen im Blues zu den Hits aus Memphis und Philadelphia. Frankfurt a.M. 1980.

Solt, Andrew, u. Sam Egan: Imagine. John Lennon. München 1989.

Sounds (Hrsg): Platten 66–77. Frankfurt a.M. 1979.

Strong, M.C.: The great Rock Discography. Frankfurt a.M. 1995.

Struck, Jürgen: Rock around the Cinema. Die Geschichte des Rockfilms. München 1979.

Theweleit, Klaus: All you need is Love. Basel, Frankfurt a.M. 1988.

Theweleit, Klaus: Buch der Könige. Band 2y: Recording angel's mysteries. Basel, Frankfurt a.M. 1994.

Toop, David: Rap-Attack. African Jive bis global HipHop. München 1992.

Urban, Peter: Rollende Worte – die Poesie des Rock. Frankfurt a.M. 1979.

Williams, Paul: Like a Rolling Stone. Die Musik von Bob Dylan 1960–1973. Heidelberg 1994.

Zablowski, Dieter: Punk-Rock oder der vermarktete Aufruhr. Frankfurt a.M. 1977.

Abbildungsverzeichnis

Eike Schönfeld

alles easy

Ein Wörterbuch des Neudeutschen

Beck'sche Reihe

1995. 175 Seiten. Paperback.
Beck'sche Reihe Band 1126

Die 90er

Thomas Palzer
Ab hier FKK erlaubt
50 schnelle Seitenblicke auf die neunziger Jahre
1996. 186 Seiten mit 18 Abbildungen. Paperback
Beck'sche Reihe Band 1145

Hermann Ehmann
oberaffengeil
Neues Lexikon der Jugendsprache
1996. 159 Seiten. Paperback
Beck'sche Reihe Band 1170

Klaus Janke/Stefan Niehues
Echt abgedreht
Die Jugend der 90er Jahre
4., aktualisierte Auflage. 1996. 210 Seiten mit 20 Abbildungen.
Paperback. Beck'sche Reihe Band 1091

Bernd Wedemeyer
Starke Männer, starke Frauen
Eine Kulturgeschichte des Bodybuildings
1996. 198 Seiten mit 17 Abbildungen. Paperback
Beck'sche Reihe Band 1146

Helmut Böttiger
Kein Mann, kein Schuß, kein Tor
Das Drama des deutschen Fußballs
1993. 194 Seiten mit 21 Abbildungen. Paperback
Beck'sche Reihe Band 1021

Verlag C.H. Beck München